AME SEU CÃO

AME SEU CÃO

Dawn Sylvia-Stasiewicz
e Larry Kay

AME SEU CÃO
Use o reforço positivo e dê à sua família o melhor amigo perfeito

Tradução:
Maria Clara De Biase W. Fernandes

1ª edição

Rio de Janeiro | 2015

CIP-BRASIL. CATALOGAÇÃO-NA-FONTE
SINDICATO NACIONAL DOS EDITORES DE LIVROS, RJ

S985m   Sylvia-Stasiewicz, Dawn.
          Ame seu cão / Dawn Sylvia-Stasiewicz; tradução: Maria Clara
          De Biase W. Fernandes. — Rio de Janeiro: Best*Seller*, 2014.

          Tradução de: The love that dog training program
          ISBN 978-85-7684-572-0

          1. Cão — Adestramento. I. Título.

13-1341.   CDD: 636.70887
                            CDU: 636.76

Texto revisado segundo o novo Acordo Ortográfico da Língua Portuguesa.

Título original norte-americano
THE LOVE THAT DOG TRAINING PROGRAM
Copyright © 2010 by Dawn Sylvia-Stasiewicz
Copyright da tradução © 2014 by Editora Best Seller Ltda.

Publicado mediante acordo com Workman Publishing Company, Inc.

Capa: Sense Design & Comunicação
Editoração eletrônica: FA studio

Todos os direitos reservados. Proibida a reprodução,
no todo ou em parte, sem autorização prévia por escrito da editora,
sejam quais forem os meios empregados.

Direitos exclusivos de publicação em língua portuguesa para o Brasil
adquiridos pela
EDITORA BEST SELLER LTDA.
Rua Argentina, 171, parte, São Cristóvão
Rio de Janeiro, RJ — 20921-380
que se reserva a propriedade literária desta tradução

Impresso no Brasil

ISBN 978-85-7684-572-0

Atendimento e venda direta ao leitor
mdireto@record.com.br ou (21) 2585-2002

Este livro foi composto nas tipologias ITC Century, TodaySB, Archer e
BentonGothic e impresso em papel offset 75 g/m², na Lis Gráfica.

Para meus filhos,
Courtlandt, Blaise e Paige.
Meu amor e meu respeito por vocês
são a essência de tudo que sou e faço.
A maior dádiva que recebi
é ser sua mãe.

— DAWN SYLVIA-STASIEWICZ

Para meus pais,
Rima e Saul Kay, e meu cão, Higgins.
Com vocês, aprendi a benevolência
que é essencial
das lições deste livro.

— LARRY KAY

Sumário

INTRODUÇÃO:
O TELEFONEMA ix

OS PRINCÍPIOS BÁSICOS

CAPÍTULO 1
MINHA ABORDAGEM DO TREINAMENTO........ 3

CAPÍTULO 2
PREPARANDO-SE PARA O TREINAMENTO
DO CÃO.. 17

O PROGRAMA BÁSICO

CAPÍTULO 3
ALIMENTAÇÃO, TREINAMENTO PARA FAZER AS
NECESSIDADES FISIOLÓGICAS NO LUGAR CERTO
E CAIXA DE TRANSPORTE 49

CAPÍTULO 4
PRIMEIRA SEMANA:
O PROGRAMA DE TREINAMENTO BÁSICO....... 71

CAPÍTULO 5
SEGUNDA SEMANA:
TREINAMENTO NA VIDA DIÁRIA 91

CAPÍTULO 6
TERCEIRA SEMANA:
PASSANDO PARA OS COMANDOS
VERBAIS..................................... 105

CAPÍTULO 7
QUARTA SEMANA:
COMPLETANDO A BASE...................... 121

CAPÍTULO 8
QUINTA SEMANA: REVENDO AS HABILIDADES BÁSICAS 141

OS PRÓXIMOS PASSOS

CAPÍTULO 9
TREINAMENTO DE JOGOS E ATIVIDADES 157

CAPÍTULO 10
TREINAMENTO COM CLICKER E TRUQUES DE CÃES................................. 169

CAPÍTULO 11
PROBLEMAS COMPORTAMENTAIS 203

CAPÍTULO 12
SEU CÃO NO MUNDO 235

APÊNDICE 1
CURSO PREPARATÓRIO PARA OBTENÇÃO DO CERTIFICADO CANINE GOOD CITIZEN (CGC)...................... 254

APÊNDICE 2:
TREINAMENTO ESPECIALIZADO............. 262

AGRADECIMENTOS......................... 277

SOBRE OS AUTORES...................... 281

Introdução: o telefonema

EU ESTAVA NA cozinha com Maude, meu papagaio-cinzento africano fêmea, quando o telefone tocou. Era Vicki Kennedy, a esposa do senador Ted Kennedy.

— Dawn — disse-me ela —, tenho um cão e gostaria que você o avaliasse. É outro cão-d'água português e ele chegará de avião ao Dulles daqui a alguns dias. Você está com tempo?

Fiquei um pouco surpresa ao saber que Vicki estava de olho em outro cão. Os Kennedy já tinham três cães — todos cães-d'água, como essa adorável raça com pelo encaracolado preto e branco é chamada por aqueles que a amam. Eu havia ajudado os Kennedy a escolher seus cães de Art e Martha Stern, criadores no Texas com quem trabalhava, e treinado todos os três em minha casa de campo em Hume, Virgínia. O senador Kennedy e Vicki recentemente tinham levado para casa seu terceiro cão-d'água, um cachorrinho chamado Captain Courageous (Capitão Coragem), ou pelo apelido Cappy. Não parecia provável que já estivessem procurando acrescentar outro membro à sua família.

Senador Edward M. Kennedy e sua esposa, Vicki, voltando de um passeio de barco na costa de Hyannisport, Massachusetts com o senador segurando Splash e a Sra. Kennedy segurando Sunny.

— Ele não é para nós — disse Vicki. — Ainda não sabemos ao certo para onde o filhote irá. Só queremos ver se você acha que ele será bom para uma família com crianças. Concordei em avaliar o cão, mas quando ia desligar, Vicki me fez parar.

— Ah, e Dawn — disse ela —, mantenha isso entre nós por alguns dias, está bem?

Alguns dias depois, dirigi de minha casa de campo para o Dulles Hilton, onde me encontraria com um dos assistentes do senador Kennedy e um cão chamado Charlie. Ainda sabia muito pouco sobre Charlie, exceto que tinha quase cinco meses e era da mesma ninhada de Cappy. Havia estado com uma família que o devolvera para Art e Martha por causa do cão-d'água mais velho da família e ele não se adequou. Marta estava procurando um novo lar para o animal.

Após pegar Charlie, eu o levei de carro para o consultório dentário do meu ex-marido, onde tinha uma hora marcada para consertar um dente lascado. Levei a caixa de transporte de Charlie para uma sala privada nos fundos do consultório e fechei a porta. Ele parecia muito quieto no carro — eu mal podia esperar para deixá-lo sair. Assim que abri a porta da caixa de transporte, Charlie pôs a cabeça para fora.

> "Ele é incrível. Acho que é perfeitamente adequado para uma família e para conviver com crianças. Eu o amo muito e estou pensando em ficar com ele se a família que você tem em mente não o quiser!"

A maioria dos cães precisa de tempo para se readaptar depois de um voo e uma viagem em uma caixa de transporte e tende a sair muito hesitante e inseguro em relação ao seu ambiente. Charlie não. Estava muito feliz e calmo. Prendi a guia que havia trazido e o levei para fazer suas necessidades fisiológicas. Ao voltar para dentro, dei uma volta com ele pelo consultório. Charlie parou alegremente para ser acariciado pelos membros da equipe. Fiquei preocupada com a possibilidade de o barulho das máquinas assustá-lo, mas, enquanto meu dente era consertado, Charlie ficou deitado quieto no chão ao meu lado, apreciando o novo brinquedo para mastigar que eu lhe havia comprado.

Apaixonei-me imediatamente por Charlie. Eu frequentemente hospedo vários cães e, como uma treinadora e pessoa que gosta de animais, passo a amar todos eles. Mas sentia algo especial por Charlie. Ele era um belo filhote de uma excelente linhagem e aprendia rápido.

Ele se deu bem com os outros cães em minhas aulas de treinamento (uns 12 de cada vez), com meus próprios cães, com os cães do vizinho e até mesmo com meus dois papagaios. Maude, que parecia ter uma adoração particular por cães, parecia intrigá-lo mais. Ele cheirava ao redor de sua gaiola, e Maude adorava isso. Subia em seu poleiro e punha o bico através da grade da porta, perto do focinho dele. "Me dê um beijo, arrh... Isso é bom!", gritava e depois lhe atirava um pouco de comida. Charlie pegava o petisco e rolava no chão, esperando mais.

Algumas semanas depois, Vicki telefonou para saber de Charlie.

— Ele é incrível — disse-lhe. — Acho que é perfeitamente adequado para uma família e para conviver com crianças. Eu o amo muito e estou pensando em ficar com ele se a família que você tem em mente não o quiser!

Foi quando ela deu a notícia: a família que tinha em mente não era qualquer família. Era a "primeira-família" dos Estados Unidos.

Enquanto algumas pessoas poderiam ter desmaiado de medo, não fiquei nem um pouco preocupada. Para mim, esse era um trabalho como outro qualquer. Só tinha de preparar Charlie — ou Bo, como passaria a ser conhecido — para seu futuro lar.

TORNEI-ME UMA TREINADORA PROFISSIONAL graças a um amor profundo e antigo por cães. Durante toda a minha infância e adolescência, tive muito carinho pelos cães da minha família e os cães em geral, e sempre sonhei em um dia ter uma casa repleta de crianças e animais. Em 1982, casei-me com um homem que amava muito e era 13 anos mais velho do que eu. Era um dentista com uma clínica em expansão perto de Washington. Combinamos que eu ficaria em casa, cuidaria de nossos filhos e ajudaria a administrar sua clínica, que transferimos para o primeiro andar de nossa casa.

Quatro anos depois de nos casarmos, tivemos uma linda filha à qual demos o nome de Courtlandt. Quatorze meses depois, tivemos Blaise, nosso filho. E, adivinhe, nove meses depois estava grávida de novo, dessa vez de nossa segunda menina, Paige. Ter três filhos com idades tão próximas às vezes era uma loucura. Entre os anos de 1986 e 1993 eu estava grávida ou amamentando (e sempre trocando fraldas). Apesar do horário maluco, eu me sentia no céu e havia conseguido o que sempre quis: uma casa repleta de crianças e animais de estimação. Chegamos a ter cinco cães de uma vez, inclusive Boston terriers, um lulu-da-pomerânia, um cão-d'água português, border collies, um flat-coated retriever, um cão-d'água irlandês, um schnauzer gigante e um Ibizan hound. E mais: dois furões, vários ratos de estimação, alguns coelhos, numerosos hamsters, quatro gatos siameses, uma cobra e dois papagaios muito falantes — Jules, um papagaio-de-nuca-amarela e Maude, nossa papagaia-cinzenta africana. Às vezes, era difícil acertar os nomes deles e frequentemente olho para trás e me pergunto como conseguia dar conta de tudo. Em certo ponto, eu estava amamentando Paige enquanto Jazz, minha Boston terrier, amamentava seus filhotes. Fui uma daquelas mulheres que chamam de Supermulher. Todas as manhãs eu me levantava, alimentava as crianças, os cães, as aves e os gatos. Pegava os carrinhos de bebê e as guias (tomando cuidado para não pôr os cães nos carrinhos e as crianças nas guias), saía para caminhar pelo nosso bairro ou levava as crianças para a escola. Voltava para pôr os cães em suas caixas de transporte e descia a escada para trabalhar no consultório dentário do meu marido. Estava em constante movimento, da manhã à noite. Aquela era uma vida frenética e maravilhosa. Embora meu foco fosse em minha família, estava envolvida em exposições caninas e comecei um negócio paralelo de treinamento e hospedagem de cães, principalmente para ganhar dinheiro para inscrições em exposições e conferências.

Então, em uma manhã de 1995, sentada à mesa de minha cozinha, ouvi atordoada meu marido me dizer que não queria mais estar casado. Na época, nossos filhos tinham 5, 6 e 7 anos. Agora, sem a segurança financeira com a qual passara a contar, precisava ganhar dinheiro de verdade, e rápido. A ideia de arranjar um emprego e deixar meus filhos todas as manhãs era impensável. Dediquei-me a treinar cães em tempo integral, entre os horários de escola e esportes das crianças.

Eu sabia, devido ao meu trabalho com meus próprios cães, que possuía um talento especial para treinar, e já tinha uma certa reputação de ser uma treinadora capaz de ensinar donos de animais a criar cães para ser membros alegres, obedientes e dedicados da família — especialmente de famílias com filhos. Isso me deu um pouco de confiança quando comecei a espalhar a notícia sobre meu negócio e fiz o depósito do pagamento de um pequeno estúdio para minhas aulas. Aquilo era assustador, mas ao mesmo tempo excitante. A Supermulher também era dona de um negócio! Dei ao meu programa de treinamento o nome de Positive Puppy Care, e mais tarde o mudei para o nome atual, Merit Puppy Training. Continuei a construir minha reputação, e minha lista de clientes cresceu. Mudei-me de nossa casa em Washington para uma casa de campo: um lugar maravilhoso para viver e perfeito para treinar e hospedar cães.

Acho uma ótima ideia envolver crianças no processo de treinamento. Essa é uma experiência que lhes ensina muitas coisas — não só sobre cães, mas também sobre si mesmas. Certamente envolvi meus próprios filhos, e eles adoraram isso. Dava aulas enquanto eles estavam na escola de manhã. Depois os buscava e trazia para a próxima rodada de aulas. À noite, meu ex-marido os levava para jantar enquanto eu dava mais aulas. Continuei a expandir meu negócio, preparando cães para competir em exposições e, na outra ponta do espectro, ensinando donos de animais a fazer seus cachorrinhos aprenderem desde muito cedo. Não demorou muito para meus serviços de treinamento começarem a atrair a atenção de algumas das famílias mais poderosas de Washington. Para ser sincera, eu raramente atentava para isso. Minha principal preocupação ao trabalhar com uma família era que estivesse comprometida com treinar seu cão e lhe fornecer um lar seguro e feliz. Na verdade, trabalhei com Vicki e o senador Kennedy durante meses antes de me dar conta de quem eram. Somente depois que recebi um cheque deles e notei o Edward Moore Kennedy impresso no alto eu percebi que a Vicki Kennedy com quem havia falado pelo telefone sobre treinar cães para fazer suas necessidades fisiológicas no lugar certo e horários de alimentação era a esposa de Ted Kennedy.

Então, sim, foi um longo caminho para a Casa Branca, mas senti que estava pronta para segui-lo.

OS PRINCÍPIOS BÁSICOS

1

Minha abordagem do treinamento

COMO MÃE DE três filhos e treinadora de animais há mais de vinte anos, percebi que as lições aprendidas na maternidade se aplicam ao treinamento de cães. Este livro mostra meu sistema de treinamento, que se baseia na abordagem de reforço positivo. Ao contrário dos programas de treinamento tradicionais em voga, como o que Cesar Millan usa no seriado *O encantador de cães*, a essência do treinamento com reforço positivo é que os cães aprendem o bom comportamento sendo recompensados pelo que fazem bem, e a punição não tem que vir na forma de repreensão ou, pior ainda, força física. No treinamento com reforço positivo, nosso trabalho é amar e respeitar nossos cães e recompensá-los e puni-los como faríamos com nossos filhos. No reforço positivo, o ponto principal é que o cão é um ser vivo, uma criação de Deus que deseja amor e segurança. Um cão sente dor, assim como nós, e nosso trabalho é minimizá-la.

Em minha opinião profissional, o reforço positivo é o melhor sistema de treinamento de cães, independentemente de você estar em uma família com muitas crianças ou ser um adulto que mora só. Atualmente, muitos cães ainda são submetidos a técnicas de treinamento punitivas tradicionais, inclusive ao uso de enforcadores e força física. Essas técnicas punitivas aversivas se concentram nas coisas "ruins" que o cão faz, deixando-o tentar descobrir, por tentativa e erro, o que deve fazer para *não* ser punido. Como você lerá, também usei esses métodos de treinamento tradicionais — até ter meu momento de epifania: o reforço positivo é o que existe de melhor.

Sei que o reforço positivo funciona. Também sei que, se assumir o compromisso de seguir os princípios desta abordagem, ao final deste curso básico de cinco semanas, você terá um cão feliz e animado. Se seu cão já foi treinado com técnicas de punição tradicionais, e você espera retreiná-lo com este sistema, eu o parabenizo e lhe garanto que isso é possível. Vi isso funcionar inúmeras vezes. O treinamento com reforço positivo até mesmo salvou os assim chamados "cães no corredor da morte" — que algumas pessoas consideravam impossíveis de reabilitar — da eutanásia.

Eu o guiarei em cada passo do meu programa do mesmo modo como guio meus alunos. Começaremos com uma orientação que o ajudará a se preparar e a preparar sua casa e sua família para a chegada de seu cão. Depois há um curso de cinco semanas que o ajudará a dominar os princípios básicos, do treinamento do cão para fazer suas necessidades fisiológicas no lugar certo ao treinamento para se sentar, ficar e vir. Então você e o cão passarão para o treinamento de truques, que visa a manter o cão engajado e curioso, assim como acrescentar alguns elementos de diversão. Finalmente, você descobrirá como se certificar de que seu cão se sairá bem no mundo em geral, para que você se sinta confortável partilhando a experiência canina de sua família com visitas, em seu bairro, no parque para cães e na estrada.

Por que treinar?

EM PRIMEIRO LUGAR, VOCÊ treina seu cão porque deseja controlar o comportamento dele. Também acredito que há outro motivo igualmente importante: o treinamento, especialmente com reforço positivo, é um dos melhores modos de criar vínculos com o cão. Um cão bem treinado e realmente ligado ao seu dono se sente feliz e seguro e é mais bem-sucedido em nosso mundo humano. *Não* treinar um cão é como não ensinar uma criança a ler: é errado. Geralmente o triste destino de um cão não treinado — um animal incapaz de lidar com o mundo — é uma vida muito restrita.

Como o treinamento faz seu cão se sentir mais feliz e seguro? Ele aprende com você o tempo todo, esteja treinando-o ou não. Os cães não entendem o certo e o errado como nós entendemos, mas estão sempre tentando descobrir, por meio de tentativa e erro, o que é seguro e perigoso, e o que é bom e ruim. Como seu cão já olha para você em busca dessas respostas, é melhor direcionar-lhe o aprendizado desde o primeiro dia em que ele entra em sua vida. Se você orientar seu cão a fazer o que você quer e o recompensar quando o fizer, ele tenderá a fazer isso de novo. De fato, como você verá, seu cão tentará descobrir o que fez para ser recompensado.

Um cão que se sente seguro costuma ser um cão mais seguro. Segundo os Centers for Disease Control (CDC), 4,5 milhões de americanos são mordidos por cães todos os anos, e mais de dois milhões dessas pessoas são crianças, das quais quase 400 mil precisam de atendimento médico. A grande maioria das pessoas é mordida por cães conhecidos — sejam da família ou de amigos. Um cão bem treinado tende bem menos a morder do que um cão não treinado ou mal treinado.

Também acredito que o treinamento dos cães nos torne seres humanos melhores, e certamente nos ajuda a incutir bons valores em nossos filhos. Quando você envolve seus filhos no treinamento, como espero que faça, não só ajudará seu cão a gostar de crianças como estará ensinando-lhes sobre segurança, responsabilidade, carinho e o que é preciso para ser um melhor amigo.

Finalmente, como já disse, o treinamento é um dos melhores modos de criar vínculos com nossos cães. Se você é dono de um animal com o qual se sente excepcionalmente ligado, sabe que esse tipo de relacionamento traz inúmeras recompensas. Adorei testemunhar o relacionamento extraordinariamente próximo do senador Kennedy com seus cães, especialmente Splash. O relacionamento deles era famoso na Colina do Capitólio. Sempre que eu

> Quando você envolve seus filhos no treinamento, estará ensinando-lhes sobre segurança, responsabilidade, carinho e o que é preciso para ser um melhor amigo.

hospedava os três cães de Kennedy em minha casa (o que ainda faço frequentemente) e os levava de volta para a família, o senador interrompia o que estava fazendo ou a reunião da qual participava para cumprimentar os cães e a mim. O homem poderoso se transformava em um garotinho quando ia para o chão brincar com seus cães. Uma noite, quando o senador veio me visitar para pegar Splash a caminho de sua casa, vindo do aeroporto, a alegria dos dois se tornou tão ruidosa que minha filha Paige desceu correndo a escada para ver o que estava acontecendo. Quando eu a apresentei ao senador Kennedy, ela ficou sem fala ao saber que aquele homem brincando no chão da sua casa era o mesmo que vira tantas vezes na televisão — tão sem fala que logo pediu licença educadamente e voltou para o andar superior a fim de terminar seu dever de casa.

Tive outro cliente chamado Nat, cujo labrador retriever amarelo, Zack, frequentemente se hospedava comigo. Eles eram tão ligados que Zack sabia quando Nat estava vindo buscá-lo. Zack começava a andar de um lado para o outro no vestíbulo, às vezes até mesmo apanhando sua mochila canina e a levando para a porta. Infalivelmente, uns cinco minutos depois a campainha da porta tocava e era Nat. Comecei a testar Zack, vendo se poderia fazê-lo sair dessa rotina. Pegava sua mochila mais cedo, como se eu soubesse que era hora de ele ir embora, mas Zack nunca a apanhava. Pedi a Nat para variar seu horário de chegada, mas isso também não funcionou. Zack sempre sabia. Não sei como Zack conseguia fazer isso, mas sei que um relacionamento homem-cão tão forte é uma experiência de vida extraordinária.

Por que assumir o compromisso de treinamento com reforço positivo?

A IDEIA DE QUE OS cães podem — e devem — ser treinados através de reforço positivo, em vez de punição aversiva, foi desenvolvida *formalmente* pela primeira vez por Ian Dunbar, um veterinário com doutorado em comportamento animal. Como ele diz, a punição não tem que ser desagradável, assustadora ou dolorosa. Portanto, se não tem que ser, não deve ser. Para os cães, não dar uma recompensa é punição suficiente e, na verdade, mais eficaz do que punição física.

Deixe-me usar uma história real para ilustrar como os cães são treinados com reforço positivo, em comparação com técnicas aversivas tradicionais. Certa vez tive um cliente chamado Peter, que veio à minha aula no Boys and Girls Club, em Georgetown, confuso porque seu pastor-australiano, Wallaby, não parava de pular. Não importava o quanto Peter o repreendesse, o cão simplesmente adorava pular. Como Peter havia sido ensinado a usar técnicas de punição aversivas, tentava impedir Wallaby de pular tocando com o joelho no peito dele quando pulava. Aquilo não estava adiantando. Wallaby continuava a pular. Não entendia que pular era ruim — afinal de contas, ele era um cão, e alguns cães naturalmente adoram pular. Para Wallaby, Peter tocá-lo com o joelho parecia uma intimidação sem sentido.

Em vez de Peter punir Wallaby por fazer algo ruim, eu quis ajudá-lo a aprender a recompensar Wallaby por fazer algo bom. Trabalhei com eles usando um protocolo de reforço positivo que achava extremamente eficaz para os cães pararem de pular. Primeiro, fiz Peter cumprimentar Wallaby *apenas* quando o cão estava sentado. Se ele pulava, o dono o ignorava. Peter apenas ficava quieto, dava as costas para Wallaby e se recusava a lhe prestar qualquer atenção. Mas quando Wallaby se sentava, descobria que acontecia algo surpreendente: ele ganhava um petisco. E não era qualquer petisco, mas seu favorito: um Kong recheado (um brinquedo mastigável de borracha praticamente indestrutível com um buraco no centro que pode ser recheado com todos os tipos de petiscos). No devido tempo, Wallaby descobriu que havia um padrão de comportamento claro ali: se ele pulasse, não ganhava nenhum petisco. Mas e se ele se sentasse? Bem, aí tirava a sorte grande! Aquilo demorou cinco semanas, e foi preciso que Peter praticasse pacientemente essa técnica em casa, mas, no final do exercício, Wallaby não pulava mais.

Algumas semanas depois, Peter voltou à aula, aborrecido porque Wallaby havia recomeçado a pular. Perguntei-lhe se ele estava usando constantemente a técnica de Kong que havíamos praticado. Peter hesitou. "Bem... às vezes." A-há! Como você verá, o treinamento inconstante é a causa mais comum da interrupção do bom comportamento. Trabalhei com Peter em outra técnica: eu o fiz *encorajar* Wallaby a pular. Isso mesmo. Nós recompensamos Wallaby por ter esse "mau comportamento" em que já era realmente bom. Fiz Peter pedir a Wallaby para pular em momentos fortuitos, quando Wallaby menos esperava, até mesmo no meio da aula, quando estávamos trabalhando em outra coisa. Repetidamente, Wallaby era recompensado com muitos elogios e petiscos apenas por pular quando Peter lhe pedia. Se ele pulasse quando Peter não lhe pedia, não ganharia nenhuma recompensa. Em vez disso, Peter lhe dava as costas.

Então aconteceu algo engraçado. Wallaby começou a prever quando Peter ia lhe pedir para pular e esperava a deixa, sabendo que seria recompensado. Não demorou muito para Wallaby saber que só era recompensado por pular quando Peter lhe dava a deixa, dizendo: "Wallaby, canguru!" Quando conseguiu controlar os pulos do seu cão, Peter também o ensinou controle de impulsos e transformou esse comportamento antes ruim em um truque divertido que ambos *apreciavam*!

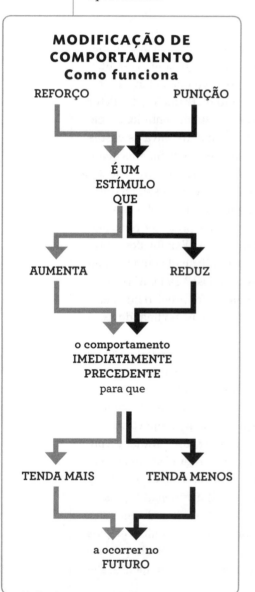

A história de Peter ilustra que uma punição nem sempre tem que ser física, como tocar com o joelho no peito do cão, o que poderia facilmente ter ensinado Wallaby a não se aproximar de modo algum de Peter. Uma punição também pode ser não dar uma recompensa, desde que reduza o comportamento imediatamente precedente para que possa ocorrer menos no futuro. Em outras palavras: de fato, Peter puniu Wallaby. Como? Se Wallaby pulava quando Peter não lhe pedia, Peter não o elogiava ou não lhe dava um petisco. Em vez disso, lhe dava as costas e o ignorava. Não dar uma recompensa se tornou a punição. Nós chamamos isso de punição negativa, querendo dizer que a punição de Wallaby é *não* receber nenhuma *recompensa* que ele valorize (a atenção de Peter ou um petisco). A punição negativa é parecida com deixar uma criança mais velha sem sair, pôr uma criança pequena de castigo em um canto ou privar do tão desejado tempo vendo televisão à noite. É *tirar* um privilégio.

Uma punição positiva teria sido Peter repreender Wallaby fisicamente com, digamos, um toque com o joelho em seu peito quando ele tentasse pular. Com uma criança, a punição positiva poderia ser gritar com ela ou lhe dar

MINHA ABORDAGEM DO TREINAMENTO

REFORÇO POSITIVO *VERSUS* TREINAMENTO TRADICIONAL

Os dois sistemas de treinamento tentam modificar o comportamento do cão usando reforço para aumentar o comportamento desejado e punição para reduzir o comportamento indesejado. A palavra *positivo* significa dar algo (uma recompensa ou um castigo), enquanto *negativo* significa não dar algo (a recompensa ou o castigo).

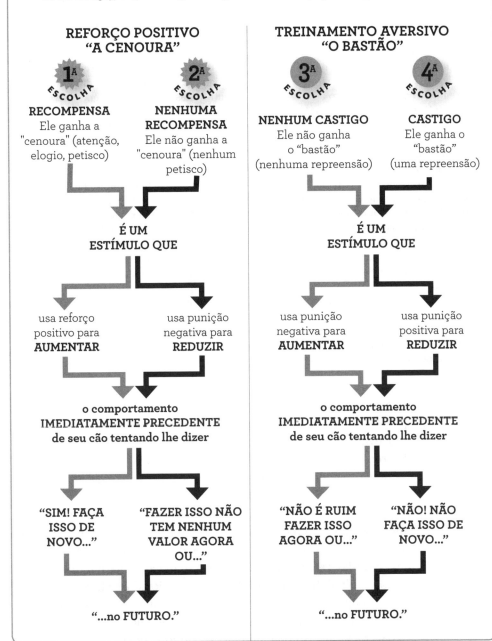

REABILITANDO CÃES PROBLEMÁTICOS

Há casos em que um cão é amedrontado ou traumatizado demais para ser reabilitado, mas, se um cão *pode* ser reabilitado, o reforço positivo é o caminho a seguir.

Pense no caso mais extremo de abuso contra animais que recentemente ganhou atenção pública: os cães de Michael Vick. Quem teria acreditado nisso? O zagueiro do Atlanta Falcons sentenciado por promover lutas de cães em uma rinha? Dos 47 cães levados sob custódia, 22 foram avaliados como impossíveis de ser reabilitados, sob a supervisão de um guardião/assessor do juiz indicado pelo Tribunal Distrital do leste da Virgínia. Com o apoio de muitos especialistas, inclusive algumas organizações humanitárias nacionais, esses 22 pit bulls "mais difíceis" foram condenados à eutanásia. Enquanto esses cães estavam no corredor da morte, a Best Friends Animal Society fez uma petição para o tribunal para que lhe autorizasse reavaliá-los, e o tribunal lhe permitiu reabilitar os cães sob a supervisão contínua do assessor.

A Best Friends só usa métodos de reforço positivo em seu santuário em Kanab, Utah. Quando os 22 Vicktory Dogs, como esses pit bulls se tornaram conhecidos, chegaram ao Dogtown Sanctuary da Best Friends, eram assustadoramente agressivos ou totalmente ariscos. O gerente do Dogtown, John Garcia, nos disse em entrevistas para este livro que, através de treinamento com reforço positivo, os Vicktory Dogs aprenderam a confiar nas pessoas e passaram a acreditar que o mundo era um lugar seguro, cheio de pessoas benevolentes que não lhes fariam mal. Ann Allums foi uma das treinadoras responsáveis pela reabilitação dos Vicktory Dogs. Como ela explica, se eles tivessem usado técnicas de treinamento aversivas, esses cães não só não seriam reabilitados como tenderiam a piorar, como tipicamente acontece com cães com problemas comportamentais não resolvidos. Hoje alguns dos Vicktory Dogs já obtiveram seus certificados Canine Good Citizen (que discutiremos no Apêndice 1) e foram adotados.

uma surra. Se tudo que um pai fizesse fosse dar uma surra na criança quando ela não se comportasse, a única recompensa da criança seria *não* levar a surra — o que é chamado de reforço negativo. (Os serviços de proteção à criança teriam outros nomes para isso.)

Esse conceito de negativo *versus* positivo não tem a ver com mau *versus* bom. Negativo significa tirar; positivo significa dar. Portanto, reforço positivo significa dar uma recompensa. Punição negativa significa não dar essa recompensa. O treinamento com reforço positivo é voltado para a recompensa, motivo pelo qual usamos tanto o reforço positivo (dar recompensas) quanto a punição negativa (não dar recompensas). O treinamento de cães tradicional é voltado para a punição. Enfatiza a punição positiva (aplicar um corretivo, como uma firme repreensão ou um puxão em um enforcador) e o reforço negativo (tirar a punição, como não puxar o enforcador).

Essa distinção entre negativo e positivo pode ser um pouco difícil de entender, por isso vamos voltar a Peter e Wallaby. Peter usou o modelo de reforço positivo para mudar o comportamento de Wallaby, efetivamente lhe dizendo: "Gosto que você pule; faça isso um pouco mais." A recompensa reforçou o comportamento positivo do cão. Peter usou punição negativa: não elogiava ou dava petiscos se Wallaby pulasse quando ele não lhe pedia, o que era como dizer: "Você pula o dia inteiro, mas eu o estou ignorando. Fazer isso não tem nenhum valor."

Vamos supor que Peter continuasse a usar o modelo de treinamento aversivo tradicional. Se Wallaby pulasse sobre ele, Peter seria obrigado a lhe dar uma punição positiva, física ou verbal. Essa punição positiva visaria a dizer a Wallaby: "Não faça isso. Não pule." Quando Wallaby não pulasse, Peter não faria nada, o que seria uma recompensa negativa: Wallaby não receberia a punição. Em outras palavras, Peter estaria tentando dizer a Wallaby: "Não é ruim não pular." A recompensa negativa seria uma tentativa de *reforçar* o comportamento positivo de Wallaby (não pular).

Em minha opinião profissional, há uma falha nessa lógica. Nunca é dito especificamente a Wallaby que ele fez a coisa certa — que Peter quer que ele *não* pule. Wallaby tem que descobrir isso pelo processo de eliminação, mas nunca lhe é dito quando o que faz é certo. Até mesmo um rato procurando em um labirinto finalmente obtém uma recompensa quando encontra o queijo. Mas um cão que só foi treinado através do modelo de punição aversiva tradicional tem que descobrir tudo sozinho. Isso exige pensamento abstrato, algo que o cérebro dos cães não é programado para ter.

Além disso, quando um animal recebe "o bastão" muitas vezes, ele se rebela ou desiste e perde sua vitalidade. Os treinadores tradicionais anseiam pelo momento em que o cão desiste. Acreditam que o estado enfraquecido de rendição do animal é o momento de fortalecer os comportamentos desejados. Embora essa abordagem possa ser eficaz em casos extremos que envolvem problemas comportamentais graves, sob a assistência de um treinador muito habilidoso e experiente como Cesar Millan, é uma arma perigosa nas mãos do dono comum de cão, e ainda mais nas mãos de uma criança.

De fato, a American Veterinary Society of Animal Behavior (AVSAB) está muito preocupada com a ideia de famílias usando os métodos de punição aversiva de Cesar Millan. Em uma declaração de posição recente, a AVSAB dá nove motivos pelos quais a punição aversiva pode ser ineficaz e até perigosa, especialmente nas mãos de amadores. Avisa que isso pode desencadear ou até mesmo causar "comportamento agressivo". Também previne que tal treinamento pode suprimir comportamentos agressivos e tornar o cão mais temeroso, o que o deixa mais propenso a atacar sem aviso.

Retreinando um cão que passou por treinamento tradicional

MINHA CADELA EBONY E eu somos prova de que os cães que passaram por treinamento tradicional e seus donos podem ser retreinados para trabalhar de um modo mais positivo, com foco no reforço dos bons comportamentos em vez de no que o cão fez de errado. Quando comecei a trabalhar com meus cães, aprendi a treinar no estilo aversivo da "velha escola" que agora critico. Na época, era difícil encontrar uma alternativa porque, bem, não havia nenhuma. Era assim que as coisas eram feitas, e nunca me ocorreu questionar isso até Ebony me ensinar o contrário.

Ebony foi meu primeiro cão-d'água português fêmea. Eu a comprei no final da década de 1980 com a intenção de treiná-la para participar de exposições. Contudo, logo descobri que ela tinha displasia em um dos quadris e carregava o gene de atrofia de retina progressiva.

QUE TAL SER O LÍDER DA MATILHA?

Muitos treinadores tradicionais que usam técnicas de punição aversiva afirmam que nós, que usamos o reforço positivo, não entendemos a psicologia da matilha. Dizem que os cães desejam ser dominados por um líder forte que lhes diga o que fazer. Afirmam que se um cão não o reconhecer como o cão alfa, o líder da matilha, sentirá necessidade de se tornar o líder e acabará dominando você.

É verdade que os cães gostam de saber quem é o líder. Mas eu acredito que os treinadores tradicionais se metem em apuros concluindo que o único tipo de liderança que um cão respeita é a de um líder intimidador que puxa um enforcador; que o rola de barriga para cima e se senta sobre ele assumindo o que nós, treinadores, chamamos de posição alfa; que lhe belisca a orelha até ele largar um brinquedo de treinamento; e que só lhe dá punição aversiva.

Os bons líderes não têm que agir como intimidadores para impor respeito — nem no mundo humano nem na matilha. Os animais de estimação não precisam ser intimidados para se tornar fiéis seguidores. Eles adoram seguir os líderes que lhes fornecem alimento, abrigo e segurança, e os consideram benevolentes e justos. Os bons líderes da matilha fornecem experiências sociais e muita diversão.

MINHA ABORDAGEM DO TREINAMENTO

Não teria sido ético de minha parte apresentá-la, conquistar-lhe um título de campeã e depois cruzá-la. E não o fiz.

Em vez disso, levei Ebony para a prova de obediência, em que o cão é julgado por sua capacidade de seguir instruções, comandos e a sua liderança. Para prepará-la para as competições, eu a treinei sozinha e com muitos outros treinadores, em particular e em grupo. Apesar das horas que dedicamos a isso, Ebony não se saiu bem nas competições. Continuei tentando, indo a muitas competições organizadas pelo American Kennel Club. Ebony progredia, mas dava para perceber que algo não a estava agradando. Ela não gostava do enforcador e prosseguia vagarosa e tristemente com o rabo entre as pernas durante o treinamento e as provas de obediência. Ebony não estava se divertindo.

Em 1991, decidi parar de atormentar a pobre Ebony; em vez de inscrevê-la em competições, só íamos assistir. Meus filhos eram muito pequenos, mas eu os colocava no carro, com os cães e seus suprimentos, e saíamos. Quando chegávamos lá, as crianças brincavam e eu assistia às exposições, tomando notas. Depois tentava falar com os melhores treinadores e descobrir como conseguiam fazer seus cães se saírem tão bem. Fiquei particularmente impressionada com uma excelente treinadora, Joan Woodard. Seus cães, um golden retriever e um airdale terrier, tiveram um ótimo desempenho. O que mais me surpreendeu foi que eles não usavam enforcadores. Eu nunca tinha visto aquilo. Um dia, depois de uma prova, procurei Joan.

> Os bons líderes não têm que agir como intimidadores para impor respeito — nem no mundo humano nem na matilha.

— Eu a vi no ringue — disse-lhe. — Seus cães se saíram muito bem, e você nem mesmo estava usando enforcadores.

Joan sorriu e apontou para o enforcador de Ebony.

— Isso é muito ruim — disse ela. — Mas obrigada por admirar o trabalho dos meus cães.

E então ela se afastou.

Agora entendo que Joan provavelmente não quis perder tempo com outro treinador que usava enforcadores, mas não desisti. Continuei a procurá-la, exposição após exposição, e finalmente a venci pela persistência. Ela explicou que havia certo movimento ocorrendo nos círculos de treinamento de cães, e concordou em me apresentar a um grupo pequeno e coeso de treinadores que estavam fazendo as coisas de um modo diferente.

"PARE COM A VIOLÊNCIA"

Estou preocupada com o que acontece com as pessoas quando elas machucam um animal ou — no caso dos nossos filhos — veem um animal sendo machucado, mesmo se no espírito do assim chamado treinamento. Também acredito que o treinamento de cães com reforço positivo fortalece nossas famílias e comunidades. Esse é o único modo de rompermos o círculo de violência. Infelizmente, é muito comum que um jovem que aprende a cometer violência contra animais também passe a cometê-la contra pessoas. A American Humane Association lançou uma grande iniciativa chamada The Link para estudar a conexão entre a crueldade com animais e violência humana. A mesma organização que avisa que "nenhum animal foi maltratado" em filmes e programas de TV, a American Humane diz que criminosos violentos tendem muito mais do que os não violentos a "ter cometido atos de crueldade com animais de estimação na infância", e que o abuso de animais ocorre na esmagadora maioria dos lares em que é documentado abuso infantil e negligência.

Se seu filho (ou o amigo de seu filho) abusa de um animal de estimação ou o maltrata, é melhor discutir isso com ele (ou o pai do amigo) imediatamente. Se seu filho viu um animal sendo maltratado, garanta-lhe que você fará tudo que puder para ajudar esse animal. Elogie-o por ser compassivo. Pergunte-lhe se já machucou um animal; se já fez isso, agradeça-lhe por lhe contar e depois acariciem gentilmente seu cão (a menos que o cão esteja assustado). Lembre a seu filho de que nunca é certo machucar um animal e o elogie mais uma vez por ser uma boa criança que se importa com isso.

Na semana seguinte, levei Ebony de carro para uma aula de Joan sobre técnicas de reforço positivo. Senti-me como se estivesse entrando em um grupo marginal *underground* e, de muitos modos, estava. Esse tipo de treinamento era tão diferente daquilo a que eu estava acostumada — e do que treinava os outros para fazer — que fiquei impressionada com o quanto os cães na sala eram obedientes, focados e, acima de tudo, felizes. Não havia enforcadores e corretivos físicos. Em vez disso, havia uma grande quantidade de petiscos e brinquedos. Até mesmo isso era diferente. Nas aulas de treinamento tradicional voltadas para a punição, os petiscos não eram permitidos porque se acreditava que mimavam os animais e tornavam seus donos "moles".

Quanto mais eu frequentava as aulas de reforço positivo de Joan, mais entendia aquilo. Comecei a usar esse método com meus próprios cães, que o aceitaram rapidamente. Ebony, em particular, parecia uma cadela totalmente diferente: estava animada e alegre. *E adorava treinar.* Até mesmo adorava sua guia. Antes ela ficava aborrecida e desanimada quando eu a colocava, provavelmente por saber que logo eu puxaria seu pescoço e a repreenderia duramente. Mas depois que comecei a treiná-la com os métodos de reforço positivo, ela passou a mostrar interesse quando me via pegar a guia.

Eu nunca mais olhei para trás.

Mais ou menos naquela época, o Dr. Ian Dunbar fundou a Association of Pet Dog Trainers (APDT), uma organização dedicada a promover o treinamento com reforço positivo. Em 1994, compareci à minha primeira conferência da APDT, onde fui ainda mais inspirada por muitos dos mais dedicados treinadores de cães do país. Levei meu exemplar cheio de dobras nos cantos do livro famoso de 1979 de Dunbar, *Dog Behavior*, para ele autografar. Desde então, o Dr. Dunbar tem encorajado meu trabalho de treinamento com reforço positivo e continuamos a trocar ideias, especialmente sobre treinamento de cães para famílias com crianças. Continuo grata ao Dr. Dunbar e a Joan Woodard, minha primeira treinadora em reforço positivo, por me ajudarem a fazer essa transição.

Também serei eternamente grata à minha cadela Ebony, que morreu jovem, em 1995, antes de completar 7 anos, tendo durado apenas seis meses depois de receber o diagnóstico de falência renal. Ebony me mostrou pacientemente como podia aprender rápido e ser feliz se eu apenas a recompensasse por todos os seus bons comportamentos.

O essencial: paciência e prática

ANTES DE VOCÊ PROSSEGUIR neste programa — da preparação ao curso básico e aos truques avançados —, desejo parabenizá-lo por assumir o compromisso de treinar seu cão usando o reforço positivo. E lembrá-lo de que nem sempre isso será fácil. Este programa — e, na verdade, qualquer programa de treinamento — exigirá muito do seu cão, e também algumas coisas de você, principalmente paciência e prática constantes. Quero que você comece a ter em mente que *todas* as interações com seu cão são oportunidades de treinamento, a começar pelo momento em que, como eu já disse, ele entrar pela primeira vez em sua casa. Quero que você saiba que o trabalho difícil acontece entre nossas aulas, quando eu lhe pedirei para praticar o que aprendeu, com constância e coerência. Quero que faça seu dever de casa. Quero que entenda que o treinamento inclui arranjar tempo para exercícios, escovar, afagar e brincar.

Essa prática constante e paciente é que fará a diferença entre ter um cão altamente treinado e animado e um frustrado e inseguro. A prática paciente ensinará ao seu cão que o bom comportamento dele é apreciado e desejado, e será recompensado. Lembrará repetidamente a ele que é um cão bom e que merece a atenção amorosa que você lhe dá. A prática paciente criará um vínculo essencial.

Acredito que a prática paciente constante também fará maravilhas por você. Quanto mais você praticar, mais confiante se tornará. O mesmo vale para as crianças. Encorajo-o a envolver seus filhos neste programa, nas tarefas e no dever de casa. As experiências bem-sucedidas de treinamento de cães podem ensinar as crianças a assumir responsabilidades e cumprir compromissos. Se elas ficarem frustradas com a quantidade de tempo ou o trabalho constante que o treinamento exige, ou com a incapacidade do cão de aprender algo rapidamente, você terá uma oportunidade de lhes mostrar que o trabalho duro é recompensado. Por isso, muitas vezes vi crianças e famílias sendo transformadas por meio do treinamento de cães. Essa é uma oportunidade de aprendermos sobre nós mesmos, de nos tornarmos mais compreensivos e tolerantes, e de rirmos de nossos erros e desafios.

Acredite em mim, se você assumir o compromisso de treinar seu cão e seguir as lições neste livro, seu trabalho será recompensado. Logo você começará a obter as inúmeras, maravilhosas e enriquecedoras recompensas de ter seu melhor amigo bem comportado e sociável.

Agora, vamos começar.

CAPÍTULO 2

Preparando-se para o treinamento do cão

ESPERO QUE VOCÊ esteja lendo isto antes de trazer seu cão para casa, porque a primeira questão a considerar no treinamento também é a que considero a mais fundamental: por que você está adquirindo um cão? Mesmo se você já encontrou o novo amor da sua vida, ainda assim deveria se fazer essa pergunta muito importante.

O motivo "certo" para adquirir um cão é que você deseja um companheiro *e* está em um momento de sua vida em que sabe que tem o tempo e estilo de vida não só para cuidar do seu cão, mas para cuidar dele bem. Está totalmente consciente do compromisso que um cão exige, e preparado e equipado para honrá-lo. Está emocionalmente pronto para dedicar uma parte de si mesmo a criar esse animal que é totalmente dependente de você para a sobrevivência e o bem-estar dele. Suas finanças

Agora que você sabe que está pronto para um cão, descubra que tipo se encaixaria melhor em seu estilo de vida — ele será grande ou pequeno, hipoalergênico ou peludo, de raça pura ou vira-lata?

O próximo passo é a preparação: sua casa, seu quintal, seu carro e até mesmo sua família e outros animais de estimação precisam ser preparados para a chegada do novo cão. Você também precisará reunir alguns suprimentos e providenciar um veterinário responsável e um tosador; falarei em detalhes sobre esses processos neste capítulo.

estão razoavelmente em ordem. Lembre-se de que *desejar* desesperadamente um cão não significa que é a hora certa de *adquiri-lo*. Se você está em um momento da sua vida em que se encontra fragilizado emocionalmente, e está pensando em adquirir um cão para ajudá-lo a lidar com a depressão ou solidão, quero que realmente pense sobre essa decisão antes de assumir mais essa responsabilidade. É natural que você queira que todos amem seu cão, mas não deve adquirir um cão para obter aprovação ou gratificação dos outros.

Se você está pensando em adquirir um cão para seu filho, embora se sinta inseguro sobre assumir um compromisso com um animal de estimação, eu o aconselho a não ir em frente, porque deve presumir que será o principal cuidador do cão, apesar das promessas em contrário do seu filho. Se está pensando em arrumar uma companhia para seu cão atual, tome cuidado com o que os treinadores chamam de síndrome do segundo cão, em que você termina despendendo menos energia e menos tempo individual com o novo cão do que ele precisa, fazendo-o estabelecer um vínculo com o cão já existente em vez de com você. A síndrome do segundo cão interfere no vínculo que você precisa criar com seu novo cão para treiná-lo bem.

Se, depois de pensar em todas essas questões, você chegar à conclusão de que está pronto, parabéns. Acredito que a decisão de trazer um cão para sua casa e família é uma das decisões mais estimulantes, gratificantes e enriquecedoras que você pode tomar.

Escolhendo o cão certo para você

COMO QUALQUER FAMÍLIA COM um cão lhe dirá, escolher o animal de estimação certo para sua família pode ser complicado. Há muitos fatores a considerar. Você preferiria dar um novo lar a um cão mais velho que já é treinado? Alergia é um problema? Se for, você precisa procurar uma raça que não solte pelos? Está disposto às alegrias (e aos mistérios) de ter um vira-lata? Que tipo de cão se encaixará em seu estilo de vida, independentemente de isso significar dar vigorosas caminhadas todos os fins de semana ou ficar muito perto de casa? Você viaja com frequência? Nesse caso, acharia mais fácil viajar com um cão menor que pudesse levar com você na cabine do avião? E quanto aos cães grandes? A maioria deles precisa de muito espaço e come mais do que os cães menores, portanto há espaço ou o custo da alimentação é um problema para você neste momento?

SUA VISITA AO ABRIGO

Ver dezenas, se não centenas, de filhotes e cães adoráveis de uma só vez pode deixá-lo atordoado, por isso planeje cuidadosamente suas visitas ao abrigo. Embora você possa querer ter uma ligação emocional com o animal que levar para casa, também terá de engajar seu cérebro racional nesse processo. Tente se informar o máximo possível sobre a história do cão no qual está pensando, e descobrir se ele é, ou pode facilmente se tornar, sociável com pessoas e outros cães. No caso de um filhote resgatado, pergunte se chegou com outros membros da ninhada e descubra o que puder sobre eles. O cão foi encontrado vagueando ou trazido por um dono? Se foi trazido, pergunte por quê. Ocasionalmente (e infelizmente) os cães são trazidos apenas porque cresceram e deixaram de ser engraçadinhos (ou porque surgiram dúvidas depois de feriados). Pergunte se o cão foi treinado para fazer suas necessidades fisiológicas no lugar certo e a ficar na caixa de transporte. Como é o cão com outros cães? Ele rosna? Defende seu alimento ou brinquedos? Você consegue tirar um brinquedo (ou um sapato) de sua boca? Como ele é com crianças? Já mordeu alguém? Como é quando é tocado e pegado no colo?

Nunca é demais fazer perguntas. Lembre-se deste fato-chave: você está assumindo um compromisso com esse cão pelo resto da vida dele. Algumas organizações de resgate trabalham com um behaviorista voltado para animais, um especialista em comportamento ou um treinador profissional experiente para avaliar cada cão que é levado para ser posto em um novo lar ou encontrado abandonado; contudo, lamentavelmente, muitos abrigos e muitas organizações de resgate são carentes de recursos. Suas equipes dedicadas lutam para satisfazer as necessidades de um número enorme de animais abandonados e não conseguem fornecer avaliações comportamentais de todos. Nesse caso, se possível, peça a um treinador profissional experiente que o acompanhe para avaliar o cão depois que você tiver feito sua escolha. Mesmo se precisar pagar pelo tempo do treinador, esse será um dinheiro bem gasto.

Raças diferentes têm seu charme — mas nem todos os cães são boas escolhas para todas as pessoas.

Quando você descobrir que tipo de cão é melhor para sua família, precisará decidir se prefere adotá-lo em um abrigo ou uma organização de resgate ou comprá-lo de um criador.

Se você estiver disposto a adotar o novo melhor amigo da família em um abrigo, eu gostaria de lhe agradecer. Segundo a Humane Society of the United States, entre 15 mil e 20 mil cães e gatos são levados para abrigos diariamente em toda a América. Esses animais adoráveis só estão esperando por seus novos lares, e desesperados para começar um novo capítulo em suas vidas.

Trabalhando com um criador

SE VOCÊ ESCOLHER SEGUIR a rota da raça pura, a primeira coisa a entender é a grande diferença entre bons e maus criadores. Algumas pessoas inescrupulosas criam filhotes como fábricas de dinheiro. Muitos pet shops vendem filhotes comprados delas, por isso é melhor lidar diretamente com o criador. Informe-se para não apoiar acidentalmente esse negócio cruel e antiético. Verifique as referências: sem saber, você pode se deparar com uma fábrica de filhotes se um criador não lhe permitir ver suas instalações, tiver várias raças ou ninhadas para venda ao mesmo tempo, oferecer-se para lhe enviar um cão sem entrevistá-lo pessoalmente, não falar longamente com você pelo telefone ou não lhe apresentar os nomes e números de donos que compraram filhotes com ele no passado. Embora algumas fábricas de filhotes sejam regulamentadas, todas são desumanas e realmente devem ser evitadas.

Você precisará fazer algumas pesquisas para encontrar criadores de boa qualidade. Se estiver pesquisando raças particulares, vá conhecer pessoas nos clubes de raças locais e assista a exposições de conformação e provas de obediência no American Kennel Club (AKC). Converse com veterinários; talvez eles estejam dispostos a lhe dar nomes de clientes para você entrevistar como parte de sua pesquisa.

O que o criador cobra pode parecer muito dinheiro, mas é um pequeno investimento comparado com o que você pagará para manter seu cão durante toda a vida dele, e um dinheiro bem gasto quando você pensa no que um criador lhe oferece: informação sobre pedigree, registros veterinários detalhados e uma revelação de todos os problemas de saúde. A maioria injeta seguramente sob a pele de cada filhote um microchip com uma identificação. Os bons criadores lhe dirão como e quando alimentar seu cão e o informarão sobre quaisquer alergias alimentares. Eles sabem como cada filhote está se desenvolvendo. Quando você visitar um criador de boa qualidade, os cães parecerão felizes e saudáveis. Os filhotes serão brincalhões, bem socializados, interessados em visitantes e viverão em uma área limpa e corretamente aquecida. Além disso, um bom criador não lhe permitirá levar o filhote antes de ele completar no mínimo sete semanas de vida. Isso é importante porque os filhotes tendem a se socializar e se desenvolver muito melhor quando completam essas sete semanas com suas mães e o resto da ninhada.

Os bons criadores esperarão tanto de você quanto você espera deles. Eles o entrevistarão longamente: sobre seu conhecimento e sua experiência com cães, a adequação e segurança de seu lar e seu compromisso com o treinamento e o bem-estar geral do filhote. Os bons criadores combinarão você com o filhote que acreditam ter o temperamento certo para sua família e se encaixar em seu nível de experiência com cães. Podem lhe pedir referências de seu veterinário ou outras pessoas. Geralmente, querem que toda a família visite seus filhotes, às vezes mais de uma vez, e alguns também podem se oferecer para deixá-lo conhecer a matriz (mãe) antes que dê à luz para que ela possa se sentir confortável com você.

> Os bons criadores combinarão você com o filhote.

E ainda há mais: eles lhe pedirão para assinar um contrato que exija que lhes devolva o cão se em algum momento decidir que não pode ficar com ele, embora a maioria dos criadores só se ofereça para devolver o dinheiro se o cão for devolvido dentro do primeiro ano. Como você e seu cão se tornarão uma parte viva da reputação do criador, ele desejará permanecer em contato com você para ser informado sobre o desenvolvimento, a saúde e o comportamento do filhote.

Quando você encontrar o criador com o qual deseja trabalhar, esteja disposto a esperar. Os bons criadores nem sempre têm filhotes para vender. Especializam-se em uma ou duas raças e tipicamente a ninhada nasce na própria casa deles. Isso exige tempo, mas no final das contas a espera valerá a pena.

Seu plano e seus objetivos de treinamento

ENQUANTO ME SENTO PARA escrever hoje, Boz, um border collie de 2 anos, está enroscado em meus pés. Na última primavera perdi Saxon, meu amado schnauzer gigante, de câncer.

Como qualquer um que já perdeu um animal de estimação sabe, essa é uma experiência devastadora e de partir o coração, e talvez eu nunca supere a perda de Saxon. Mas uns oito meses depois de ele morrer, eu quis um novo cão para mim, assim como para meu Ibizan hound, Brieo. Um novo companheiro seria bom para nós dois, especialmente porque Brieo é um "cão humilde", o que significa que prefere seguir em vez de liderar. Mas, como eu ainda chorava a morte de Saxon, não estava pronta para assumir um compromisso vitalício com um novo cão. E sei que seria uma insensatez ter um segundo cão apenas como companhia para Brieo.

Depois de muito pensar, decidi me tornar uma mãe substituta para Boz, o que significava levá-lo temporariamente para minha casa até ele encontrar seu lar definitivo. Boz havia sido deixado por uma família que não podia mais ficar com ele por motivos pessoais. Agora estou lhe dando tudo que daria a um cão que fosse ficar comigo permanentemente. Boz tem sua própria caixa de transporte, sua cama, suas tigelas e todos os seus outros suprimentos, assim como muito afeto e tempo sozinho comigo. Tornar-se uma mãe substituta para um cão pode ser desafiador — e não é para todos. Mas, se você tem experiência com cães e está em dúvida sobre adotar de novo, essa pode ser a opção perfeita para você e o cão.

> O treinamento bem-sucedido começa com um bom plano.

Embora Boz só vá ficar comigo até encontrarmos um lar bom e permanente para ele, comecei a treiná-lo desde que decidi trazê-lo. O mesmo deveria se aplicar a você: quando escolher seu cão, prepare-se *imediatamente*. Embora muitos treinadores acreditem que deve haver um tempo de vínculo sem treinamento quando uma família recebe um cão, eu insisto em que você comece a treinar seu cão imediatamente. Quando você usa a abordagem de reforço positivo, o tempo de treinamento *é* tempo de vínculo. Mostra ao cão que ele está sendo cuidado e recompensado por se sair bem. Se você não treina seu cão desde cedo, isso é um convite para problemas comportamentais futuros. Um cão não treinado quase sempre aprenderá como conseguir o que quer fazendo a coisa errada, como pulando ou latindo, e depois ficará confuso e ansioso quando você tentar corrigi-lo e treiná-lo. Um cão é mais feliz quando aprende desde o primeiro dia em seu novo lar que o treinamento é uma parte natural e rotineira da vida. Simplesmente se prepare para ser coerente, firme e justo.

O treinamento bem-sucedido começa com um bom plano, e um bom plano começa com objetivos claros. Na verdade, eu colo meus objetivos e meu plano em minha geladeira como um lembrete constante para me concentrar em meus objetivos a longo prazo. Como inúmeros alunos também me disseram (e descobri), trabalhar para atingir os objetivos de treinamento do cão — e atingi-los constantemente com o passar do tempo — lhes deu (e me deu) mais confiança em relação a atingir objetivos em outros aspectos da vida.

Quais são seus objetivos de treinamento?

A MAIORIA DOS ATLETAS DE elite lhe dirá que, se conseguir se visualizar fazendo lançamentos livres ou um home run, estará um passo mais perto de atingir esse objetivo. É por isso que quero guiá-lo em um curto exercício sobre o futuro do seu cão... e o *seu*. Imagine que seu cão está totalmente treinado. Como é o comportamento dele em casa? Vocês gostam da companhia um do outro? Como vocês brincam juntos e como ele brinca com outros cães? Como é levá-lo para passear? Como é levá-lo com você para recreação ou em visitas a casas de amigos?

Agora você está pronto para o próximo passo: estabelecer os objetivos de treinamento que garantirão que o cão se comportará como imagina. Quando você e seu cão começarem a atingir seus objetivos, você verá quanto progresso está fazendo e o quanto está chegando mais perto todos os dias de ter o relacionamento que imaginou.

Você precisa de cinco semanas para incutir um novo hábito, o que é um dos motivos de eu recomendar um programa de treinamento de cinco semanas: ele funciona melhor para seu cão *e* para você. (Seu cão não é o único que tem que aprender novos hábitos!) Portanto, escolha objetivos que imagine que o manterão inspirado por cinco semanas... e mais.

Checklist para estabelecer objetivos

E IS UMA CHECKLIST PARA ajudá-lo a estabelecer seus objetivos. Tente escolher apenas dez principais, para ter uma ideia do que é mais importante para você. A lista não precisa ser perfeita ou definitiva; é só uma ferramenta para ajudá-lo a ser específico.

EM CASA

❏ Meu cão é impecavelmente **treinado em casa**. Sabe onde fazer suas necessidades fisiológicas e as faz no momento correto. Quando precisa passear, faz o sinal que eu ensinei.

❏ A **caixa de transporte** é a casa do meu cão. Ele gosta da caixa, entra nela quando lhe peço e fica calmo lá dentro.

❏ Quando peço, meu cão se **aquieta**. Embora goste quando fica entusiasmado, ele não fica pulando, a menos que seja solicitado.

❏ A **hora do jantar** é agradável e tranquila. Meu cão se senta para receber seu alimento e não o defende de pessoas ou outros animais. Não me incomoda quando estou comendo.

❏ **Arrumar** meu cão é uma experiência prazerosa. Ele gosta de ser manuseado enquanto o escovo. Aceita a hora do banho com tranquilidade e gosta de ser massageado.

❏ Meu cão obedece às **regras relativas aos móveis e só mastiga** o que é permitido.

❏ Embora meu cão goste de estar comigo, **não é carente** a ponto de me seguir por toda parte. Quando eu saio de casa, ele relaxa. Quando volto, fica feliz e calmo.

TREINAMENTO

❏ Meu cão e eu **adoramos treinar** por um rápido minuto quando surge uma oportunidade. Também adoramos fazer nosso dever de casa todos os dias e estreitamos nosso vínculo enquanto treinamos.

❏ **Sentar-se** calmamente é o modo de o meu cão dizer "por favor". Ele senta quando lhe é pedido e aprendeu as situações em que geralmente lhe peço para se sentar.

❏ Meu cão obedece a **"deite"** e **"fique"**. Quando eu lhe dou o comando, faz isso sem hesitação.

❏ Meu **cão adora ouvir o nome dele** e fica atento quando o digo.

❏ Meu cão obedece a **"venha aqui"**. Quando eu o chamo de volta, ele vem imediatamente.

❏ A **hora de brincar** é divertida para meu cão e para mim. Quando outras pessoas são convidadas a brincar, é seguro para elas e para meu cão. Quando eu lhe peço para devolver um brinquedo ou soltá-lo, ele faz isso imediatamente.

❑ Os **truques** são agora uma parte divertida do nosso treinamento. Quando meu cão domina cada truque, nós nos alegramos e nos orgulhamos juntos. Adoro exibir seus truques para as pessoas.

SOCIALIZAÇÃO

❑ Quando a **campainha** toca, meu cão fica interessado, mas se senta até ouvir o comando para **cumprimentar uma visita**.

❑ **Caminhar** com meu cão é prazeroso e relaxante. Ele adora andar ao meu lado com uma guia e obedece quando eu lhe peço para parar de cheirar e continuar a caminhar.

❑ Quando nós **encontramos outros cães**, meu cão se comporta bem independentemente do que eles fazem.

❑ Quando nos deparamos com **barulhos estranhos ou surpresas**, meu cão fica um pouco interessado, mas não paralisado ou tentando lutar ou fugir.

❑ Quando vamos a um **tosador** ou **veterinário**, meu cão e esses profissionais ficam felizes em se ver.

❑ Quando meu cão tem permissão para se juntar a mim em um **local de trabalho**, tem um comportamento impecável. Sinto que posso levá-lo a qualquer lugar.

❑ Os **passeios de carro** são tranquilos com meu cão. Ele adora entrar no carro comigo.

Se você conseguiu reduzir a lista aos seus dez objetivos principais, fez um bom trabalho; isso ajudará você e seu cão a ser bem-sucedidos juntos. Acredite que quaisquer prioridades que estabeleça serão as certas e por enquanto não se preocupe com os outros. Não fique paralisado tentado ser perfeito; a perfeição não é possível no treinamento de cães. Se você seguir o programa de treinamento e fizer seu dever de casa com disciplina, irá longe. Afinal de contas, se não fizer suas escolhas, acabará negligenciando as necessidades sociais e emocionais de seu cão. Então as faça e se sinta bem em relação a elas. Ponha sua lista de objetivos na geladeira ou em algum lugar em que possa vê-las. Seja inspirado por ela.

Dos objetivos ao plano: a rotina diária

TER UM HORÁRIO PROGRAMADO diz ao novo cão, independentemente da sua idade, que você, o líder benevolente, está no comando. Ajuda-o a aprender as regras da casa e a entender que deve "trabalhar" por sua comida e seus privilégios. Os cães respeitam e querem esse tipo de certeza e segurança. No devido tempo, você e seu cão acharão o horário diário e a rotina... bem, rotina.

É importante iniciar o cão em sua rotina diária assim que você o trouxer para casa — cada parte dela representa uma oportunidade de treiná-lo —, o que significa que você deve começar a se preparar para um novo horário em suas próprias semanas antes de visitar o abrigo ou criador para escolher o cão. Embora a rotina do cão em última análise vá depender das necessidades dele e das suas, todos os dias devem incluir tempo para alimentação, fazer as necessidades fisiológicas, caminhar e brincar.

Eis um exemplo de rotina para você examinar. Não se preocupe muito com isso agora. Nós daremos instruções detalhadas em cada passo em nosso programa de treinamento de cinco semanas.

ROTINA DA MANHÃ

- ▶ **ACORDAR.** Cumprimente o cão na caixa de transporte, peça-lhe para se sentar antes de abri-lo, instrua-o a sair e lhe peça para se sentar de novo.

- ▶ **NECESSIDADES FISIOLÓGICAS.** Sair da caixa de transporte e ir lá para fora (com uma sentada à porta) fazer suas necessidades fisiológicas no momento correto. Dê um petisco ao cão quando ele lhe obedecer. Depois de uma sentada à porta, entrar para o café da manhã.

- ▶ **CAFÉ DA MANHÃ.** Uma sentada enquanto você se prepara para dar o café da manhã ao cão.

- ▶ **NECESSIDADES FISIOLÓGICAS DOS FILHOTES.** Se seu cão for um filhote, sair de novo para fazer suas necessidades fisiológicas, usando o protocolo de treinamento que discutiremos mais tarde (veja a página 55). Sempre dê um petisco ao filhote quando ele fizer suas necessidades no lugar certo.

PREPARANDO-SE PARA O TREINAMENTO DO CÃO | 27

▶ **ESCOVAÇÃO.** Segure todo o cão com as mãos enquanto lhe escova o pelo.

▶ **CAMINHADA.** Use o programa de treinamento para caminhada (veja a página 84).

▶ **NECESSIDADES FISIOLÓGICAS DOS FILHOTES.** Sempre que você puser o filhote na caixa de transporte e o tirar de lá, leve-o para fora para fazer suas necessidades fisiológicas.

▶ **HORA DA CAIXA DE TRANSPORTE É HORA DA SONECA.** Seu cão aprende a adorar a caixa quando você o deixa passar alguns momentos nela para ir trabalhar, em saídas em que o cão não pode acompanhá-lo ou quando precisa de tempo para fazer coisas em casa. Quando o cão se sente confortável com esses cochilos programados na caixa de transporte, a possibilidade de ansiedade de separação diminui.

ROTINA DA TARDE

▶ **CUMPRIMENTO.** Sempre que você deixar seu novo cão sair da caixa de transporte, prossiga com o protocolo de treinamento correspondente...

▶ **NECESSIDADES FISIOLÓGICAS...** e o protocolo de treinamento correspondente.

▶ **TREINO.** Dedique um tempo à sua prática diária formal de dez minutos de dever de casa. (A agenda sugerida para cada semana é detalhada no Programa de Treinamento Básico.)

▶ **NECESSIDADES FISIOLÓGICAS DOS FILHOTES.** Você sabe o procedimento.

▶ **SOCIALIZAÇÃO.** Dependendo da disposição de seu cão, você pode dar um breve passeio de carro ou uma caminhada. Pode visitar um vizinho ou cães de vizinhos em um lugar em que seja possível fazer exercícios de socialização. Se você tiver filhos, esse pode ser o momento certo para socializar o cão com eles. (As atividades de socialização são explicadas em todo este livro.)

▶ **RELAXAR EM CASA.** Escovar, acariciar ou realizar outras atividades tranquilas que unam você e seu cão.

- ▶ **NECESSIDADES FISIOLÓGICAS DOS FILHOTES.** Deveriam lhe ser familiares... e estar se tornando mais familiares para o filhote.

- ▶ **HORA DA CAIXA DE TRANSPORTE É HORA DO COCHILO.** Novamente, o propósito é ajudar o cão a adorar sua caixa e não associar o tempo nela a exílio ou punição.

ROTINA DA NOITE

- ▶ **CUMPRIMENTO.** Às vezes, o tempo na caixa de transporte à tarde pode ser breve.

- ▶ **NECESSIDADES FISIOLÓGICAS.** Note como você está aumentando a associação que o cão faz de sair da caixa de transporte com fazer suas necessidades fisiológicas — e ao mesmo tempo praticando comandos para *se sentar*.

- ▶ **HORA DO JANTAR.** Rotina semelhante à do café da manhã.

21 HORAS
HORA DE BRINCAR. "Ele realmente ficou animado quando lhe mostrei o novo brinquedo. Acho que o guardarei como uma recompensa especial de treinamento."

MEIA-NOITE
HORA DAS NECESSIDADES FISIOLÓGICAS. "Ele me acordou à meia-noite. Felizmente, foi direto para onde devia fazê-las no momento em que eu lhe disse para ir."

18 HORAS
HORA DE CAMINHAR. "Ele está mais focado hoje, embora ainda puxe a guia a cada minuto. Reage mais rápido à técnica 'Parado'."

17 HORAS
HORA DO JANTAR. "Dar comida com a mão é um prazer. Quando voltei para casa do trabalho, dei comida com a mão para meu cachorro na porta da frente e isso pareceu acalmá-lo."

- **NECESSIDADES FISIOLÓGICAS DOS FILHOTES.** É aquela hora de novo.

- **CAMINHADA.** Pode ser uma caminhada de socialização ou um tempo especial para você e seu cão. A decisão é sua.

- **NECESSIDADES FISIOLÓGICAS DOS FILHOTES.** Você está um dia mais perto de ter um cão treinado para fazer suas necessidades fisiológicas no lugar certo.

- **TEMPO COM A FAMÍLIA.** Alterne várias atividades, mantendo seu foco no cão por dez minutos. Essa pode ser uma boa hora para envolver seus filhos no treinamento. É importante que o cão socialize com toda a família. Lembre-se de que você sempre deve supervisionar o treinamento quando as crianças estiverem presentes.

- **NECESSIDADES FISIOLÓGICAS.** Aumente a compreensão do seu cão de que a hora de fazer as necessidades fisiológicas vem antes da hora de dizer boa noite.

BOA NOITE

- **CAIXA DE TRANSPORTE.** Entrar nela para descansar. Se você exercitou seu cão o suficiente hoje, ele tenderá a dormir melhor, assim como você. Gosto de expressar minha gratidão diária e abençoar meu cão.

MEIO DA NOITE

- **NECESSIDADES FISIOLÓGICAS DOS FILHOTES.** Essa rotina do meio da noite terá um fim. Eu prometo.

Seu diário de treinamento

ACONSELHO FORTEMENTE QUE VOCÊ registre em um caderno de anotações ou diário o horário e progresso de seu cão à medida que ele for atingindo os objetivos do treinamento. Isso lhe permitirá avaliá-lo e identificar cedo os pontos fortes, os ritmos naturais do corpo e os padrões de comportamento e áreas problemáticas do cão. Por exemplo, você treinará mais rápido e melhor o cão a fazer suas necessidades fisiológicas no lugar certo se souber quando

30 | AME SEU CÃO

SEMANA 1

DIÁRIO DE TREINAMENTO DE _Bailey_
DIA _quarta-feira_

HABILIDADE	PROGRESSO	ANOTAÇÕES
USANDO PETISCOS COMO ISCAS. Pratique atrair seu cão com petiscos.	☺	Bailey adora seguir o petisco enquanto andamos pela casa. Primeira vez que praticamos ao ar livre. Sucesso!
INCENTIVANDO A SE SENTAR. Encoste o petisco no focinho do cão e o erga (a anca abaixa), marque isso, elogie-o, toque a coleira e por último dê o petisco.	✔✔✔	As crianças adoraram incentivar Bailey a se sentar. Estamos nos divertindo.
INCENTIVANDO O CÃO A SE LEMBRAR, PARTE 1. Dê dois ou três passos para trás, atraia o cão. Marque isso, elogie-o, toque a coleira e por último dê o petisco. Se o cão já se sentar, acrescente isso.	_Precisa ser trabalhado_	O cão não está se sentando quando eu o atraio para mim. Socorro! Mas pelo menos ele vem quando eu o chamo.
EXERCÍCIO DE CONTATO VISUAL. Encoste o petisco no focinho do cão e depois o traga para seus olhos. Marque e recompense o contato visual do cão.	_Ótimo!!!_	O cão fica olhando para todos nós o tempo todo. Está certo? Nós gostamos. A capacidade de atenção melhorou.
CAMINHANDO, "PARADO". Quando o cão puxar a guia, pare e a segure firmemente junto ao seu corpo. Quando o cão olhar para trás para você, marque, atraia e recomece.	_Talvez demais_	Nós não estamos chegando a lugar nenhum rápido, mas ele olha para trás, para nós, quando paramos de andar. Estou paciente!
AMARRANDO A GUIA. Em sua casa.	**EXEMPLO DE DIÁRIO:** acompanhe os sucessos do seu cão	Eu perdi a presilha, por isso comprei uma guia maior para conseguir passá-la ao redor da minha cintura. Ele está mais atento.
DAR COMIDA COM A MÃO. Faça isso em todas as refeições pegando a comida da tigela do cão. Ele verá que você é o provedor de alimento.	☆☆☆	Cão adora o exercício de dar comida com a mão. Não se importa quando as crianças correm perto de sua tigela.
TREINAMENTO PARA FICAR NA CAIXA DE TRANSPORTE. Ensine o cão a adorar sua caixa.	_Confuso_	Ele adora a caixa de transporte, mas não está pronto para que eu feche a porta.
TREINAMENTO PARA FAZER AS NECESSIDADES FISIOLÓGICAS NO LUGAR CERTO. Observe o _input_ (refeições e petiscos) e _output_ (hora de fazer as necessidades). Note os acidentes.	_Oops_	Houve dois acidentes, mas a culpa foi nossa.
EXERCÍCIO DE "AI", INIBIÇÃO DE MORDIDA E MANUSEIO GENTIL. Muito manuseio gentil. Toque as patas e todo o corpo.	_Precisa de prática_	Ele para de morder quando eu digo "ai", mas começa de novo. Mas suas mordidas são brincadeiras e estão se tornando mais suaves.
ESCOLHA UMA ATIVIDADE/ BRINCADEIRA. Pique-esconde — feita com crianças.	☺☺	Bailey se saiu muito bem e as crianças também. Eu as lembrei de ser delicadas com os olhos de Bailey.
ESCOLHA UMA EXPERIÊNCIA DE SOCIALIZAÇÃO 1. Pegou as crianças na escola. 2. Brincou com o cachorrinho do vizinho	☆☆☆	1. Ficou excitado, por isso lhe demos comida com a mão para se sentar e ele se acalmou. 2. O cachorrinho do vizinho é uma peste. Socorro!

as faz, quando não precisa mais ser conduzido a esse lugar e como lhe diz com sua linguagem corporal e seu comportamento que precisa sair. Acompanhar pequenos progressos o inspirará a ter paciência e confiança. Quando seu cão ficar mais velho e seus padrões naturais mudarem, recomendo que comece um novo diário para ajudá-lo a identificar esses novos padrões e rotinas.

Adapte ao seu próprio estilo de vida as rotinas de treinamento diário nas páginas anteriores. Talvez outra pessoa o ajude levando o cão para passear à tarde, ou você use creche para cães (particularmente se tiver um filhote que precisa ir ao banheiro a cada três horas). Em todo caso, isso ajudará qualquer um que esteja cuidando do seu cão a fazer um trabalho melhor; ninguém ficará confuso sobre o que os outros fizeram e eles deveriam fazer: o horário e diário ajudarão a manter essas informações em um só lugar. Com minha família, escrevo tarefas semanais que precisam ser cumpridas.

Você pode anotar o horário em uma agenda ou baixar gratuitamente e imprimir a Daily Training Routine em meu website: lovethatdogbook.com. Recomendo que registre tudo, inclusive sono e cochilos, acordar no meio da noite, micção e defecação, necessidades fisiológicas acidentalmente no lugar errado, caminhadas, brincadeiras e petiscos, refeições e até mesmo água fornecida. Se você souber a que horas o filhote ou cão jovem fez suas refeições ou bebeu água, será muito mais fácil prever quando precisará sair de novo para fazer suas necessidades. Anote seus erros, assim como seus sucessos. Independentemente de seu cão ser um filhote ou um cão mais velho que veio de outro lar, registre tudo durante pelo menos os trinta primeiros dias, e o ideal é fazer isso durante todas as cinco semanas do programa de treinamento.

A COLEIRA DE SEU CÃO

Quando você acrescenta placas de identificação à coleira do cão, faz disso seu uniforme. Além de uma coleira com fivela tradicional, você pode usar uma peitoral ou coleira de treinamento.

COLEIRA LISA COM FIVELA
Esta coleira essencial mostra as placas de identificação do cão e é tradicionalmente presa à guia.

COLEIRA MARTINGALE
Também chamada de coleira para galgo, fica pendurada um pouco larga ao redor do pescoço do cão até ele puxar, apertando-a... sem nenhum enforcamento!

COLEIRA GENTLE LEADER
Com a guia presa à coleira-cabresto sob o queixo do cão, ele automaticamente virará para trás na sua direção sempre que puxar.

COLEIRA PEITORAL
Escolha uma que se prenda à guia no peito do cão (em vez de no alto da espinha dorsal).

Preparando sua casa e família

É MUITO MELHOR SE VOCÊ puder preparar sua casa e seu quintal antes de o novo cão chegar, mas mesmo que você não possa — mesmo que já tenha seu cão — pense que isso é uma oportunidade de corrigir quaisquer problemas de estrutura e segurança em sua casa, seu quintal ou seu carro. Também é o momento de discutir com os outros membros da família as novas regras da casa. Se você receber pessoas regularmente, como uma babá ou empregada, também as prepare.

EQUIPAMENTO E SUPRIMENTOS

O EQUIPAMENTO E OS SUPRIMENTOS básicos do cão podem ser comprados baratos e com sabedoria, ou você pode gastar mais equipando seu cão do que gastou comprando-o de um criador conceituado. Cabe a você decidir quanto gastará, mas eis sua lista de compras.

❑ **COLEIRA LISA COM FIVELA.** Quando a coleira está com todas as placas de identificação, é o uniforme do seu cão. Recomendo uma coleira de couro ou tecido. (Talvez você precise começar com uma leve para gatos só para seu cão se acostumar com a sensação da coleira enquanto está em casa, e usar uma coleira mais pesada em caminhadas.)

❑ **PLACAS DE IDENTIFICAÇÃO.** Uma placa deve conter seu nome, o nome do cão e seus números de telefone. As leis locais também podem exigir que você exiba uma placa de licença do cão que inclui dados de vacinação atualizados. Se você possui uma segunda residência, como uma casa de fim de semana ou na praia, deve ter um conjunto extra de placas com os números dos telefones desses locais.

❑ **COLEIRA DE TREINAMENTO (OPCIONAL).** Sou contra o uso de enforcadores e coleiras com grampos, porque podem ser mal usadas e machucar desnecessariamente o cão. Apoio o uso cuidadoso de algumas coleiras de cabeça (aquelas que lembram cabrestos), como a Gentle Leader, desde que você siga as instruções do fabricante, porque seu uso incorreto pode machucar o cão. Falarei mais sobre o uso da coleira Gentle Leader no capítulo sobre problemas comportamentais.

- **COLEIRA MARTINGALE (OPCIONAL). TAMBÉM CHAMADA DE COLEIRA PARA GALGO.** Se você tem um cão com uma cabeça estreita, como um galgo, pode querer usar essa coleira, mas somente quando o levar para passear. A coleira tem uma volta extra que se aperta ao redor do pescoço se ele puxa, mas não o enforca se você a coloca corretamente. Aprendi a sempre tirar a coleira Martingale quando não estou passeando com o cão, porque ela pode ficar presa a alguma coisa. Há muitos anos acordei no meio da noite e vi meu cão-d'água irlandês, Aisley, parado calmamente aos pés da minha cama, com a Martingale presa no estrado de ferro forjado.

- **COLEIRA PEITORAL (OPCIONAL).** Muitos donos de animais acham que podem ter mais controle sobre seus cães durante passeios quando a guia está presa a uma coleira peitoral. Eu prefiro a coleira peitoral quando se prende à guia no peito do cão, em vez de nas costas. Acho que muitos criadores tratam a guia presa ao alto da espinha dorsal como um convite para puxar, enquanto que a presa no peito faz o cão se virar para você quando puxa. Certifique-se de que a peitoral está ajustada confortavelmente sem ferir o cão.

- **GUIA.** Recomendo uma guia de 1,80m (em vez de uma de 1,20m) para que seu cão possa ter um pouco mais de liberdade, especialmente durante exercícios, quando você o prende ao seu

---

A CERCA PARA EXERCÍCIOS

Versáteis, leves e portáteis, esses painéis podem ser montados juntos...

...COMO UMA ÁREA PARA BRINCAR
Dá ao seu filhote ou cão um pouco de liberdade para se mover ou deitar.

...HALTERES
Os halteres tornam mais difícil para o cão mover o cercado.

...E COMO UM DIVISOR DE AMBIENTES.
Torna parte de um ambiente inacessível.

cinto. Se você está pensando em usar uma guia retrátil, como a Flexi, espere até seu cão ter completado o programa básico de cinco semanas, aprendido muito bem a voltar quando você o chama e conseguir caminhar educadamente com a guia frouxa.

- ❏ **CAIXA DE TRANSPORTE.** Veja o treinamento para ficar na caixa de transporte (página 58) para ajudá-lo a escolher a certa para seu cão e sua decoração.

- ❏ **CERCA PARA EXERCÍCIOS.** Se seu orçamento permitir, compre um cercado desmontável, frequentemente chamado de cerca para exercícios (veja figura anterior) para ser a área de brincadeiras móvel de seu cão. Esse cercado leve e portátil pode ser usado para manter o cão dentro ou fora de um espaço. Instale-o como uma barreira de contenção ou para dividir um ambiente, como o muro de Berlim... a ser derrubado quando seu cão amadurecer. Você encontrará outros usos para o cercado durante este programa de treinamento. Para evitar que meus cães o movam, prendo halteres com cintas de bungee jumping na parte inferior do cercado.

- ❏ **TIGELAS DE COMIDA E ÁGUA.** Embora eu seja fã de tigelas grandes para uma casa espaçosa, no início talvez você prefira

---

MASTIGAR COMO RECOMPENSA

Meu brinquedo mastigável favorito é o Kong, porque os cães mais novos os adoram e, contudo, são praticamente indestrutíveis. O Kong pode ser recheado com petiscos ou comida para desacelerar um cão que come rápido demais; você pode dá-lo enquanto ele está na caixa de transporte ou como uma recompensa.

KONG.
Cada um desses brinquedos tem uma abertura e se destina a ser recheado com petiscos ou comida macia para cães.

RECHEIE O KONG.
Encha-o de petiscos ou comida macia para cães e o coloque na geladeira.

NHAM!
Você dirigiu a mastigação do cão para uma atividade que o recompensa e lhe prende a atenção.

tigelas simples e leves, especialmente se estiver seguindo o protocolo para dar comida com a mão (detalhado no capítulo a seguir). Depois que o dominar, poderá usar um conjunto mais luxuoso, incluindo uma tigela de metal ou cerâmica fácil de esterilizar.

❏ **COMIDA E PETISCOS.** Veja na parte de alimentação no capítulo a seguir orientações sobre escolhas alimentares. Lembre-se de reservar uma parte da dieta diária do seu cão para recompensa no treinamento.

❏ **BRINQUEDOS.** Permitir que o cão "possua" apenas alguns brinquedos com os quais pode brincar sempre que quiser ajuda a criar oportunidades para treinamento. Não o deixe destruir ou rasgar brinquedos; intestinos bloqueados podem exigir cirurgia. Sempre supervisione as brincadeiras do cão.

> ## BOLSA DE PETISCOS
>
> **M**uitos donos de cães usam uma bolsa de petiscos (frequentemente chamada de bolsa de iscas) para tê-los à mão durante o treinamento. Para ajudar seu cão a se concentrar em você e não na bolsa, prenda-a na parte de trás do seu cinto, não em seu quadril.

❏ **BRINQUEDOS PARA MASTIGAR.** A mastigação é um impulso natural canino. Portanto, em vez de tentar o cão a mastigar o que não deve, direcione positivamente o comportamento de mastigação dando-lhe regularmente brinquedos feitos para ser mastigados.

❏ **BRINQUEDOS PARA TREINAR.** São brinquedos especiais que "empresto" para meu cão como uma recompensa durante as sessões de treinamento; após alguns momentos de brincadeira, ele tem que devolvê-los em troca de um biscoito, uma técnica de treinamento que ensinarei mais adiante. Podem ser brinquedos sonoros de borracha macia ou especiais de pelúcia, e sempre me são devolvidos.

Também uso a técnica de puxar e devolver brinquedos como recompensa de treinamento. E sempre tenho um brinquedo muito especial reservado para trocar com meu cão quando ele fez contrabando, como de um sapato, ou para parar com um comportamento de caça indesejado. Para trocas de contrabando, recomendo um brinquedo de pelúcia com muitas características sonoras e onduladas, e que não possa ser facilmente rasgado. Evite brinquedos que seriam destruídos se deixados com o cão por mais de um minuto.

- ❏ **EQUIPAMENTO ESPECIAL DE TREINAMENTO E SUPRIMENTOS.** À medida que você for avançando no programa, discutirei vários suprimentos especiais, inclusive uma guia de 15m para treinamento de chamar de volta (uma corda bem amarrada na ponta da guia pode ser suficiente), um Clicker para treinamento de truques e uma bolsa de petiscos presa ao seu cinto.

- ❏ **CUIDADOS COM O PELO.** Sua lista básica inclui uma escova apropriada para a raça, um pente, um pente tipo ancinho e uma raspadeira. Se você mesmo der banho em seu cão, use um xampu e condicionador para cães.

- ❏ **CUIDADOS COM AS UNHAS.** Opções incluem um cortador e uma lixa de unhas, ou um cortador de unhas elétrico. Também tenho pó hemostático ou maisena para estancar o sangue em caso de acidentalmente cortar as unhas rentes demais.

- ❏ **HIGIENE ORAL.** Só uso creme dental formulado para cães, além de uma escova de cerdas macias. Petiscos para limpeza de dentes podem ajudar quando usados como um acréscimo à escovação, mas não como um substituto. A má higiene dentária pode levar a infecção, que, ao passar pela corrente sanguínea, pode causar doença cardíaca e outras. Escovar regularmente os dentes do cão é tão importante para o bem-estar dele quanto uma boa higiene dentária é para o seu.

- ❏ **SACOS PARA FEZES/SISTEMA DE ELIMINAÇÃO DE DEJETOS.** Se o cão fizer suas necessidades em uma área no quintal, tenha por perto uma pá ou outra ferramenta para apanhá-las e uma lixeira. Se ele fizer suas necessidades nas calçadas, não deixe de apanhá-las com sacos para fezes. Recomendo os biodegradáveis, vendidos na maioria das pet shops e on-line.

- ❏ **KIT DE PRIMEIROS SOCORROS.** Você pode comprar um kit pronto ou montar um. No mínimo, o kit deve conter um removedor de carrapatos, uma solução de limpeza como peróxido de hidrogênio, pomada antisséptica, gaze, esparadrapo, tesoura e solução oftálmica estéril. Alguns ótimos kits de primeiros socorros vendidos nas pet shops contêm mais de sessenta itens.

BARREIRAS À PROVA DE CÃES E ORGANIZAÇÃO

VOCÊ PODE ACHAR DIFÍCIL de acreditar, mas ter cães realmente me ajuda a ser uma dona de casa melhor. Sempre estou procurando modos de afastar os cães de problemas em casa e no quintal. Eis uma checklist para você também se tornar uma dona de casa melhor.

- ❏ **SAPATOS.** A maioria dos cães não consegue resistir à tentação do cheiro dos seus pés no couro ou tecido. Se você usar sapatos em casa, ponha-os em um armário e se lembre de manter a porta fechada. Se não usar, ponha-os perto da porta em uma área que o cão não possa alcançar. Se preciso, ponha os sapatos dentro de um cercado.

- ❏ **BRINQUEDOS.** Brinquedos felpudos e fáceis de mastigar frequentemente são iguarias para os cães. Guarde-os. Mantenha as caixas e os armários de brinquedos fechados.

- ❏ **DEVER DE CASA, CONTAS, PAPÉIS IMPORTANTES.** "Meu cão comeu meu dever de casa" pode convencer a professora do seu filho, mas os credores tendem a não aceitar essa desculpa. Recentemente, quando eu não estava prestando atenção, Boz mastigou algumas páginas de um diário de treinamento. Sim, até mesmo os especialistas cometem erros; com alguns cães só é preciso um momento de distração.

- ❏ **ROUPAS.** Pendure as roupas em lugar alto para que o cão não possa arrastá-las e as mantenha fora do chão, principalmente quando foram usadas e estão com seu delicioso cheiro.

- ❏ **A COZINHA.** Surfe no balcão (pular sobre o balcão para ver as coisas boas que há nele) é um dos esportes favoritos dos cães. Mantenha os balcões livres de quaisquer vestígios de comida, as portas dos armários fechadas e objetos perigosos ou quebráveis fora de alcance. Também certifique-se de que os objetos de limpeza (inclusive esponjas e luvas) estão bem longe do cão. Na verdade, é prudente preparar sua cozinha como se você visasse à segurança de seus filhos: todos os produtos potencialmente tóxicos devem ser guardados atrás de portas de armários com fechaduras à prova de crianças.

DICA DE TREINAMENTO

"Mantenha toalhas perto da porta para enxugar as patas e o pelo de seu cão. Sugiro que pratique fazer isso com ele antes de ser apanhado pela primeira vez por uma pancada de chuva, para que se sinta confortável quando você precisar enxugá-lo rapidamente. A maioria dos cães se sente mais confortável tendo as patas dianteiras enxugadas antes das patas traseiras."

- ❏ **LIXEIRAS E CESTAS DE PAPÉIS.** Mantenha-as fora de alcance e as esvazie com frequência.

- ❏ **O BANHEIRO.** Mantenha a tampa do vaso sanitário abaixada, especialmente se houver substâncias químicas na água. Tome cuidado para o papel higiênico não ser desenrolado ou até mesmo mastigado. Isso exige muito controle, motivo pelo qual geralmente é mais fácil manter a porta do banheiro fechada o tempo todo.

- ❏ **PORTAS FECHADAS.** Na verdade, talvez você queira manter a maioria das portas fechadas quando não puder supervisionar seu cão. Em especial, certifique-se de que fechou as de saída da casa.

- ❏ **TOALHAS.** Mantenha toalhas perto da porta; elas serão úteis quando você voltar de caminhadas ou o cão for ao quintal dos fundos para fazer suas necessidades em dias chuvosos.

- ❏ **PRODUTOS TÓXICOS.** Embora a maioria deles fique na cozinha e no banheiro, certifique-se de que não há sprays largados, produtos de limpeza ou álcool fora do lugar ou ao alcance do cão.

- ❏ **SPRAY BITTER APPLE***. Muitos cães não gostam do sabor do spray de maçã amarga. O spray funciona melhor quando previamente borrifado para ajudar a ensinar o cão a ficar longe de uma cesta de papéis ou um balcão, ou a não mastigar móveis. Outra opção é uma mistura de molho de pimenta e perfume. Teste os sprays para se certificar de que não mancham.

- ❏ **FIOS ELÉTRICOS.** Pregue-os no rodapé; mantenha-os fora do alcance da visão. Se você não puder supervisionar o cão em um aposento em que ele pode ter acesso a fios elétricos, considere tirá-lo desse espaço. Os cães podem ser eletrocutados ou estrangulados por fios elétricos.

- ❏ **CORDAS DE CORTINA.** Se suas cortinas têm cordas penduradas, instale ganchos altos e as prenda neles.

- ❏ **PLANTAS.** Assegure-se de que as plantas de sua casa estão fora de alcance. Se você não souber ao certo se uma planta é tóxica,

---

* *N. do T.*: Marca cuja tradução literal é "maçã amarga".

o website da ASPCA (aspca.org, em inglês) tem uma boa lista de plantas tóxicas para cães e outros animais de estimação.

- ❏ **SEGURANÇA DA CAIXA DE TRANSPORTE.** Certifique-se de que a caixa de transporte do seu cão está em um lugar confortável, não muito quente ou frio.

- ❏ **GRADES DE SEGURANÇA PARA BEBÊS.** Use-as para bloquear aposentos, especialmente se as portas não puderem ser fechadas. Algumas pessoas não gostam de passar por cima de grades para bebês, mas eu passo há anos e não me importo. Se isso for um problema para você, algumas grades incluem portas de vaivém.

CRIE SUAS REGRAS SOBRE OS MÓVEIS. Seu cão pode subir no sofá ou nas poltronas? Alguns treinadores acham que permitir isso diminui sua autoridade, mas eu discordo. Acho que é uma questão de preferência pessoal e, seja qual for a decisão que você tomar, poderá manter sua autoridade intacta.

É claro que a maioria dos donos de cães tem uma história para contar. Minha regra é os cães não irem para o sofá, e eles a obedecem quando estou em casa... mas, às vezes, desobedecem quando saio. Uma noite entrei silenciosamente em casa e vi Jock, Merit e Saxon saírem correndo do sofá como baratas. Uma das almofadas havia sido rasgada. Embora Saxon estivesse com os bigodes cheios de algodão, não pude fazer nada a esse respeito porque não o peguei em flagrante. Por algum tempo depois disso, coloquei os painéis da cerca em volta do sofá e dos móveis e mantive as almofadas restantes fora de alcance. Afinal de contas, quando se trata de estabelecer regras sobre móveis, é importante ser coerente e não tentar o cão deixando-o sozinho na sala enquanto você ainda o está treinando.

ORGANIZAÇÃO DO QUINTAL

QUANDO O CÃO CHEGAR pela primeira vez à sua casa, você sempre terá que supervisioná-lo do lado de fora. Bloqueie o acesso a áreas sob a casa, varandas e deques. Se tiver cercas, assegure-se de que não há aberturas nelas, inclusive grades e áreas escondidas por arbustos. Se tiver uma piscina, cerque-a ou, no mínimo, cubra-a com uma capa sob a qual o cão não possa passar. Algumas pessoas gostam da chamada cerca invisível: sensores elétricos colocados ou enterrados ao redor do perímetro do quintal que acionam uma coleira de choque eletrônica quando o cão passa perto. Particularmente, não sou muito fã de cercas elétricas — se o cão receber um choque ao ultrapassar o perímetro para, digamos, caçar um esquilo, tenderá menos a voltar porque aprenderá rapidamente que receberá outra série de choques desagradáveis.

Eu digo que quando seu cão está ao ar livre em um quintal sem cerca, você também está. Se precisar usar uma cerca elétrica ou coleira de choque, teste-a semanalmente para ter certeza de que está funcionando corretamente — e na voltagem correta para seu cão.

Muitos cães adoram brincar em jardins, o que para eles significa cavar e comer o que puderem encontrar, onde o encontrarem e até mesmo o que não deveriam — como, por exemplo, estrume, especialmente se feito de madeira ou contiver materiais compostos. Estrume e muitas plantas podem apresentar toxicidade ou fazer mal para o intestino do cão. Pense em cercar os canteiros se gostar da aparência deles. Visite novamente o website da ASPCA (aspca.org, em inglês) para ver uma lista e fotos de mais de 350 plantas tóxicas para os cães.

Para reiterar o óbvio: remova as plantas venenosas.

Cerque ou remova outras tentações. Se você tem uma fossa séptica, certifique-se de que a tampa está firme e não pode ser aberta. Se tem uma churrasqueira, mantenha-a coberta. Comedouros para pássaros devem estar fora do alcance dos pulos do cão, ou ser levados para onde o cão não tem permissão para ir.

Se você não quiser que o cão use toda a sua propriedade como banheiro (e quem quer?), estabeleça uma área para isso desde o primeiro dia. Se você tiver um quintal, a área ideal será perto da casa para rápido acesso, e ao alcance de uma mangueira de jardim. Deve medir pelo menos 3m por 3m, ter cerca de 10cm de profundidade e ser revestida de uma camada de areia absorvente e coberta com cascalho ou seixos pequenos de rio. Esteja preparado para limpar essa área frequentemente.

Se você mora em um apartamento e tem um pátio, pode construir ou comprar uma caixa de areia para crianças e usá-la como o banheiro do cão, coberta com grama artificial (que deve ser limpa), grama de verdade ou grades de alta tecnologia. Tenha seu equipamento de coleta por perto, independentemente de se usar sacos biodegradáveis, uma espátula de jardim ou pá de cabo longo. Se mora em um prédio ou condomínio com uma área comum para cães, siga todas as regras de limpeza.

ORGANIZAÇÃO DO CARRO

UMA IMAGEM QUE PRATICAMENTE define a vida familiar é uma viagem de carro — com um cão. Examinaremos essa jornada idílica com o cão da família no Capítulo 12. Por enquanto, organizaremos o carro para a locomoção diária: idas ao veterinário, à casa de amigos, às compras ou ao parque. O cão deve ficar no banco traseiro, idealmente dentro de uma caixa de transporte ou preso a um cinto de segurança para cães. Você pode comprar capas para o banco ou o proteger com um cobertor. Alguns cães precisam de ajuda para entrar em carros, por isso esteja preparado para erguer o seu ou usar uma rampa ou escada. Certifique-se de que o cão está recebendo ventilação adequada, seja de um ar-condicionado ou ventilador, ou com as janelas abertas apenas o suficiente para entrar um pouco de brisa. Embora outra imagem icônica seja a de um cão pondo a cabeça para fora da janela de um carro, é perigoso deixar seu cão fazer isso. Inúmeras lesões decorrem de detritos carregados pelo vento.

PREPARANDO UMA CASA COM CRIANÇAS

MEUS FILHOS CRESCERAM EM meio a uma horda de animais de estimação, especialmente cães. Embora eu lhes tenha permitido ter seus próprios gerbos, cobras e gatos, todos os cães da nossa família foram *meus*. Deixo que meus filhos me *ajudem* a cuidar deles, mas acredito que os cães realmente exigem esforço demais para confiar às crianças os principais cuidados com eles. Durante a vida de um cão, seus filhos passarão por muitas mudanças, iniciando e interrompendo novos modismos e relacionamentos em menos tempo do que é preciso para completar este programa de treinamento — mesmo que prometam com as mais sinceras intenções que "desta vez será diferente".

Antes de o novo cão da família chegar, você deve preparar seus filhos e estabelecer as regras. E se o cão está em sua casa há algum tempo, pode ensinar a uma antiga família novos truques. Regra número um para você: supervisionar as crianças quando elas brincarem com o cão. Regra número um para as crianças: pedirem para brincar com o cão. Como todos os pais sabem, nem sempre dá para confiar em que as crianças controlarão seus impulsos, especialmente com toda a excitação provocada pela chegada de um novo animal.

REGRAS DE SEGURANÇA QUE TODAS AS CRIANÇAS DEVEM CONHECER

Quando o cão ou filhote chega pela primeira vez ao novo lar, pode estar assustado. Mas, independentemente de sua família estar adotando um cão tímido, um filhote despreocupado ou um cão confiante, explique aos seus filhos que os hábitos e horários de todos mudarão. Em última análise, você tem que dar o exemplo a ser seguido. Também pode ser útil discutir as regras a seguir com seus filhos antes de o cão chegar. Lembre-se de que mais de 2 milhões de crianças foram mordidas por cães em 2009.

◆ Você deve me pedir para brincar com o cão. Sou o supervisor do cão.

◆ Durante as próximas semanas, você não correrá ou fará muito barulho na casa.

◆ Se houver algum problema com o cão e eu não estiver no aposento, deve me chamar imediatamente.

◆ Todas as portas da rua devem ficar fechadas quando o cão não estiver na caixa. Nunca deixe o cão sair de casa sem supervisão. Se os portões para bebês e cercados estiverem montados para manter o cão fora (ou dentro) de certas áreas da casa, essas barreiras não devem ser movidas sem minha ajuda.

◆ Você deve se sentar no chão ao manusear o filhote.

◆ Nunca bata no cão quando ele cometer um erro. Você pode machucá-lo e ele pode reagir machucando você.

◆ Quando o cão estiver dormindo, não toque nele. Você pode assustá-lo e ele pode mordê-lo.

◆ Você não tem permissão para alimentar o cão ou tocar nele enquanto estiver comendo, a menos que isso seja parte de um exercício de treinamento que estou supervisionando.

◆ Nunca entre na caixa do cão a menos que isso seja parte de um programa de socialização supervisionado por um adulto.

Seus filhos devem aprender a controlar impulsos, mas neste momento você os está treinando tanto quanto ao seu cão. Eu supervisionei meus filhos quando eles estavam perto de cães até completarem 11 ou 12 anos, mas é você quem determinará quando seu filho está preparado e maduro o suficiente para ser deixado sozinho com o cão.

OUTROS ANIMAIS DE ESTIMAÇÃO NA SUA CASA

QUANDO MINHA FILHA PAIGE tinha 12 anos e idade suficiente para lhe ser confiado um gato, ela fez sua pesquisa, economizou dinheiro, comprou um gatinho siamês e lhe deu o nome de Isles. Nessa época meu schnauzer gigante, Saxon, tinha 7 anos, e crescera acostumado a ser o rei da casa. Eu sabia que seria preciso muito tempo e paciência para Saxon e Isles conviverem pacificamente. No início eles foram separados com grades para bebês, e, embora pudessem se ver, não eram permitidas interações. Três meses depois, eu os apresentei formalmente. Todos os dias, Paige e eu colocávamos Isles em meu colo e lhe dávamos um petisco. Quando Saxon ficava perfeitamente sentado, também ganhava um. Se Isles ficava nervoso ou Saxon começava a ficar excitado, era o fim da sessão. Saxon aprendeu a deitar e ficar quieto perto de Isles e de mim. Durante uma semana de supervisão intensiva, Saxon e Isles puderam ficar perto um do outro enquanto eu observava. Finalmente puderam ficar juntos sem supervisão. Na verdade, Isles começou a gostar de cães, a brincar com Saxon e a ter um ótimo relacionamento com ele.

Segundo minha experiência, com paciência e treinamento com reforço positivo a maioria dos cães pode conviver em segurança com outros animais de estimação. Só é preciso tempo. Agora geralmente mantenho Boz separado de Brieo e dos cães hospedados comigo. Boz fica bem quando está sozinho comigo, mas quando está com outros cães fica superexcitado e tenta reuni-los (esse é um comportamento natural para um border collie). Antes de eu decidir apresentá-lo a outros cães aqui, queria que se acostumasse com Brieo. Comecei alimentando-o no andar superior e o prendendo a uma guia o tempo todo — uma técnica de treinamento que recomendo quando um cão chega pela primeira vez a uma casa, e que discutiremos no capítulo a seguir. Estou experimentando atividades diferentes, sempre pendendo para o lado da cautela, como alimentar os cães no mesmo aposento, separados por uma cadeira.

Quando você trouxer seu cão para casa, pode demorar semanas ou até mesmo meses para que ele se sinta confortável com os outros animais de estimação, e vice-versa. Contudo, com a supervisão certa e progredindo passo a passo, a transição deverá ser suave. Lembre-se: ao apresentar animais de estimação, seja extremamente paciente. Repita para si mesmo: sempre penda para o lado da cautela.

A saúde do seu cão

O VETERINÁRIO E O TOSADOR do seu cão terão papéis importantes na vida dele durante o que eu espero que sejam muitos, muitos anos. Meu conselho é que você entreviste o veterinário antes de levar o cão. Fale com outros donos de animais que usaram seus serviços. O veterinário parece ter uma boa conduta na presença do animal e fazer um exame minucioso? As instalações são limpas? A equipe parece amigável e prestativa? O veterinário oferece serviços de emergência ou tem um vínculo com um hospital de emergências veterinárias próximo? Converse com outros donos de animais. E, é claro, provavelmente desejará encontrar um veterinário razoavelmente perto da sua casa no caso de acontecer algo que exija atenção rapidamente.

Você precisará ter suprimentos em casa caso surjam emergências. Como já mencionei, a preparação da casa inclui um bom kit de primeiros socorros. Também precisará criar uma ficha de informações sobre contatos veterinários, o hospital de emergência e como chegar lá, contatos alternativos no caso de você não ser encontrado, instruções sobre alimentação e medicamentos, protocolo para o transporte, orientações sobre o uso de petiscos, instruções para acalmar e detalhes de quaisquer problemas de saúde. A ficha é importante para quem estiver cuidando do animal, amigos que o estejam ajudando ou no caso de lhe acontecer algo (Deus me livre!) e você não puder cuidar do seu cão. (Veja na página 250 um checklist detalhado para o cuidador do seu cão.) É uma boa ideia ter a lista colada na geladeira ou em outro lugar visível.

Se você decidir usar um tosador profissional, ele deve incentivá-lo a levar seu cão para uma rápida visita apenas para ganhar alguns petiscos e elogios antes da primeira sessão de embelezamento. Quando você vir cães bem arrumados, pergunte aos donos sobre seus tosadores. Encontre um que você possa pagar, tenha afinidade com seu cão, siga instruções e dedique tempo a olhar com você fotos de outros cães. Alguns cabeleireiros lhe permitem ficar durante a sessão para deixar seu cão mais confortável.

É preciso muita preparação — e muito tempo e trabalho — apenas para se organizar para trazer seu cão para casa. Mas tudo que você tem feito é um passo importante e necessário para garantir que está cuidando muito bem do seu novo animal de estimação. E eis a boa notícia. Você está pronto.

Agora vá pegar o seu cão...

O PROGRAMA BÁSICO

CAPÍTULO

3

Alimentação, treinamento para fazer as necessidades fisiológicas no lugar certo e caixa de transporte

ESTA SEMANA NÓS COMEÇAREMOS o Programa de Treinamento Básico (veja a página 69), mas primeiro eu gostaria de discutir três princípios básicos: alimentação, treinamento para fazer as necessidades fisiológicas no lugar certo e caixa de transporte. Ter protocolos para essas rotinas diárias estabelecerá sua autoridade e dará ao cão a segurança proveniente de uma sensação de rotina. Você deve começar esses protocolos *ao mesmo tempo* que começar a treinar seu cão nos princípios básicos — no minuto em que ele chegar à sua casa.

Se seu cão é um filhote, pense nele como uma lousa em branco. A natureza programou esse cãozinho para saber que sobreviver significa se adaptar ao ambiente. Ele começará imediatamente a buscar recompensas e a aprender, por meio de tentativa e erro, o que é seguro e perigoso. Você é a influência mais importante para essa criatura, e quanto mais cedo

> **E**ste capítulo cobrirá as primeiras coisas que seu cão precisará aprender para se tornar parte da família: alimentação, treinamento para fazer as necessidades fisiológicas no lugar certo e ficar na caixa de transporte. Discutirei o vínculo com seu novo companheiro através do uso de guia, além de técnicas para desencorajar o filhote a morder. Você também aprenderá a lidar com barulhos altos ou outros acidentes que poderiam assustar seu cão como algo sem muita importância através de um jogo que chamo de As Folias.

começar a modelar o comportamento do cão e a lhe ensinar essas lições, mais seguro ele se sentirá e mais felizes você dois serão.

No caso de um cão mais velho que foi posto em um novo lar, como Boz, o treinamento imediato é um modo ideal de substituir maus comportamentos por comportamentos saudáveis. Para usar um conceito da psicologia da programação neurolinguística, treinar um cão mais velho que foi posto em um novo lar representa uma "interrupção de padrão", permitindo que os padrões de maus hábitos anteriores sejam substituídos por novos padrões e bons hábitos.

Checklist: Primeira semana

EIS UM CHECKLIST PARA coisas que você já fez e o que vai começar esta semana.

ATIVIDADES FEITAS

❏ Elegeu 10 prioridades de treinamento no seu checklist.

❏ Comprou os aparatos e suprimentos de seu cão, inclusive um diário para acompanhamento.

❏ Certificou e organizou sua casa, quintal e carro.

❏ Discutiu as regras com seus filhos.

❏ Encontrou um veterinário.

ATIVIDADES DESTA SEMANA

❏ Começar a escrever o diário de treinamento de seu cão e estabelecer uma rotina para seguir diariamente esta semana. (Diário de Treinamento da Primeira Semana)

❏ Usar a guia presa ao cinto (página 49).

❏ Iniciar o protocolo de dar comida com as mãos (página 52).

❏ Brincar de Jogo do Nome enquanto dá comida nas mãos e acaricia seu cão (página 53).

❏ Ensiná-lo a fazer as necessidades fisiológicas no lugar certo.

❏ Ensiná-lo a usar a caixa de transporte (página 58).

ALIMENTAÇÃO, TREINAMENTO E CAIXA DE TRANSPORTE

❏ Começar a inibição de mordida, manuseio e gentileza (supondo que não há outra questão de comportamento pendente).

    ❏ Exercícios com o "Ai!": explore a boca do cão, conte dentes e dedos (página 65).

    ❏ Brinque de Passar o Cachorrinho (*Pass the puppy*) (página 66)

    ❏ Brinque de Esconde-Esconde (página 66).

❏ Começar a Primeira Semana do Programa de Treinamento Básico (Capítulo 4).

Guia presa ao cinto

UM MODO DE VOCÊ estabelecer imediatamente um vínculo com seu cão é prendendo a guia ao seu cinto. Eu uso um mosquetão (à venda em lojas de ferragens e camping) para prendê-la e soltá-la facilmente. Você também pode enganchar a guia em seu cinto. Alguns filhotes não gostam de ser conduzidos dessa maneira, por isso começo prendendo a guia ao meu cinto por breves períodos — às vezes de apenas cinco segundos. Dê ao seu cão um petisco por ter um comportamento calmo ao ser conduzido, e aos poucos aumente o tempo. (Por enquanto, simplesmente lhe dê o petisco com a mão — usando a mesma mão de cada vez. Você aprenderá mais sobre os modos corretos de dar petiscos no início do Programa de Treinamento Básico.) Com a guia presa ao cinto, seu cão aprenderá a ler sua linguagem corporal e literalmente se sentirá mais ligado a você. Finalmente você poderá começar a levá-lo com a guia para toda parte, antes de progredir para deixá-lo solto em certas áreas (e ainda usando a guia em outras, como quando está lavando louça e quer que seu cão fique sentado perto de você). Se seu cão mastigar a guia, evite isso borrifando-a com spray de maçã amarga ou a mergulhando em antisséptico bucal sem açúcar, como Listerine.

Se seu cão pular em você enquanto está com a guia, dê um passo para trás e a prenda a uma maçaneta ou um pé de mesa resistente. Se o cão pular quando você se aproximar, afaste-se por um momento antes de ir novamente na direção dele. Com um pouco de prática e paciência, seu cão começará a entender que não deve pular sobre você, e você poderá tentar novamente prender a guia ao seu cinto.

Quando a guia estiver presa ao seu cinto, faça com que outros membros da família ou amigos se aproximem do cão, deem-lhe um petisco e depois se afastem. O objetivo é ter um cão calmo que obedeça à sua linguagem corporal, o que por sua vez o levará a se virar, seguir ou parar quando você quiser. Nesse momento Boz está sempre com a guia, arrastando-a enquanto eu o supervisiono ou presa ao meu cinto para eu ficar com as duas mãos livres. Quando Boz estiver pronto, daremos o próximo passo: segurar a guia com minhas mãos. Mas primeiro preciso deixá-lo aprender sobre mim — e entender que estou no controle.

> **PRENDENDO A GUIA AO CINTO COM UM MOSQUETÃO**
>
> Prender a guia ao cinto treina o cão para se concentrar em você e seguir seus movimentos. O mosquetão pode ser comprado em lojas de ferragens ou de camping e alpinismo.
>
> O mosquetão pode ser facilmente preso ao passador do seu cinto e solto — ou ao seu cinto se você tiver um cão forte que poderia rasgar o passador se puxasse a guia.
>
> Prender a guia ao seu cinto também promove o vínculo e ajuda você e seu cão a aprender a linguagem corporal um do outro enquanto andam pela casa.

Alimentação

DAR COMIDA DEMAIS AO cão não é um sinal de amor. Meu objetivo é ajudar você a alimentar bem seu cão sem deixá-lo gordo; na verdade, prefiro manter o cão um pouco magro. Faço isso prestando atenção à quantidade de comida que lhe dou e me certificando de que está se exercitando bastante. É fácil um cão ganhar peso, mas às vezes ele demora meses para perdê-lo. É especialmente importante que você fique atento ao peso do seu cão se ele for de uma raça propensa a problemas de quadril ou articulares.

O metabolismo de um cão se desacelera com a idade, por isso a quantidade de alimento oferecida dependerá desse fator. Por causa de seus estômagos pequenos, os filhotes devem receber três ou quatro pequenas refeições por dia. Aos seis meses de idade, você pode reduzir o número de refeições da maioria dos cães para duas e a partir daí seguir o conselho do veterinário sobre como ajustar a dieta do cão em crescimento. Quase todos os cães adultos (considero totalmente adultos os cães com a idade de 3 anos) podem ser alimentados uma ou duas vezes por dia; quase sempre prefiro duas vezes. Recomendo mudar a quantidade de alimento oferecida dependendo da época do ano e do nível de atividade do cão; mais no verão, menos no inverno; mais se for ativo, menos se for sedentário. A quantidade de alimento necessária também depende da raça. Novamente, aconselhe-se com o veterinário sobre a quantidade exata para seu cão; as instruções nas embalagens de alimentos não são específicas para cada raça. O veterinário também pode ajudá-lo a decidir se é melhor para seu cão ter uma dieta rica em proteína.

A qualidade dos alimentos industrializados para cães melhorou muito nos últimos anos. Alguns donos preferem preparar eles mesmos a comida de seus cães, ou usar ingredientes crus pré-embalados que podem ser cozidos e, em alguns casos, oferecidos crus. (De fato, há uma dieta de alimentos crus para cães com o sugestivo nome de BARF, que significa Biologically Appropriate Raw Foods*.) Seja qual for o programa nutricional que você e o veterinário decidam seguir, registre o progresso do cão. Outro lembrete: sempre que você ajustar a dieta do cão, reduza gradualmente a antiga enquanto introduz devagar a nova.

ALIMENTANDO MAIS DE UM CÃO AO MESMO TEMPO

S E VOCÊ JÁ TEM outros cães em casa, comece alimentando o novo cão separadamente, como fiz com Boz e Brieo. Quando completar a Primeira Semana dando comida com a mão e conseguir pegar facilmente a tigela do cão enquanto ele estiver comendo, poderá deixar seus cães comerem no mesmo aposento com uma cadeira entre eles, ou em lados opostos do aposento enquanto os supervisiona. Esse arranjo ajuda a evitar brigas por alimento e situações em que um cão que come mais rápido tire a comida de um que come mais devagar. (Para mais sobre o que fazer em uma briga de cães, veja a página 243.) Se você não tiver outros cães em casa, considere alimentar seu cão na casa de um amigo que possua um cão bem treinado que já teve uma interação social positiva com o seu. Ter várias experiências de dar comida com a mão diminui a territorialidade do cão e o comportamento de defesa do alimento.

Não deixe de levar em conta os petiscos de treinamento quando planejar a dieta do seu cão. Eles também contêm calorias.

---

* *N. do T.*: Alimentos Crus Biologicamente Apropriados (tradução literal).

VITAMINAS E SUPLEMENTOS

Alguns veterinários e donos de animais adicionam suplementos vitamínicos (muitos dos quais mastigáveis) à dieta diária do cão. Eu acho que os suplementos têm seu valor, mas você nunca deveria usá-los sem discutir sobre eles — e a dosagem apropriada — com o veterinário. Os suplementos são apresentados em cinco categorias:

▶ **VITAMINAS**, especialmente A, várias Bs, C e E.

▶ **PROBIÓTICOS**, como acidófilos e psyllium, que auxiliam a digestão e fazem bem para a pele e o pelo.

▶ **ÓLEOS** para a pele e o pelo, como óleo de linhaça, azeite de oliva e óleo de peixe.

▶ **GLUCOSAMINA E CONDROITINA**, que ajudam a manter a cartilagem saudável e a melhorar as articulações.

▶ **ANTIOXIDANTES**, que também podem ser acrescentados à dieta simplesmente misturando ao alimento do cão batatas-doces frescas e verduras frescas, como brócolis, ervilha e espinafre.

PROTOCOLO PARA DAR COMIDA COM A MÃO

ANTES DE VOCÊ COMEÇAR formalmente a treinar seu novo cão, é melhor que lhe sirva todas as refeições com a mão. Dar comida com a mão o estabelece como o provedor, transmitindo ao cão a mensagem de que a comida é *sua* e você, em sua benevolência, a está dando para ele. Isso programa o cérebro do cão para considerá-lo uma pessoa amigável em uma posição superior que também é fonte de recompensas, conforto emocional, alimento, água e diversão. Dar comida com a mão também dá segurança; o cão se torna muito menos propenso a defender seu alimento. A defesa do alimento pode se tornar um sério problema de segurança. Embora seja um instinto de sobrevivência natural nos cães, o cão que defende seu alimento pode ser perigoso e imprevisível. Esse simples protocolo para dar comida com a mão é vital; ajuda o cão a relaxar quando há pessoas perto do alimento que está ingerindo.

Para começar, meça a comida do cão e ponha um pouco da refeição na tigela. Sentado em uma cadeira (ou no chão, se o cão for um filhote ou pequeno), ponha um pouco de comida na mão e deixe o cão (que deveria estar preso a uma guia) comer diretamente dela. Dê-lhe toda a refeição com a mão e faça isso com todas as refeições durante uma semana. Se você tiver um filhote, dê-lhe pequenas refeições ao

ALIMENTAÇÃO, TREINAMENTO E CAIXA DE TRANSPORTE

longo do dia. Não use luvas de borracha e não fique cheio de melindres. Divirta-se com isso; dar comida com a mão não faz mais sujeira do que pinturas com o dedo no jardim de infância. Apenas lave as mãos antes de começar e enxágue bem qualquer sabão ou desinfetante.

Enquanto estiver dando comida para seu cão, diga o nome dele de um modo amoroso. Isso se chama Jogo do Nome, e quero que o jogue sempre que der comida com a mão. No decorrer da semana, quando você e o cão se sentirem mais à vontade com a alimentação com a mão, toque na coleira e o acaricie gentilmente no lado do corpo enquanto diz o nome dele. Você o está acostumando a ser manuseado para estar mais bem preparado para ser arrumado e outros momentos em que você ou o veterinário precisarão examinar-lhe o corpo ou administrar medicações. Se seu cão parar de comer quando você tocar nele, pare de acariciá-lo e continue a lhe dar comida. Alterne as mãos. Quando ele se sentir confortável com você tocando na coleira e o acariciando, tente acariciá-lo e tocá-lo um pouco entre os oferecimentos de comida. Então ponha na tigela outra pequena porção da refeição previamente medida e a dê com a mão até a tigela ficar vazia. Deixe-o ver você enchê-la novamente e voltar a lhe dar comida com a mão. Encha a tigela e dê comida com a mão repetidamente até a refeição estar completa. Logo você passará a dar comida de uma tigela em seu colo.

Depois de o cão comer uma pequena porção que você pegou da tigela, você desejará que ele o olhe antes de obter mais alimento; isso ajudará o cão a estabelecer um vínculo com você e a respeitá-lo como sua fonte de alimento. Se esse processo progredir bem, perto do final da semana comece a alternar entre dar pequenas quantidades de comida com a mão e deixar o cão comer diretamente da tigela (enquanto você o supervisiona). Quando o cão parecer confortável (deixar que lhe toque o corpo e a coleira, assim como a comida e a tigela sem defendê-las ou se esquivar de você), use uma das mãos para pegar a tigela antes de ele terminar de comer enquanto pega uma porção de comida com a outra mão. Faça-o se acostumar a ser alimentado de tigelas e recipientes diferentes: de metal, plástico, cerâmica. Você também desejará começar a dar comida com a mão em vários aposentos diferentes da casa quando lhe permitir ter acesso a eles. Também pode alimentá-lo no quintal e no carro. Isso deixará o cão à vontade com você tocando nele

---

DICA DE TREINAMENTO

"As crianças adoram segurar filhotes, mas devem ser ensinadas a fazer isso corretamente. Às vezes, um filhote se esquiva aos braços de uma criança e cai. Ou uma criança quer segurar um filhote até o momento em que realmente o toca, e depois recua ou o solta. Quando uma criança deixa um filhote cair, pode machucá-lo e minar a confiança dela mesma e do filhote. Por isso, nunca deixo uma criança em pé enquanto ela segura um filhote."

> **Dar comida com a mão é uma boa oportunidade de seu filho e o cão se tornarem confortáveis um com o outro.**

e na comida em qualquer momento e lugar. Esse conceito — acostumar o cão a realizar atividades em vários locais — é chamado de generalização. Generalização é um conceito fundamental que revisitaremos durante todo este programa de treinamento e será aplicado a todas as lições que você ensinar ao seu cão.

Quando você completar sua semana dando comida com a mão (inclusive manuseando o cão e jogando o Jogo do Nome), poderá ensinar essa prática a seus filhos e seu cônjuge. Ensinar a todos na família o protocolo para dar comida com a mão promoverá segurança, união familiar e experiência generalizada.

Dar comida com a mão é uma boa oportunidade de seu filho e o cão se tornarem confortáveis um com o outro. Faça a criança se sentar em seu colo ou em uma cadeira perto de você e seguir o protocolo desde o primeiro passo. Comecei envolvendo meus próprios filhos quando eles tinham quatro meses e eram capazes de se sentar e se equilibrar em meu colo. Antes disso, usei uma boneca com a aparência e o tamanho de um bebê para acostumar meus cães a ser alimentados por uma criança pequena. Se você tem filhos pequenos, para a segurança deles, por favor, use seu próprio julgamento e considere envolver um treinador profissional para supervisionar a alimentação com a mão. Eu prefiro uma cadeira no chão, porque a boca do cão fica na altura da mão em vez de no nível do rosto da criança. Se você tem um cão pequeno ou filhote que foi exercitado e agora está calmo, relaxado e não mordiscando (o que significa que não está mais usando a boca para explorar você e iniciar brincadeiras como fazia com os outros membros da ninhada), não há nenhum problema em seu filho ficar relaxado no chão dando comida com a mão.

Quando você e seu filho tiverem sucesso nesses passos iniciais, comece a alimentar o cão em outros aposentos como fez quando estava dando comida com a mão sozinho. Quando seu filho e o cão parecerem confortáveis um com o outro, faça seu filho parar por um minuto e depois retire e encha novamente a tigela do cão enquanto ele está comendo (em troca de comida na outra mão).

Depois que seus filhos aprenderem a dar comida com a mão, recrute alguns amigos e também os faça seguir partes do protocolo. Acostumar o cão a ter pessoas ao redor da tigela evitará problemas futuros. Isso é muito mais fácil do que corrigi-los depois.

Como verá mais tarde neste livro, você dará comida com a mão sempre que ensinar seu cão habilidades e novos truques. Frequentemente, recorro a esse protocolo para manter meu cão sintonizado ou se ele parecer estar regredindo no comportamento ou com dificuldade em aprender uma determinada dica ou habilidade.

Treinamento para fazer as necessidades fisiológicas no lugar certo

O MITO DE QUE OS cães aprendem sozinhos a fazer suas necessidades fisiológicas fora de casa é apenas isso — um mito. Não aprendem. Nós precisamos ensinar-lhes *nossas* regras, que eles podem achar totalmente arbitrárias. No que lhes diz respeito, deveriam ter "permissão" para fazer xixi e cocô sempre que quisessem, e onde quer que estivessem.

Todos os meus cães aprenderam muito bem a fazer suas necessidades fisiológicas quando eu lhes dizia para fazê-las. Meu border collie, Jock, fazia xixi para mim em troca de elogios e beijos, um biscoito ou uma simples jogada de bola. Fazia xixi dez vezes seguidas se eu lhe pedisse para fazer! Meu lema é: "A diversão só começa depois que são feitas as necessidades fisiológicas."

Por favor, deixe-me lhe dizer algumas coisas que você não deve fazer. São erros comuns e já houve um tempo em que alguns deles eram considerados o "modo certo" de treinar para fazer as necessidades fisiológicas no lugar certo.

Punir o cão por ter feito suas necessidades fisiológicas no lugar errado depois que ele as fez talvez seja o erro de treinamento mais comum; isso só agrava o problema. Fazer as necessidades fisiológicas é um comportamento natural. Quando punimos esse comportamento — ou qualquer outro comportamento indesejado — depois de ter acontecido, o cão acha que está sendo punido pelo que está fazendo agora (como indo até você quando o chama ou se sentando na sua frente e abanando o rabo), e não pela sujeira que fez um minuto atrás. Se não agirmos no momento certo, praticamente não haverá nenhuma chance de o cão entender o que está nos deixando tão zangados. Ensinaram-me que bater em um cão com um jornal enrolado e esfregar-lhe o focinho em seu erro transmitiria a mensagem, mas eu lhe garanto que isso não é verdade. Esfregar o focinho de um cão no xixi ou cocô é contraproducente e uma malvadeza, e pode causar infecção bacteriana. O único modo de lidar com necessidades fisiológicas feitas no lugar errado é pegar o cão no ato e o levar rapidamente para fora, para a área destinada a esse fim. Enquanto o cão não tiver aprendido a fazer suas necessidades fisiológicas fora de casa, não lhe dê livre acesso a toda a casa e sempre o supervisione, talvez mantendo a guia presa ao seu cinto ou usando grades para bebês, cercados e portas fechadas.

Por um momento, vamos pensar em como você lidaria com o erro de um cão no treinamento aversivo. Presuma que chegou em casa e encontrou xixi no tapete. Nesse momento, o cão está descansando tranquilamente em seu colchão e o ouve chamar seu nome. Vai até você, mas, em vez de ser elogiado por isso, você grita com ele. Agora o cão tem de descobrir por que você está gritando enquanto aponta para o xixi no tapete, e depois por que está apanhando com um jornal. Isso é muito complicado, confuso, pouco inspirador e vil. O treinamento com reforço positivo é muito melhor.

Então qual é o modo certo de treinar o cão para fazer suas necessidades no lugar certo? Primeiro, é importante entender que você provavelmente demorará vários meses para treiná-lo totalmente. Assuma o compromisso de ter paciência; erros acontecerão. Aprenda a rir deles, se puder.

O horário e o diário de treinamento serão as principais ferramentas que você usará para treinar o cão para fazer suas necessidades fisiológicas no lugar certo. Levando o cão à área destinada a isso muitas vezes por dia e anotando quando ele faz xixi e cocô, você poderá prever melhor a próxima vez em que ele precisará sair. Anote no diário de treinamento quando ele faz xixi e cocô — eu uso um simples "n° 1" para xixi e "n° 2" para cocô — e, com o passar do tempo, você determinará esses hábitos com precisão. Sempre que um erro é cometido, eu o considero *meu* erro. Como em todas as áreas de treinamento de cães, aprendemos tanto com nossos fracassos quanto com nossos sucessos, por isso anoto o erro, esperando descobrir o padrão de micção e defecação do filhote. O sucesso exige atenção constante, capacidade de previsão (facilitada com o diário de treinamento) e recompensas oportunas pelo bom comportamento do cão.

Depois que você levar seu cão para a área destinada às necessidades fisiológicas, diga a palavra que deseja associar a elas de um modo alegre, como, "Boz, xixi, cocô", em um tom calmo para não distraí-lo e depois lhe dê um petisco imediatamente. O filhote aprenderá a associar a área para as necessidades fisiológicas com as recompensas que você lhe dá por cada sucesso, e começará a ansiar por ser recompensado por fazer xixi e cocô na área "dele". Outros treinadores gostam de usar o comando "necessidades" combinado com a recompensa de um elogio "muito bem". Algumas pessoas são criativas em relação ao nome que dão ao comando para fazer as necessidades; um colega lhe deu o nome de sua ex-mulher. (Ele acabou se cansando de ter que explicar essa piada e precisou ensinar um novo comando a seu cão.) Seja qual for o nome que você der ao comando, diga-o do mesmo modo todas as vezes e saiba que o cão pode aprender o comando verbal muito depois de ter aprendido o ritual físico.

Se você mora em um prédio na cidade em que o cão não tem uma área própria para fazer suas necessidades fisiológicas, precisará adaptar esse protocolo. Certamente haverá um "banheiro" público externo, mesmo se for um hidrante (se isso for comum e aceitável onde você mora), para o qual o cão poderá ser levado. Apenas continue a levá-lo para um lugar aceitável e a recompensá-lo por seu sucesso. Se ele começar a fazer suas necessidades no caminho, leve-o rapidamente no colo ou o conduza para terminar de fazê-las no lugar certo.

Alguns dos meus clientes preferem treinar seus cães para fazer suas necessidades fisiológicas dentro de casa, usando um jornal ou tapete higiênico. Não sou muito fã dessa abordagem, porque é um processo de aprendizagem de dois passos. Nesse tipo de treinamento, primeiro o filhote precisa aprender a fazer suas necessidades no jornal ou tapete higiênico. Depois precisa desaprender esse comportamento e aprender que precisa sair e fazê-las em um lugar totalmente diferente — e que não se parece nem um pouco com o jornal ou tapete higiênico a que está acostumado.

Mas também entendo que nem todos têm a opção de treinar seus cães ao ar livre. Por exemplo, pode ser perigoso para os filhotes que ainda não tomaram todas as vacinas ir para uma calçada ou rua suja. Se o veterinário recomendar que você mantenha o filhote dentro de casa até tomar todas as vacinas, use jornal ou tapete higiênico. Quando o veterinário disser que o filhote pode sair, leve-o para fazer suas necessidades fisiológicas no jornal ou tapete higiênico ao ar livre. Corte o tapete cada vez menor até eliminá-lo.

Se você mora em um apartamento na cidade e tem um cão muito pequeno, pode preferir instalar uma caixa sanitária permanente no banheiro. Isso funcionará se seguir normalmente o resto do protocolo para fazer as necessidades fora de casa. Seu desafio virá quando levar seu cão para passear; você terá que lhe ensinar a generalizar seu comportamento relativo às necessidades fisiológicas para esse ambiente estranho. Se ele começar a fazê-las no lugar errado, pegue-o como se estivesse cometendo um erro na casa, leve-o imediatamente para o lugar aceitável mais próximo, dê o comando enquanto ele faz suas necessidades e o elogie pelo sucesso. Seja paciente e considere cada erro uma experiência de aprendizado. Lembre-se de anotar isso no diário de treinamento para ajudá-lo a aprender.

Se o cão já foi treinado para fazer suas necessidades fisiológicas no lugar certo, mas começou a urinar em casa de novo, ou veio de outro lar e lhe disseram que já tinha sido treinado, mas regrediu, aja pacientemente como se essa fosse a primeira vez na vida dele em que é treinado para isso. Se o cão tem constantemente dificuldade em urinar e defecar no lugar certo, é possível que esteja com um problema de saúde. Consulte o veterinário.

Se o cão urina quando está animado — chamamos isso de xixi de alegria —, como no momento em que você ou um hóspede chega em casa, anote isso e tente antecipar e evitar a situação. Assim que entrar em casa, cumprimente calmamente o cão e o leve para fora. Os filhotes tendem a fazer xixi de alegria sempre que algo novo acontece, nem que seja apenas uma ida para outro aposento. Eles têm bexigas pequenas, por isso leve o cão para fora com frequência para urinar. Com sete semanas, os filhotes estão prontos para aprender a fazer suas necessidades fisiológicas fora de casa. (Mas lembre-se de consultar o veterinário se o cão não recebeu todas as vacinas.)

Treinamento para ficar na caixa de transporte

A CAIXA DE TRANSPORTE É o santuário do seu cão, o lugar para onde ele pode fugir de tudo. É onde dorme à noite e onde, às vezes, fica confinado durante o dia. A caixa precisa ser respeitada como o porto seguro do cão, não uma jaula, e deveria estar associada a recompensa, e não punição. Embora a maioria dos cães goste naturalmente do ambiente aconchegante de uma toca, a caixa de transporte obviamente não é encontrada na natureza, por isso quase todos os cães precisam ser treinados para gostar dela.

De todos os bons motivos para treinar seu cão para ficar na caixa de transporte, o mais importante é que os cães treinados para isso tendem a ser mais bem treinados em geral. A caixa de transporte ensina o cão a se acalmar e ter momentos de tranquilidade. Incentiva-o a só mastigar coisas aceitáveis, porque *você* as dá para ele enquanto to está na caixa. Um cão treinado para ficar na caixa de transporte tende a lidar melhor com a ansiedade e — se necessário — a ida para um novo lar. Quando um cão viaja, a caixa de transporte oferece segurança e conforto. As equipes dos veterinários e os tosadores realmente apreciam trabalhar com cães treinados para ficar na caixa de transporte, e você também apreciará. Quando hospedo cães na minha casa, exijo que eles aceitem algum tipo de confinamento, preferivelmente uma caixa de transporte, até eu determinar que estão suficientemente maduros para ter livre acesso à minha casa. Os cães dos Kennedy, Splash e Sunny, podem ficar na minha casa sem caixas de transporte, mas o jovem Cappy (da mesma ninhada de Bo Obama) precisa de uma caixa. Mesmo se você trabalhar em casa, treine seu cão para ficar na caixa. Usá-la é como ter um cercado para uma criança pequena ou um berço para um bebê: a caixa fornece uma área segura que lhe permite tirar por um momento os olhos do seu pequeno. Nunca deixe o cão perder o hábito de ficar na caixa de transporte.

Durante toda a vida de um cão, é provável que ele passe mais horas dentro da caixa do que em qualquer outro lugar, por isso é importante mantê-la confortável e limpa. Dentro dela fica a cama ou o colchão, que deve ter uma capa que possa ser lavada na máquina. Muitos cães gostam de ter um lado acolchoado ou travesseiro no qual se aconchegar.

Algumas pessoas confundem treinamento para ficar na caixa de transporte com treinamento para fazer as necessidades fisiológicas no lugar certo, por isso vou deixar claro: a caixa não é o banheiro do cão. O bom treinamento para ficar na caixa facilita o bom treinamento para fazer as necessidades fisiológicas no lugar certo, mas, se você insistir em que seu cãozinho as faça dentro de casa, não use a caixa como banheiro. Em vez disso, instale um cercado contíguo para esse fim.

Há muitos tipos de caixas de transporte. As no estilo gaiola de arame podem ser forradas com uma manta ou cobertas com uma capa, desde que recebam ventilação adequada. Algumas são portáteis

MODELOS DE CAIXAS DE TRANSPORTE

Ao escolher a caixa de transporte do cão, fatores a considerar são custo, durabilidade, portabilidade e modelo.

GAIOLA DE ARAME
Boa ventilação e durabilidade. Podem ser forradas com uma manta acolchoada ou um cobertor.

PLÁSTICO
Portátil e durável. Alguns fabricantes têm designs elegantes.

MALEÁVEL
Portátil e leve, é boa para viagens e uso doméstico.

e feitas de tecido leve e tela, parecido com o das barracas de camping. As caixas de transporte também podem ser elegantes, com acabamentos de plástico moldado, metal gravado, vime e madeira para móveis de alta qualidade.

PROTOCOLO DE TREINAMENTO PARA FICAR NA CAIXA DE TRANSPORTE

SEU PRINCIPAL OBJETIVO NO treinamento para ficar na caixa de transporte é simplesmente ajudar seu cão a gostar dela. A maioria dos filhotes a aceita sem reclamar, associando-a ao aconchego da hora da soneca. Mas se seu cão não se sentir imediatamente confortável dentro da caixa, não o force a entrar, o que seria contraproducente. Em vez disso, use os exercícios a seguir para fazê-lo gostar dela. E, lembre-se: é melhor realizar essa sessão de treinamento antes da refeição do cão para ele realmente desejar os petiscos que você atirará ao redor (e finalmente dentro) da caixa. Atire alguns petiscos de que seu cão goste ao redor da caixa e na direção da abertura da porta, e depois recue. Ainda não atire nenhum petisco dentro da caixa. Se o cão olhar para você e depois para onde os petiscos estão, diga "bom" e atire mais alguns petiscos perto da porta. (Tenha muitos na mão.) Quando o cão terminar de comer esses petiscos e olhar para você pedindo mais, tente colocar alguns dentro da abertura e depois recue de novo. Pouco a pouco, atire os petiscos cada vez mais para dentro da caixa.

Enquanto você fizer essas primeiras tentativas, permaneça em silêncio, exceto para elogiar seu cão por demonstrar qualquer interesse na caixa de transporte: cheirando ao redor, movendo-se na direção dela e ousando entrar. Não diga "entre" ou nenhum comando verbal. Não se abaixe ou dê um passo para a frente, porque seu cão poderá ficar inseguro e se sentir encurralado, e se tornar avesso à caixa de transporte. Se seu cão já é avesso a ela, como alguns cães que vieram de outro lar são, vá devagar e atire muitos petiscos ao redor da caixa — talvez no início você precise lhe dar refeições inteiras fora da caixa. Para ajudar o cão a se sentir seguro, deixe a porta aberta e ponha petiscos dentro da caixa, mas não o force a entrar. Contente-se em alimentá-lo fora da caixa, perto da porta aberta. Prenda-a para que não se feche acidentalmente e assuste o cão quando ele se aproximar dela.

Quando o cão se sentir confortável entrando na caixa, é hora de lhe dar parte de sua refeição em uma tigela dentro dela. Como agora você também está seguindo o protocolo para dar comida com a mão, use seu julgamento a respeito de quanto o cão poderia comer de uma tigela sem você tocá-lo. Se você tem dado comida com a mão em partes diferentes de sua casa e usando tigelas diferentes (como espero que tenha feito), será mais fácil para o cão acreditar que é seguro entrar na caixa para comer. Esse processo lento e deliberado é chamado de modelagem de comportamento, e é uma técnica que você usará para ensinar ao seu cão muitos comandos de treinamento. Você também começará a deixá-lo confortável com a ideia de comer na caixa recheando um Kong com parte de sua refeição e o colocando ali dentro.

O próximo passo do cão é fazer uma refeição inteira ali. Ponha uma parte da refeição em uma tigela dentro da caixa de transporte e se afaste, deixando a porta da caixa aberta; mais tarde você ensinará o cão a aceitar ser alimentado com a porta fechada. Permaneça em silêncio quando ele entrar para comer. Quando o cão terminar a refeição e olhar para você pedindo mais, elogie-o. Continue a servir o resto da refeição em pequenas porções. Se o cão não comer, talvez não esteja pronto para esse passo, por isso vá mais devagar e se certifique de que ele está com fome quando tentar de novo. Não o force, apenas o elogie quando fizer a coisa certa e anote isso no diário de treinamento. Meu Brieo está tão bem condicionado que, quando me vê tocando em sua tigela ou entra em casa depois de fazer suas necessidades, corre para dentro de sua caixa independentemente de se eu vou lhe dar essa refeição nela.

> **A caixa de transporte é o santuário do seu cão.**

O próximo passo é dar nome à caixa de transporte. Dar nome é outra técnica que você usará para ensinar comandos ao seu cão. Escolha o nome para a caixa de transporte; sugiro "caixa", "hora de dormir" ou "toca". Quando você colocar alguns petiscos dentro dela e o cão entrar, diga "boa caixa". Note que você não o está ensinando a fazer algo que ele ainda não fez, apenas dando um nome a algo que tem feito. Repita isso umas dez vezes durante todo o dia (por alguns dias) e o torne um jogo divertido atirando comida dentro e ao redor da caixa. Seu cão está aprendendo que coisas boas acontecem ali.

Agora é hora de fazer seu cão seguir o comando. Um *comando* é uma palavra ou ação que informa ao cão o que você quer que ele faça. Comece com o cão fora da caixa. Deixe-o ver você colocando alguns petiscos dentro e depois feche a porta. Abra a porta e diga "caixa". Quando ele entrar, diga "boa caixa" e feche a porta. Enquanto ele estiver lá dentro, ofereça alguns petiscos e o elogie. Espere alguns segundos antes de deixá-lo sair. Se ele permanecer na caixa ou sair e olhar

UM POUCO SOBRE GANIDOS E LATIDOS

Alguns cães ganem ou latem em suas caixas de transporte quando você desaparece do campo de visão. Se isso acontecer, não reapareça quando ele estiver ganindo, para não lhe ensinar que ganir traz uma recompensa (sua volta). Em vez disso, espere o cão se acalmar e parar de ganir e depois reapareça em silêncio. Anote em seu diário quanto tempo se passou antes de seu cão *começar* a ganir, para que na próxima vez em que você fizer este exercício possa voltar mais rápido, antes de o cão ter uma chance de começar.

Se seu cão late ou gane por muito tempo, talvez você precise chamar um treinador ou behaviorista para determinar se isso é o início de uma ansiedade real da separação ou simplesmente parte da adaptação ao novo lar. É contraproducente deixar o cão nervoso a ponto de ele seguir um padrão de latir e ganir. (Para saber mais sobre problemas de latidos, veja a página 221.)

para dentro, diga "boa caixa". Quando ele sair, elogie-o, incluindo as palavras *boa caixa*, e feche a porta. Repita esse passo umas seis vezes durante todo o dia. Se você tornou o exercício divertido, o cão poderá desejar fazê-lo ainda mais, e isso será ótimo.

Depois segure alguns petiscos na mão para seu cão cheirar, mas não os ponha na caixa. Abra a porta, diga "caixa" e, quando ele entrar, dê-lhe os petiscos e o elogie. Repita esse passo umas seis vezes. Se o cão não entender ou resistir, volte ao passo anterior.

O próximo passo é fazer o cão ficar na caixa de transporte por um tempo longo, com a porta fechada. Comece mostrando-lhe que você está pondo um pouco da refeição na tigela. Segure a tigela na mão, abra a porta e diga "caixa" e, quando o cão entrar, diga "boa caixa" e ponha a tigela dentro. Você pode querer colocar um pouco da comida em um Kong (recheado com um petisco especial, como manteiga de amendoim) na tigela. Quando o cão começar a comer, feche suavemente a porta e diga de novo "boa caixa". Quando ele terminar de comer essa porção de alimento, espere alguns segundos antes de abrir a porta e o elogie por ficar quieto na caixa, para que ele entenda que está seguro. Diga "boa caixa" quando o cão sair e depois coloque mais comida na tigela, ou um Kong. Deixe-o vê-lo recheando o Kong ou enchendo a tigela para que saiba que você é o provedor de todas essas coisas maravilhosas, e depois ponha o recipiente na caixa (ou simplesmente atire comida dentro). Quando o cão entrar novamente, feche a porta enquanto ele come. Depois que terminar, espere um momento de novo, elogie-o e o deixe sair. É importante que a cada vez que você o deixar sair da caixa aja como se isso não fosse uma grande coisa: sem excitação, sem alívio e com apenas um cumprimento calmo e elogio.

A seguir, peça ao cão para entrar na caixa e, quando estiver dentro, feche a porta por um momento e lhe dê um petisco através de uma abertura enquanto o elogia e dá nome à caixa. Depois abra a porta para deixar o cão sair, elogie-o, dê nome à caixa novamente e feche a porta quando ele sair. Se ele quiser permanecer dentro, isso será ótimo porque significa que está entendendo o processo: coisas boas acontecem dentro da caixa! Repita este exercício seis vezes, a cada uma delas mantendo o cão na caixa fechada por mais um segundo. (Com o tempo você acrescentará outros comandos, como *sente*, *deite*, *quieto* e *fora* ao treinamento para ficar na caixa de transporte. Mas espere até entrar no Programa de Treinamento Básico para acrescentá-las.)

Agora vem a parte difícil: fazer o cão se acostumar a ficar na caixa de transporte vendo você fazer outra coisa no aposento. Com o cão na caixa e a porta fechada, comece deixando-o ver você dar um passo para trás enquanto atira um petisco através da porta fechada. Depois volte, pare por alguns segundos e lhe diga que ele é um bom cão com um tom de voz muito calmo e controlado. Depois repita o processo e atire um petisco especial (como um pedaço de queijo duro) dentro da caixa.

> Associe a caixa do seu cão a recompensas e experiências positivas.

Levante-se e lhe dê as costas. Volte e pare por alguns segundos antes de deixá-lo sair. Então repita o processo, mas dessa vez lhe dê um brinquedo especial para mastigar ou um Kong recheado enquanto está na caixa. Aumente seu número de passos para trás a cada vez. Deixe-o ver você fazendo alguma coisa no cômodo, mesmo que seja apenas arrumar papéis, abrir uma bolsa, sentar-se e ver TV ou preparar-lhe a refeição, aumentando o tempo a cada repetição. Sempre que você deixar o cão sair da caixa de transporte, lembre-se de agir como se esse fosse um momento comum, quase entediante. O objetivo é ensinar ao cão que ele obtém algo realmente ótimo na caixa quando você vai embora (não quando volta).

A última etapa do treinamento para ficar na caixa de transporte envolve você sair do cômodo. Alguns cães aceitam essa etapa sem reclamar imediatamente, mas outros podem demorar semanas para passar por ela, por isso não pressione seu cão a progredir mais rápido do que está pronto para fazer ou poderá aumentar a ansiedade dele e fazê-lo regredir no treinamento. Comece indo embora por literalmente um segundo, voltando e deixando o cão sair. Aumente o tempo a cada repetição. Enquanto você fizer esses exercícios da última etapa, dê ao seu cão um Kong recheado de petiscos e/ou manteiga de amendoim. Em cada repetição subsequente, deixe o cômodo por um segundo ou dois a mais. O que se espera é que o cão fique tão entretido com o Kong que mal note sua ausência. Vá para um cômodo adjacente e faça algo que o cão possa ouvir, ocasionalmente voltando apenas para ver como ele está e elogiá-lo, e depois indo embora de novo. Quando o cão se sentir confortável com isso, pratique mantê-lo na caixa quando você sair de casa. No início, saia o mais silenciosamente que puder. Fique do lado de fora por alguns minutos e faça um pouco de barulho (mas não um estardalhaço) ao entrar de novo. Subsequentemente, você poderá aumentar o tempo fora e fazer um pouco mais de barulho ao sair. Por fim, saia por um breve tempo para fazer alguma coisa. Se seu cão demonstrar ansiedade quando você voltar, ou houver sinais de que ficou ansioso enquanto você estava fora (o travesseiro dele rasgado, por exemplo), você pode querer pedir a outra pessoa de quem seu cão já goste para permanecer no cômodo enquanto faz essas séries de exercícios e depois começar a retirar essa pessoa também.

Além disso, recomendo levar a caixa de transporte do cão para cômodos diferentes. Muitos anos atrás, meu cão-d'água irlandês, Aisley, adorava quando sua caixa estava no meu quarto, no andar superior, onde também tenho meu escritório. Mas durante o treinamento de Aisley levei sua caixa para a cozinha, no andar inferior, e ele latiu muito. Recuamos alguns passos no treinamento, mas continuei a levar a caixa de Aisley para cômodos diferentes, jogando jogos (como atirar comida ao redor da caixa) enquanto prosseguíamos, e ele se adaptou muito bem.

Durante todo este programa de treinamento, recomendo voltar aos exercícios da caixa de transporte se o comportamento do cão regredir. Isso não é uma forma de punição, mas um modo de voltar a mantê-lo focado no sucesso. Depois que Saxon morreu, Brieo, compreensivelmente, regrediu: deixou de se alimentar bem, andava de um lado para o outro procurando Saxon, mordia-se e teve uma erupção cutânea. Devolvi-lhe o conforto e a confiança voltando aos protocolos básicos para ficar na caixa de transporte e dar comida com a mão; isso ajudou muito.

Inibição de mordida, manuseio e gentileza

TODOS OS FILHOTES BRINCAM de morder quando estão com a mãe e os outros membros da ninhada; esse é um comportamento natural no mundo canino. Quando um filhote morde com muita força, um latido ou uma mordida de volta o ensina a brincar mais gentilmente. Embora os cães usem a boca para brincar e explorar, também precisam aprender que morder com força não está certo — nunca. É por isso que usamos manuseio e exercícios de gentileza para ensiná-los desde muito cedo a inibição de mordida. Alguns cães aprendem imediatamente, enquanto outros podem demorar mais de um mês para aprender. Merit, meu flat-coated retriever, demorou 45 dias para parar de morder. Ai.

Os protocolos para inibição de mordida são diferentes para filhotes e cães adultos. Por exemplo, quando um cão para o qual serei uma mãe substituta tem mais de seis meses ao chegar e foi considerado agressivo ou mordiscador, observo seu comportamento, sua linguagem corporal e seus hábitos alimentares para determinar como tratarei dessas questões com segurança. Tipicamente, os donos de cães recorrem a um treinador profissional ou behaviorista que usa métodos de reforço positivo para avaliar os comportamentos de mordiscar e morder, e ajudar a desenvolver protocolos para esse cão em particular. (Para mais informações sobre agressão, veja a página 226.)

Comece o treinamento para inibição de mordida sentando-se com o filhote e pondo um dedo ou a mão em sua boca. Se ele o mordiscar, diga "ai", alto o suficiente para o filhote entender a mensagem mas não a ponto de assustá-lo. Afrouxe a mão; não a tire da boca do filhote. Quando a mordida enfraquecer, diga "bom cão". Outra técnica é prender a guia a uma maçaneta e tocar na boca do filhote; se ele morder, diga "ai" e se afaste por um momento. (Lembre-se de que a punição foi lhe tirar a recompensa de brincar com

> ## OS TRÊS TIPOS DE MORDISCAÇÃO
>
> Antes de você começar a ensinar seu cão a ter uma "boca macia", é bom saber as três situações em que a mordiscação costuma ocorrer:
>
> 1. Como um prelúdio para brincadeiras; os filhotes mordiscam para incentivar outro cão ou ser humano a brincar;
>
> 2. Durante a brincadeira; e
>
> 3. Inesperadamente, o que em geral indica que o cão quer brincar, ou está sentindo dor ou desconforto físico.

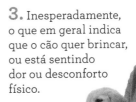

Morder é um comportamento natural no mundo canino.

você.) Continue este exercício de "ai", evoluindo para massagear a gengiva e contar os dentes do filhote. Quando ele começar a lamber sua mão, elogie-o gentilmente. Não o puna por mordê-lo; não feche a boca ou enfie os dedos na garganta do cão. Nesse caso, você *deseja* que o filhote entenda isso.

O cão precisará ter os dentes examinados e escovados. Quando ele deixar que você o toque livremente na boca, enrole gaze em seu dedo e limpe-lhe os dentes. Quando o cão lhe permitir fazer isso, poderá escová-los. Certa vez Saxon não ingeriu seu alimento, por isso examinei sua boca e descobri uma lasca de madeira presa em um molar posterior, e a removi. Se Saxon não tivesse aprendido a se sentir confortável com minhas mãos em sua boca, isso poderia ter se tornado sério.

É igualmente importante que o cão se sinta confortável com você manuseando o resto do seu corpo, e não apenas a boca. Comece a ajudar o filhote a se acostumar com isso deitando-o enquanto você massageia sua barriga para acalmá-lo. Quando ele estiver calmo, conte seus dedos, toque em seus olhos, suas orelhas e em todas as partes do corpo que ele permitir. Faço meus alunos brincarem de Passe o Cachorrinho, para o filhote se acostumar a ser manuseado por outras pessoas, e Esconde-Esconde, cobrindo os olhos do filhote por um momento para ele se acostumar a ficar vulnerável. Também finja cortar as unhas do filhote antes de você mesmo ou um tosador começar a fazer isso. Em última análise, você está preparando o cão para tolerar situações novas.

Quando o cão não se sentir confortável com um determinado manuseio ou exercício de gentileza, tente descobrir o ponto em que isso começa. Por enquanto, permaneça na zona de conforto e depois, na próxima sessão de treinamento, repita o exercício ainda na zona de conforto e só dando o próximo passo se tudo correr bem. Se você forçar seu cão a progredir mais rápido do que está pronto para fazer, ele poderá ficar paralisado ou assustado. Portanto, fique atento aos limites de sua zona de conforto — e faça intervalos para brincar entre os exercícios.

Lidando com os erros usando As Folias

VOCÊ COMETERÁ ERROS QUE assustarão seu novo cão. Deixará cair algo que produzirá um barulho alto, ou acidentalmente até mesmo o atingirá. Tropeçará nele. Ficará enrolado em sua coleira. Ligará a TV sem perceber que o volume está no máximo. Esses barulhos altos e tumultos inesperados assustam quase todos os cães recém-chegados a um lar.

Quando você acidentalmente assustar seu cão, é melhor rir disso imediatamente e jogar uma rápida rodada de As Folias. Basicamente, aja como se estivesse se divertindo, realmente dizendo: "Isso é tão legal que tropecei em você, deixei cair as compras do supermercado e agora há uma jarra de vidro quebrada que todos nós temos de evitar. Uau!" Isso não é diferente de reagir a uma criança que levou um tombo. As crianças e os cães olham para nós para ver se deveriam se preocupar ou não. Divirta-se continuando a jogar As Folias enquanto leva seu cão para um lugar seguro, limpa a sujeira e lhe dá um ou dois petiscos. Se o cão estiver se escondendo, simplesmente continue a jogar As Folias. Não tente acariciar ou atrair o cão, embora possa deixar alguns petiscos para ele pegar quando estiver pronto para isso. Você está tentando lhe ensinar que o mundo é cheio de acontecimentos inesperados e surpreendentes, mas que não devemos temê-los.

Primeira Semana: o Programa de Treinamento Básico

TODOS OS ANOS, treino centenas de cães — de filhotes de sete semanas a cães mais velhos que vieram de outro lar. Muitos clientes me procuram para treinamento geral, enquanto outros buscam solução para problemas comportamentais específicos, como treinamento insatisfatório para fazer as necessidades fisiológicas fora de casa, mastigação, pulos, domínio e possível agressão. Mais tarde, no Capítulo 11, discutirei alguns problemas comportamentais comuns e modos de lidar com eles, mas nas próximas cinco semanas quero que você se concentre no Programa de Treinamento Básico.

Quero enfatizar mais uma vez que o treinamento — inclusive para fazer as necessidades fisiológicas no lugar certo, ficar na caixa

É aí que o verdadeiro treinamento começa. No início, grande parte dele envolverá atrair o cão com petiscos. Neste capítulo, eu o ensinarei a atrair seu cão para se sentar, *chamar de volta* (venha) e começar a caminhar com uma guia. Você também começará a socializá-lo, deixando-o brincar com outros — sob sua atenta supervisão, é claro. Faça seu dever de casa (treinando atividades e jogos) e registre seu progresso — e o do cão — no Diário de Treinamento da Primeira Semana.

de transporte, e os exercícios de manuseio e gentileza discutidos no capítulo anterior — começa no momento em que o novo cão chega em sua casa. Em vez de deixá-lo aprender por meio de tentativa e erro (na maioria das vezes erro), ajude-o a aprender desde o início o que você quer.

Clientes frequentemente me perguntam qual é a idade mínima para um cão iniciar o treinamento. Eu começo a treinar meus próprios cães com sete semanas de vida. Antes disso é cedo demais — os filhotes precisam permanecer com a mãe por pelo menos esse tempo para maximizar suas habilidades de socialização naturais.

Este programa ajudará você e seu cão a dominar estas dez habilidades básicas: 1) sentar, 2) chamar de volta, 3) andar com a guia, 4) deitar, 5) ficar, 6) acalmar-se, 7) soltar, 8) parar, 9) fora e pegue isso, e 10) treinamento de limites. Quando usar um sistema de métodos e técnicas de treinamento de reforço positivo, você verá como pode ser fácil motivar seu cão a aprender, e treiná-lo para seguir seus comandos.

No fim deste programa de cinco semanas, espero que você comece a notar uma mudança maravilhosa em seu cão. Chamo essa mudança de *revelação do espírito*, ou o processo de revelar a personalidade do cão. As palavras "inspiração" e "espírito" provêm da mesma raiz, e acredito que quando você revela o espírito do seu cão inspira as melhores características da sua personalidade. Em minhas aulas, fico muito feliz vendo esse relacionamento se formar durante o tempo em que trabalho com meus alunos. Às vezes isso parece acontecer imediatamente: um dono de animal que fez com constância seu dever de casa, mas não teve muito sucesso com seu cão, aparece na última noite de aula com um cão subitamente animado. Adoro quando um cão "entende isso" e quer treinar. Talvez você tenha visto um cão desses em seu bairro: um cão bem-treinado e confiante que adora se socializar, cujo dono o ensinou a ser bem-sucedido no mundo humano.

Esta semana, focalizaremos três habilidades específicas: sentar, chamar de volta (seu básico "venha") e andar com a coleira. Os cães aprendem melhor em períodos de tempo curtos do que em uma longa sessão de treinamento, portanto recomendo que você não passe mais de cinco minutos fazendo um exercício. No final de cada exercício, faça um intervalo e deixe seu cão brincar antes de passar para outro.

Também se lembre de variar os locais de exercícios. Como discutimos no protocolo para dar comida com a mão, os cérebros caninos não são naturalmente programados para generalizar comandos. Seu cão pode pensar que só precisa seguir um determinado comando

PRIMEIRA SEMANA: PROGRAMA DE TREINAMENTO BÁSICO

quando está na cozinha de frente para a janela, em um dia ensolarado, com aquele saco de petiscos sobre o balcão. Pratique os exercícios em vários locais, em momentos diferentes do dia, dentro e fora de casa, e ajudará seu cão a generalizar cada comando para locais diferentes.

Dito isso, espere que seu cão regrida quando você for para outro local. Por exemplo, mesmo se ele reagiu muito bem ao comando para *sentar* na sala de estar, pode não ter a menor ideia do que você está lhe pedindo agora que está na cozinha. Seja paciente e recomece do início.

Durante todo este programa de treinamento, e a cada nova habilidade que você aprender, quero que siga estas três regras básicas:

▶ **PRIMEIRA REGRA BÁSICA: DIVERTIR-SE.** Você e seu cão ficarão mais motivados com essas lições esperando se divertir. Deve haver um ar de recreação nos procedimentos — tudo isso é parte de formar o hábito importante de brincar junto.

▶ **SEGUNDA REGRA BÁSICA: FAZER O DEVER DE CASA.** Passe pelo menos dez minutos (e mais, se possível) por dia fazendo o dever de casa. Mesmo se seu cão já aprendeu uma habilidade, ou parece que nunca a aprenderá, pratique-a repetidamente. E seja paciente!

▶ **TERCEIRA REGRA BÁSICA: VOCÊ ESTÁ SEMPRE TREINANDO.** Cada interação é uma oportunidade de aprendizado. Isso inclui cada caminhada, cada refeição e cada momento em que acaricia seu cão. Uma coisa importante a lembrar: seu cão aprenderá melhor com muitos períodos curtos de treinamento do que com uma sessão longa.

Fique atento aos seus As e Ps

A CADA HABILIDADE QUE VOCÊ e seu cão aprenderem, vocês passarão juntos por quatro estágios. Minha colega, a Dra. Pamela Reid, que é vice-presidente do Animal Behavior Center da ASPCA e uma behaviorista certificada, chama esses três estágios de "Quatro As do Aprendizado".

▶ **PRIMEIRO ESTÁGIO: ADQUIRIDO.** A *primeira* sessão em que seu cão completa com sucesso uma nova tarefa.

▶ **SEGUNDO ESTÁGIO: AUTOMÁTICO.** Você e seu cão podem usar *fluentemente* a habilidade em pelo menos 80% do tempo.

- ▶ **TERCEIRO ESTÁGIO: APLICAÇÃO.** Vocês dois *generalizaram* a habilidade de modo a poderem aplicá-la em vários locais, inclusive algumas situações da vida real fora do treinamento.

- ▶ **QUARTO ESTÁGIO: ASSIDUIDADE.** Vocês dois mantêm a habilidade de tal forma que ela é uma parte natural de sua vida *diária* juntos.

Esta abordagem lhe oferece um modo rápido de avaliar como você e seu cão estão progredindo em cada habilidade, e guiará você no próximo passo. Pense em cada estágio como uma pedra angular.

Quando você treina, está construindo um relacionamento forte e benevolente com seu cão. De fato, o treinamento do cão também é seu Sistema de Treinamento de Relacionamento. Esse sistema enfatiza "Três Ps":

- ▶ **POSITIVO.** Um bom relacionamento é positivo e apoiador. Quando você usa reforço positivo, os cães gostam de aprender. Ao contrário do treinamento aversivo, meu programa lhe mostrará como se concentrar no que é positivo em cada passo.

- ▶ **PRÁTICAS DE BRINCADEIRAS.** Os cães gostam de pessoas divertidas. É essencial integrar brincadeiras ao treinamento. Eu lhe mostrarei como envolver seu cão em uma brincadeira positiva.

- ▶ **PARCEIROS.** Para um cão, ser um melhor amigo significa receber atenção amorosa, partilhar recompensas valiosas, divertir-se e ser um membro da matilha valorizado porque segue suas regras. Isso ajudará a tornar seu relacionamento um em que a obediência está ligada a vocês serem os melhores parceiros em vez de adversários.

Pronto, sua orientação está completa. Vamos trabalhar.

Iscas e recompensas: como usar petiscos no treinamento

OS PETISCOS SÃO FUNDAMENTAIS no treinamento, por isso é importante que você não alimente demais seu cão antes de uma sessão. A fome motiva o desempenho do cão. Ao dividir as refeições do cão, lembre-se de que os petiscos de treinamento — alguns dos quais são ricos em calorias e gordura — devem ser contados como parte da dieta diária. Você provavelmente descobrirá que seu

PRIMEIRA SEMANA: PROGRAMA DE TREINAMENTO BÁSICO

EXERCÍCIO BÁSICO DE ATRAÇÃO

Use petiscos como iscas para treinar o cão a seguir os movimentos de sua mão e se concentrar em você. Segure o petisco com a ponta dos dedos. Ele deve ser macio e pequeno o suficiente para ser comido em uma mordida. Diga o nome do cão, depois o elogie (diga "bom") e toque na coleira dele ao lhe permitir comer o petisco.

COMECE NO NÍVEL DO FOCINHO
Mova sua mão devagar para ensinar o cão a seguir o petisco. A princípio, mova o petisco apenas alguns centímetros antes de deixar o cão mordiscá-lo.

MOVA O PETISCO
Quando o cão seguir constantemente o petisco, comece a erguê-lo, ao redor e através de suas pernas, e dê um ou dois passos.

cão gosta mais de alguns petiscos do que de outros. O ideal é que os petiscos, assim como o alimento canino de alta qualidade, sejam ricos em proteína. Devem ser saborosos e os menores possíveis (sem enganar o cão) para que ele possa engoli-los rapidamente e não perder o foco em você e no próximo momento do treinamento. De igual modo, os petiscos macios são melhores do que os crocantes, porque o cão pode engoli-los mais rápido e se reconcentrar em você imediatamente. Tudo que seu cão aprecie pode ser um usado como petisco de recompensa e para atraí-lo: pedaços de salsicha, queijo, cenoura ou qualquer petisco disponível comercialmente.

Você usará os petiscos como iscas, ou uma ferramenta para fazer o cão seguir sua mão em cada dica. Como também está lhe dando comida com a mão esta semana, será mais fácil atraí-lo; o cão estará acostumado à ideia de que há coisas boas nas pontas dos seus dedos. Quando esse ato de seguir sua mão se tornar natural para ele — o que, com o passar do tempo, se tornará —, você poderá deixar de usar iscas para cada comando ou truque.

Para usar uma isca, segure um petisco de treinamento com a ponta dos dedos e deixe o cão cheirá-lo. Mova a mão lentamente para perto do rosto do cão e observe a cabeça dele seguindo-a. Continue a mover a mão e a observar o cão seguindo-a com o focinho, mantendo-o perto do petisco. Isso se chama atrair. Quando você atrair o cão, diga o nome dele, elogie-o e lhe toque a coleira quando ele tentar comer o petisco. Enquanto o cão permanece interessado no petisco — tentando mordiscá-lo e, espero, sem mordiscar muito as pontas dos seus dedos —, afaste a mão bem devagar para que ele a siga. Se o cão começar a perder o interesse ou a se distrair, aproxime mais a isca do focinho dele e faça algo diferente: experimente se mover para um ponto um pouco diferente ou mover a mão um pouco mais devagar ou rápido. Diga alegremente o nome do cão e seja tão interessante e emocional que ele não poderá ignorá-lo. Após alguns instantes — ou quando você sentir que o cão já fez o suficiente — recompense-o elogiando-o verbalmente, tocando-lhe a coleira e o deixando comer o petisco.

> **Os cães aprendem mais facilmente quando você é consistente.**

Repita este exercício de atrair muitas vezes durante a Primeira Semana, com atividades como Siga a Isca, que serão detalhadas no Capítulo 9. Acompanhe o progresso do cão fazendo anotações em seu diário.

Quando você recompensar seu cão permitindo-lhe comer o petisco, quero que também adquira o hábito de tocá-lo, especialmente ao redor da coleira. Fazer seu cão se sentir confortável sendo tocado ao redor da coleira é importante por vários motivos. Ajuda na segurança, especialmente se você precisar controlar urgentemente o cão ou ele se perder, e um estranho precisar ler as placas de identificação. Também tornará mais fácil para o veterinário e tosador manuseá-lo, o que eles certamente apreciarão. Frequentemente, tocar na coleira também ajudará quando você estiver pronto para chamar o cão de volta. Se o único momento em que você tocar na coleira for quando prender a guia, ele poderá pensar que lhe tocar a coleira (e o chamar de volta, por associação) significa que "a diversão acabou". Se esse for o caso, ele poderá pensar que deveria prolongar a diversão fugindo de você ou começando um jogo de se manter afastado em vez de vir quando você chama.

Sempre que ensinar uma nova habilidade ou comando ao seu cão, use a mesma mão. Os cães gostam de consistência, e aprendem melhor quando as coisas que lhe estão sendo pedidas para fazer parecem as mesmas todas as vezes. Adquira o hábito de ser o mais consistente possível em cada lição. Prefiro usar minha mão esquerda porque foi assim que fui ensinada. Dou os petiscos com ela e sempre passeio com meus cães do lado esquerdo. Em muitos programas de treinamento, o lado esquerdo é considerado o correto. Você verá que, em exposições caninas, quase todos os cães estão do lado esquerdo de quem o conduz. Mas você também pode usar o lado direito, desde que se mantenha fiel a essa escolha enquanto seu cão se torna fluente (segundo estágio do aprendizado) em cada nova habilidade. Depois disso, poderá experimentar usar a outra mão para atrair e sinalizar, o que ajudará o cão a generalizar.

Embora muitos treinadores gostem de pôr os petiscos em uma bolsa presa aos seus cintos, eu acho que os cães frequentemente ficam tão concentrados na bolsa que não se concentram o suficiente em você. Quando comecei a treinar Ebony, certa noite esqueci de levar a bolsa de petiscos para uma aula e ela simplesmente se recusou a trabalhar. Depois disso parei totalmente de usar a bolsa, e agora ponho os petiscos de treinamento em meu bolso. Se você andar com o cão do seu lado esquerdo, ponha os petiscos no seu bolso esquerdo. Lembre-se de limpar os bolsos antes de lavar essa calça, caso contrário ela poderá ficar manchada de gordura. Se você estiver decidido a usar uma bolsa de petiscos, recomendo prendê-la ao seu cinto no meio das suas costas, onde o cão não poderá vê-la, em vez de no quadril, onde ele poderá ser continuamente tentado e distraído.

O cão que não reage ao alimento como isca

NO INÍCIO, NEM TODOS os cães valorizam o alimento como uma recompensa. Se você tiver um cão desses, experimente usar tipos de petiscos diferentes, inclusive carnes frescas que exijam refrigeração. Às vezes, uso alimento humano como petisco, porque assim posso pôr um em minha boca para o cão permanecer concentrado em meu rosto e minha linguagem corporal. Também tome o cuidado de não dar petiscos demais ao cão. Se você lhe der petiscos durante todo o dia, e não apenas em resposta a bons comportamentos no treinamento, é provável que ele logo pare de valorizá-los.

O que fazer se seu cão simplesmente não reagir a petiscos como recompensa? Tente descobrir o que ele realmente valoriza, e lhe dê isso. Alguns cães gostam de ser tocados, ou preferem alguns momentos de brincadeira com um brinquedo especial. Outros gostam mais de elogios verbais tranquilizadores, embora eu ache que isso seja muito raro, ocorrendo principalmente em cães com problemas de ansiedade ou uma história de negligência ou abuso.

Se seu cão cumprir os comandos pela recompensa de brincar com um brinquedo especial, você precisará limitar o tempo com que brinca com ele, ou usá-lo exclusivamente para fins de treinamento. Veja Troca Fora e Pegue, porque precisará adaptar essas técnicas para trocar esse brinquedo por outro, caso contrário o cão poderá relutar em abandonar o brinquedo quando você precisar que o abandone. Isso levará você ao jogo de "caçar o cão", o que prejudicará o treinamento. Às vezes, você pode criar desejo no cão lhe "vendendo" o quanto um brinquedo é ótimo. Por exemplo, ofereça-se para participar de breves jogos de buscar e depois ponha o brinquedo de lado antes que o cão fique entediado e pare de jogar com você; pare o jogo enquanto ele ainda estiver ansioso por continuar. Tome cuidado para não vender demais um brinquedo de que o cão não goste, porque estou bem certa de que você descobrirá que seu cão é esperto demais para ser seduzido por ele muitas vezes!

A situação é mais difícil quando o cão trabalha principalmente por afeto, porque você certamente não deseja recusá-lo ao seu cão querido. Em resumo, você precisa dar ao animal sinais claros de que agora o treinamento começou e ele receberá afeto de você quando fizer o que precisa que faça. Esses sinais incluem acariciar um brinquedo especial (ou acariciar o chão perto do animal) enquanto você emite sons de felicidade. Assim que o cão se concentrar em você, atraia-o para se sentar. Com o correr do tempo, ele reconhecerá esse "ritual" feliz como um momento divertido para ganhar afeto extra.

Se nenhuma dessas técnicas funcionar, consulte um especialista em comportamento canino ou treinador experiente para determinar se há algum problema que precisa ser tratado. (Lembre-se: sempre escolha um profissional experiente que use treinamento com reforço positivo.) Converse com o veterinário para excluir qualquer problema de saúde que possa estar afetando o comportamento do cão.

Aprendendo a sentar

COMO *SENTE* É O comando de treinamento mais fundamental, vamos começar por ele. Seu cão aprenderá muitos outros comportamentos básicos — como *venha*, *deite* e *parado* — a partir da posição sentada. Você deve pensar em *sente* como a posição de prontidão do cachorro. Se esse fosse um treinamento militar, *sente* seria como ficar em posição de sentido. Peço a meu cão Brie, a Boz (do qual sou mãe substituta) e a todos os cães que se hospedam comigo que se sentem para tudo, desde o momento em que se levantam de manhã até o momento em que vão dormir à noite. Eles se sentam quando eu abro ou fecho portas, quando volto para casa e os cumprimento, à hora das refeições, quando é hora de dar uma caminhada, quando entram e saem do carro e antes de qualquer brincadeira e treinamento. Fazer o cão se sentar para tudo enfatiza que você é o líder benevolente que o conduz. Seu cão também aprenderá que se sentar é o modo de ele dizer "por favor", pelo qual frequentemente é recompensado com um petisco. Não gosto de antropomorfizar cães, mas neste caso é instrutivo colocar palavras em sua boca. Ele poderia dizer: "Quando eu me sento, a tigela de comida aparece e eu como", "Quando eu me sento, a porta se abre e vamos dar uma caminhada".

Ao ensinar seu cão a se sentar, neste estágio use somente a isca e não diga nada, como "sente" ou "sente, Brieo". A princípio isso pode ser difícil, porque a linguagem é a principal ferramenta que nós, humanos, usamos para nos comunicarmos. Mas a orientação canina natural não é verbal, e sim visual. Os comandos verbais só parecerão barulho para seu cão e o impedirão de assimilar o conceito de isca. Você ficará tentado a falar! Mas, por enquanto, apenas se concentre em acostumar o cão a seguir o movimento da isca. Além disso, se ele veio de um outro lar e já entende comandos verbais, quero que você pare de usá-las e o retreine, começando a atraí-lo com seus sinais de mão. Isso o incentivará a observá-lo. Quero que seu cão preste atenção em você enquanto adquire cada nova habilidade. Em lições posteriores, acrescentaremos os comandos verbais (um processo que chamo de dar nome ao comportamento).

Para começar, segure uma isca com a ponta dos dedos. Encoste-a no focinho do cão e o deixe cheirá-la. Agora erga-a devagar, em linha reta acima da cabeça do cão. Quando ele começar a levantar a cabeça, continue a erguer a isca devagar. Ele erguerá a cabeça para segui-la e a anca abaixará até o chão. Isso é pura física.

No momento em que a anca tocar o chão, diga "muito bem", dê um petisco e toque na coleira com a outra mão. Dê ao cão cinco segundos de prazerosos elogios verbais e contato físico. Eu tipicamente digo: "Que bom filhote, bom Brieo, que cão bom." Quero que seu cão se concentre em você e, idealmente, o olhe. Você também está lhe ensinando a fazer contato visual, o que fortalecerá ainda mais o vínculo e o manterá muito concentrado em você. Se ele parecer distraído, aumente seu entusiasmo. Você precisa ser a coisa mais interessante do mundo para seu cão.

APRENDENDO A SENTAR

Sente é o comando de treinamento mais fundamental. Ensine seu cão a se sentar para tudo. Comece ensinando-o a se sentar usando iscas e sem usar nenhum comando verbal.

① OBTENHA A ATENÇÃO DELE
Seu cão já começou a aprender que, quando você está segurando um petisco, coisas boas acontecem. Você o ensinou isso naquele exercício básico para atrair (veja a página 73).

② ATRAIA-O PARA VOCÊ
Segurando a isca no nível do focinho, dê um passo na direção do cão e o deixe cheirá-la.

③ ERGA A ISCA
Quando você ergue a isca, o cão ergue a cabeça, o que faz o corpo dele abaixar. Marque o momento em que a anca tocar o chão (diga "muito bem"), elogie-o (acaricie-o, toque-lhe a coleira) e por último dê o petisco.

Alguns cães aprendem esse comando imediatamente. Outros nem tanto. Se seu cão parecer ter dificuldade em descobrir o que você está lhe pedindo para fazer e não se sentar após várias sessões de treinamento, divida toda a ação em partes menores. Chamamos isso de desmembrar uma dica, ou recompensar pelos sucessos menores, até mesmo por apenas erguer a cabeça. Se seu cão erguer o focinho para o ar, dê-lhe um petisco. Pouco a pouco, faça-o erguer o focinho 1cm a mais a cada repetição subsequente. Quando o cão estiver com o focinho apontado para o céu, a anca começará automaticamente a abaixar. Dê-lhe um petisco quando a anca começar a descer. Na repetição seguinte, recompense-o quando a anca estiver 1cm mais baixa. Finalmente, a anca tocará o chão.

Seja paciente. Presuma que precisará de dez repetições deste exercício para o cão ligar a anca no chão a ganhar um petisco. Para seu cão, a primeira vez em que ganhar um petisco provavelmente parecerá inesperada. A segunda, parecerá uma coincidência. Quando ele fizer a conexão — sentar e petisco andam juntos —, isso se tornará um padrão aprendido.

PRIMEIRA SEMANA: PROGRAMA DE TREINAMENTO BÁSICO

Mesmo se seu cão precisar de 15 a 25 repetições para fazer a conexão, acredite em mim, quanto mais repetições e tempo de treino você dedicar a este exercício, mais fácil será a cada vez em que trabalhar com seu cão. Você está lhe dando uma base muito importante ao lhe ensinar a seguir a isca. Se você ou seu cão estiverem entediados porque isso é muito lento ou você se sentir frustrado porque o cão não está aprendendo, faça uma pausa antes de ele perder totalmente o interesse. Realize outra atividade rápida que o cão aprecie, como um breve jogo de Siga a Isca. Faça anotações em seu diário de treinamento e experimente uma atividade diferente por algum tempo. Se você for treinar seu cão por mais de dois minutos de cada vez, acrescente uma variação com um dos jogos de dever de casa ou uma das atividades no Capítulo 9 após cada dois minutos de exercício. Se o treinamento não for combinado com experiências de recreação, você poderá reduzir o nível de confiança do cão e o prazer dele em treinar.

Senso de oportunidade e marcação de voz

FAZER MUITAS REPETIÇÕES AJUDA a treinar *você* para ter um bom senso de oportunidade: fornecer o feedback positivo no momento certo para marcar o comportamento que quer que o cão tenha. Por exemplo, quando diz "muito bem" no momento em que a anca do cão toca o chão, você o está fazendo saber que completou a tarefa que lhe pediu para realizar. Está usando a expressão *muito bem* como um marcador; se você não tiver senso de oportunidade, seu cão acidentalmente aprenderá a lição errada porque você marcou o momento

---

E QUANTO AO CLICKER?

Talvez você tenha ouvido falar em treinadores que usam Clickers para marcar o bom comportamento do cão. Basicamente, você clica em vez de dizer "muito bem". É mais fácil clicar exatamente no momento certo.

Particularmente, eu adoro o Clicker. Mas em meu trabalho com famílias, especialmente quando há crianças envolvidas, prefiro marcadores de voz. Particularmente durante o curso básico de cinco semanas, é muito importante que seu cão se concentre o máximo possível em você — e isso inclui os sons que você produz e seus movimentos físicos. Além disso, como você está treinando para coordenar tantos gestos novos, acho que o aprendizado com Clicker pode dificultar isso. Mas se você mal puder esperar para trabalhar com um Clicker, vá até o Capítulo 10, em que apresento o treinamento com Clicker, antes de passar para os próximos exercícios.

errado. Por exemplo, se você marcar "muito bem" tarde demais, seu cão poderá entender que bom é quando ele inclina a cabeça, abre a boca ou abana o rabo. Você deve associar "muito bem" à anca tocando o chão. Portanto, ao repetir cada exercício, faça o elogio no momento certo — neste caso, o momento em que a anca tocar o chão.

Você pode usar outros marcadores de voz além de *muito bem*. Marcadores comuns incluem "obrigado" e "sim". Seja qual for o marcador de voz para ensinar seu cão, use-o consistentemente, o que inclui o modo como pronuncia a palavra. Tente sempre pronunciá-la exatamente do mesmo modo: no mesmo volume, no mesmo tom e no mesmo nível de emoção. Aprender a apresentar ao cão marcadores de voz no momento certo é essencial para o *seu* treinamento, por isso siga o programa fazendo muitas repetições com a intenção de aprender a dar feedback usando marcadores oportuna e consistentemente.

Atraindo para voltar, parte um

CHAMAR DE VOLTA SIGNIFICA o cão vir quando você lhe pedir. No início isso é muito importante para a segurança do cão, mas depois lhe permitirá dar-lhe mais liberdade; um cão que desenvolve excelentes habilidades de atender à sua chamada poderá ter mais liberdade e mais oportunidades de se socializar. Como muitos cães têm dificuldade em adquirir esse comportamento, tenho achado mais eficaz desmembrar o comando e ensinar primeiro a última parte dele. É isso mesmo, esta semana você ensinará a seu cão apenas a *última* parte do comando: sentar-se quando chegar aonde você está.

Você precisará de um parceiro para este exercício; se tiver filhos, este é um ótimo exercício de treinamento para incluí-los. Peça ao seu parceiro para segurar a guia. Ponha um petisco na sua mão e dê três passos para trás. Atraia o cão estendendo o petisco na direção dele e depois trazendo-o na direção do seu joelho. Peça ao seu parceiro para soltar a guia. Quando o cão chegar, atraia-o para se sentar usando o movimento de mão que já descrevi (página 78). Quando o cão se sentar, marque isso (diga "muito bem"), elogie-o e o recompense com o petisco.

Se seu cão vier até você, mas não se sentar, elogie-o mas não lhe dê o petisco. Então dê outros três passos para trás e repita o exercício: atraia-o direcionando o petisco do focinho dele para seu joelho. Se o cão também não se sentar na repetição, faça isso mais uma vez:

PRIMEIRA SEMANA: PROGRAMA DE TREINAMENTO BÁSICO 83

SOBRE DIZER O NOME DO CÃO

Se você está usando o protocolo para dar comida com a mão do Capítulo 3, já está jogando o Jogo do Nome (página 53). Agora torne-o parte do seu dia, jogando-o a intervalos aleatórios ou como uma pausa entre os exercícios. Você quer que seu cão se acostume a ouvir o nome dele e o associe a coisas boas e afeto. A menos que o cão se sinta desconfortável deitado de barriga para cima ou sendo manuseado, termine uma sessão de treinamento colocando-o entre suas pernas, massageando-lhe calmamente a barriga e lhe tocando todo o corpo enquanto diz o nome dele. Jogue o jogo do mesmo modo como dá comida com a mão. Diga o nome do cão e, quando ele reagir, diga "bom cão", toque-lhe a coleira e o recompense com um petisco. Pense neste exercício como uma massagem que relaxa o animal.

Uma nota importante: nunca diga o nome do cão enquanto estiver tentando corrigir seu comportamento, como quando lhe diz para descer do sofá, parar de mordiscar sua mão ou largar algum contrabando. Por exemplo, embora eu diga frequentemente "bom Brieo!", nunca digo "não, Brieo, desça" ou "largue isso, Brieo!". Você não deseja inadvertidamente treinar seu cão a associar o nome dele com punição. Isso pode retardar o vínculo, desacelerar o processo de aprendizado e fazer alguns cães pararem de reagir ao nome deles.

Lembre-se: use o nome do seu cão apenas quando o elogia e recompensa.

Quase posso garantir que você cometerá um erro em algum momento e chamará o cão pelo nome dele em uma associação negativa; todos cometem esse tipo de erro às vezes, inclusive eu. Quando isso acontecer, assuma o compromisso consigo mesmo de jogar uma ou duas rodadas do Jogo do Nome assim que possível.

---

elogie-o (sem lhe dar o petisco), dê três passos para trás e tente de novo. Se na terceira tentativa ele ainda não se sentar, dê-lhe o petisco e de qualquer modo o elogie, para recompensá-lo por ter voltado. Isso significa que o cão ainda não está pronto para ligar o ato de se sentar com o de voltar. Tudo bem. Apenas continue a lhe ensinar a se sentar usando os exercícios para atraí-lo anteriormente mencionados e pratique chamar de volta/sentar em sua próxima sessão. Você pode reduzir a distância para ajudar o cão a ganhar confiança e entender que está sendo recompensado por seguir suas instruções. Isso é conhecido como criar uma história de reforço positivo.

Se seu cão voltar consistentemente para você e se sentar quando lhe pedir, tente dar mais alguns passos para trás de cada vez. Lembre-se de usar a mesma mão para indicar o que você quer e dar o petisco.

Exercício de contato visual

AGORA A PARTE DIVERTIDA: eu gostaria que você terminasse o exercício de chamar de volta dedicando alguns minutos a treinar o cão a olhar em seus olhos. Quando você aprender esse exercício simples e divertido, faça-o várias vezes por dia, em intervalos aleatórios. O contato visual é crucial para o vínculo e foco, por isso comece praticando-o com filhotes desde muito pequenos. Logo eles observarão todos os seus movimentos.

Para começar, encoste um petisco no focinho do cão e o deixe cheirá-lo. Assim que o interesse dele for estabelecido, traga o petisco para seus olhos, diga "muito bem" e conte silenciosamente dois segundos. Se o cão permanecer concentrado no petisco por dois segundos, dê para ele. Na próxima repetição, acrescente um segundo. Na repetição bem-sucedida seguinte, outro segundo.

Continue a contar silenciosamente os segundos e a dizer "muito bem" de um modo alegre e gratificante. Dê um pequeno passo para o lado antes de começar a próxima repetição a fim de que o cão comece a generalizar o comportamento para locais um pouco diferentes.

Se seu cão virar a cabeça ou interromper o contato visual, fique em outra posição e tente de novo por um segundo. Não o recompense se ele interromper o contato visual, ou poderia acidentalmente treiná-lo para desviar os olhos de você. Se seu cão for pulador, pise na guia para que não possa pular enquanto faz este exercício. Acho que algumas raças fazem naturalmente isso melhor do que outras. Por exemplo, segundo minha experiência, os Jack Russell Terriers em geral se distraem mais facilmente do que os pastores-alemães; mas também tenho visto o oposto. Lembre-se: todos os cães são bem-sucedidos no próprio ritmo deles.

Caminhada com guia: os primeiros passos juntos, ou "Parado"

UM DOS MEUS HOBBIES favoritos é dar longas caminhadas com meus cães, o que em geral faço duas vezes ao dia. Frequentemente percorremos uma das trilhas de cavalo em minha propriedade. Nossas caminhadas não só são um ótimo exercício para os cães e para mim como também os ajudam a se manter curiosos e engajados.

Eu lhe digo, porém, que as caminhadas não seriam nem um pouco divertidas se Brieo e Boz puxassem suas guias. Todos nós já vimos isso: um cão que parece estar arrastando seu dono pela rua, do hidrante para o poste e a lixeira. E você quer treinar seu cão para caminhar com a guia frouxa, bem ao seu lado. O objetivo não é o *passo* perfeito — irreal até para o cão mais concentrado. Até mesmo nas exposições de cães de elite, aqueles cães muito bem treinados permanecem perfeitamente concentrados em quem o conduz apenas pelos breves instantes em que são o centro das atenções. Digo-lhe isso para que você tenha mais paciência e confiança ao ensinar seu cão a caminhar com uma guia. Se ele for a rara exceção que não puxa, esse é seu dia de sorte e meu único conselho para você é percebê-la e comprar um bilhete de loteria.

Se você levar o cão para caminhar do seu lado esquerdo, segure o punho da guia com sua mão direita e o meio com sua mão esquerda, de modo a que a guia passe na frente do seu corpo. Se preferir levá-lo para caminhar do seu lado direito, faço o oposto. Embora, às vezes, eu passe o punho em volta da minha cintura, tenha cuidado: você deseja evitar lesões se o cão puxar com muita força. Se usar uma coleira Martingale, uma coleira de cabeça ou uma peitoral (de preferência uma que se prenda à guia no peito do cão em vez de nas costas), sua posição ao segurar a guia será a mesma.

O objetivo desta sessão de treinamento — que não deveria durar mais de cinco minutos — é fazer o cão se acostumar a caminhar com a guia do modo como você quer que caminhe. Recomendo que use uma guia de 1,80m e se prepare com muitos petiscos. Segure um petisco com sua mão esquerda e atraia o cão na direção em que deseja que ele caminhe. Se o cão for pequeno, esteja pronto para se curvar bastante. Comece andando para a frente, deixando muita folga na guia. Quando o cão começar a puxar, pare, segure a guia firmemente contra seu peito e fique em pé, parado e firme como uma árvore. No

> ## POSIÇÕES DA GUIA
>
> Suas primeiras caminhadas juntos serão breves exercícios destinados a ensinar seu cão a se concentrar em você.
>
>
>
> **PRIMEIRO A CONCENTRAÇÃO**
> Antes de darem seus primeiros passos juntos, certifique-se de que o cão está concentrado em você.
>
> **"PARADO"**
> Sempre que o cão caminhar na sua frente, pare, segure a guia firmemente contra seu peito e fique em pé, parado e firme como uma árvore. No momento em que ele olhar para você, diga "muito bem" e o atraia na sua direção enquanto recua.

momento em que ele olhar para você, diga "muito bem" e o atraia com o petisco na sua direção enquanto dá dois passos para trás. Elogie-o, toque-lhe a coleira e o recompense com o petisco. Seu senso de oportunidade tem que ser preciso, portanto preste atenção àquele momento em que o cão olha para você, mesmo se a princípio apenas por um instante, porque é quando está voltando a lhe prestar atenção.

Se seu cão não olhar para você, interrompa a lição e recompense os pequenos progressos dele. Se o cão continuar a se inclinar para a frente em oposição à guia sem tentar dar um passo, preste atenção ao momento em que ele afrouxa a guia e o elogie. Se ele ainda não lhe der atenção, emita um leve som para atraí-lo. Se isso não funcionar, "aproxime-se" silenciosamente do seu cão (não o puxe na sua direção, mas vá pondo uma das mãos acima da outra na guia como se estivesse subindo por uma corda) e depois o atraia para começar a caminhar na direção oposta. Se ele o olhar, elogie-o, pare de se aproximar e o atraia. Lembre-se de que isso não é uma caminhada de longa distância e o objetivo não é o passo perfeito; é um exercício de caminhada de cinco minutos para lhe ensinar como segurar uma guia e lidar com as puxadas. Seja paciente.

Ao praticar este exercício durante toda a semana, tente variá-lo para que o cão se mantenha interessado e generalize o comportamento. Mude de direção ao caminhar. Se preferir fazer isso dentro de casa, caminhe ao redor de objetos, como cadeiras ou mesas. Tente aumentar a velocidade em que caminha e pratique fazer viradas abruptas — não para induzir o cão a erros, mas para ver se consegue usar suas iscas e uma voz animada para mantê-lo totalmente concentrado em você.

Em semanas posteriores, acrescentaremos distrações, como outro cão ou um ser humano, mas por enquanto não as acrescente intencionalmente. Quero que seu cão experimente o máximo de sucesso possível. Se você estiver fazendo este exercício dentro de casa e se deparar com uma pessoa que quer cumprimentar seu cão, pare de andar, pise na guia e segure o punho junto ao peito para manter o cão quieto. Se ele for capaz de se sentar, peça-lhe que se sente, marque isso e o elogie e recompense. Se ele ainda não se sentar, administre a situação pisando na guia para ele não poder pular enquanto você cumprimenta a pessoa. Pisar na guia permite ao cão se sentar, ficar parado ou se deitar, mas não pular. Diga um breve "olá" e fale calmamente para a pessoa que você precisa se concentrar no treinamento.

Por enquanto é melhor tentar o máximo possível antecipar e evitar distrações.

Exercícios de socialização

MUITOS CÃES SÃO ENTREGUES a abrigos ou organizações de resgate porque não são bem socializados. Frequentemente, isso é mais culpa dos donos do que dos cães. Como donos de cães, temos a responsabilidade de, desde o início, dedicar tempo a tornar nossos cães sociáveis — com pessoas e outros animais. É por isso que, durante esta semana (assim como durante todo o programa de cinco semanas), você deve fazer pelo menos uma sessão de treinamento na presença de outras pessoas e, se seu cão já tiver tomado todas as vacinas, de outros cães. Se você conhece pessoas que têm cães, marque uma data para brincarem juntos dentro ou fora de casa. Se não conhece, peça ao veterinário ou tosador nomes de pessoas com cães bem comportados. Quando seu cão se socializar pela primeira vez com outros cães, você pode desejar escolher aqueles mais ou menos do mesmo tamanho do seu, especialmente com filhotes do tamanho de uma xícara de chá.

> É nossa responsabilidade socializar nossos cães.

Eis um exercício que gosto de fazer quando treino com outra pessoa e o cão dela. Comece permitindo apenas dois minutos de brincadeiras sem guia (dentro de uma área cercada, se for ao ar livre). Então chamem de volta seus respectivos cães. Como seu cão ainda está aprendendo o comando de *chamar de volta*, você pode precisar interromper fisicamente a brincadeira se aproximando dele e o atraindo com o sinal da mão que praticamos: encoste o petisco no focinho e depois no seu joelho. Passe pelo menos dez segundos elogiando seu cão e dedique alguns instantes a praticar o comando para *sentar*. Dê-lhe o petisco e depois o solte para outra rodada de brincadeiras. É importante que você interrompa a brincadeira por três motivos: 1) para ajudar o cão a vir quando você o chamar de volta, 2) para ensinar ao cão que chamar de volta não significa o fim da brincadeira, e 3) para lembrar o cão de que precisa se concentrar principalmente em você. Faça quatro rodadas deste exercício de brincar e chamar de volta. Ele pode ser feito com cães de todas as idades, embora os filhotes geralmente o aprendam mais rapidamente do que cães mais velhos não treinados. Se seu cão não aprender bem com essas rodadas de brincadeiras, talvez você precise contar um pouco com a capacidade de seu parceiro de atrair (ou pelo menos distrair) o outro cão, e depois ficar entre os cães para atrair o seu.

Se no final dessas quatro rodadas os cães parecerem querer continuar a brincar, experimente outra atividade, como treinar seus respectivos cães perto um do outro. Mas não force o companheiro de brincadeiras a ir além do que ele se sente confortável, e tente terminar com uma nota positiva, idealmente com os dois cães (e os dois donos) querendo brincar de novo na próxima vez.

Alguns comandos sobre estar perto de outros cães: durante esses breves períodos de brincadeiras sem guia, observe se seu filhote se esconde ou demonstra agressividade. Se ele precisar ficar longe do outro cão, não o pegue no colo ou o ensinará a querer pular quando sentir desconforto ou desejo de ser salvo, o que poderia torná-lo mais medroso. Em vez disso, deixe-o ir para entre suas pernas se ele se sentir mais confortável aí, e depois faça o outro dono redirecionar a atenção do cão dele (idealmente, atraindo-o e depois fazendo-o se sentar para se reconcentrar). Neste estágio, recomendo cautela ao levar seu cão a um parque para cães, sobre o qual falarei mais no Capítulo 12. Se seu cão veio de outro lar, você provavelmente desejará socializá-lo por períodos menores enquanto descobre sua zona de conforto, seus desencadeadores de comportamentos e problemas.

O.K., a aula terminou. Lembre-se de tornar seu dever de casa divertido.

Orientação para o dever de casa

NO CAPÍTULO 9, DETALHEI 26 atividades e jogos destinados a ajudar você e seu cão a se divertir enquanto dominam as lições em cada capítulo. Sugiro firmemente que você passe pelo menos dez minutos por dia realizando algumas dessas atividades e jogos, e indiquei quais são melhores para cada semana de treinamento. Também é bom variar os jogos quando seu cão não é bem-sucedido no comportamento que você está tentando lhe ensinar.

Por que fazer seu dever de casa é tão importante? Ao treinar seu cão, você se engaja em um processo chamado condicionamento — modifica o comportamento natural do cão para que ele faça o que deseja. Dizendo isso de uma maneira simples, condicionamento significa aprendizado por meio de associação. Quanto mais repetições você fizer, seguidas de uma recompensa, mais o cão esperará a próxima repetição que lhe trará a mesma recompensa. Com o tempo, ele ficará totalmente condicionado: executará perfeitamente cada comando (cada comportamento) sem um petisco ou outra recompensa. Mas isso só acontecerá se *você* lhe dedicar tempo e esforço.

Como eu já disse, os cães aprendem melhor com muitas pequenas lições do que com uma longa, e você pode transformar 60 segundos em uma pequena lição. Muitas lições curtas durante todo o dia ajudarão a manter o cão sempre aprendendo.

Nesta semana, quando você começar a fazer seu dever de casa, quero que se concentre na diversão. Celebre os sucessos, ria dos fracassos. Seu cão adora se divertir e ficará mais confiante quando estiver se divertindo com você. Divirta-se em sua Primeira Semana, e essa mesma diversão o acompanhará durante todo este curso. Em minhas aulas, frequentemente me refiro ao dever de casa como "dever de diversão", especialmente quando há crianças presentes. Quando uma criança me ouve dizer "dever de casa", posso ver o entusiasmo dela murchar mais rápido do que um balão furado, e depois voltar quando digo que, na verdade, esse é um dever de diversão. Nesta semana, gostaria que você levasse essa atitude para o dever de casa.

Atividades e jogos recomendados

Acrescente variedade e diversão à experiência de treinamento jogando estes jogos (veja detalhes no Capítulo 9):

- ▶ Jogo do Nome
- ▶ Exercício de contato visual
- ▶ Siga a Isca
- ▶ Visita em casa
- ▶ Brincadeira supervisionada: encontre um parceiro de treinamento
- ▶ Passe o Cachorrinho e Esconde-Esconde enfatizam a inibição de mordida, o manuseio e a gentileza (presumindo-se que o cão não tenha nenhum problema comportamental grave)
- ▶ Exercícios de "ai": explore a boca, conte os dentes e os dedos da pata do cão

SEMANA 1

DIÁRIO DE TREINAMENTO PARA _____ DIA _____

HABILIDADE	PROGRESSO	NOTAS
USANDO PETISCOS COMO ISCAS. Pratique atrair seu cão com petiscos.		
ATRAINDO PARA SENTAR. Encoste o petisco no focinho do cão, erga-o (a anca abaixa), marque, elogie, toque-lhe a coleira e por último dê o petisco.		
ATRAINDO PARA VOLTAR, PARTE UM. Dê dois ou três passos para trás, atraia o cão. Marque, elogie, toque-lhe a coleira e por último dê o petisco. Extra: se o cão já se sentar, acrescente uma sentada antes do petisco. Seja animado e alegre quando atrair o cão.		
EXERCÍCIO DE CONTATO VISUAL. Encoste o petisco no focinho do cão e depois o traga para seus olhos. Quando o cão olhar de novo para você, marque, atraia e recomece.		
CAMINHADAS: "PARADO". Quando seu cão puxar a guia, pare e segure-a firmemente junto a seu corpo. Quando ele olhar de volta para você, marque, atraia-o e recomece.		
GUIA PRESA AO CINTO. Em casa.		
DAR COMIDA COM A MÃO. Dê todas as refeições com a mão da tigela do cão. Seu cão vê que você é o provedor de alimento.		
TREINAMENTO PARA FICAR NA CAIXA DE TRANSPORTE. Ensine o cão a adorar sua caixa. Muitos petiscos e refeições dentro e ao redor da caixa.		
TREINAMENTO PARA FAZER AS NECESSIDADES FISIOLÓGICAS NO LUGAR CERTO. Observe o *input* (refeições e petiscos) e *output* (hora de fazer as necessidades). Note os acidentes.		
INIBIÇÃO DE MORDIDA, MANUSEIO E GENTILEZA. Exercício de "ai". Muito manuseio gentil. Toque as patas e todo o corpo do cão.		
ESCOLHA UMA ATIVIDADE/UM JOGO.		
ESCOLHA UMA EXPERIÊNCIA DE SOCIALIZAÇÃO.		

Para baixar gratuitamente o diário de treinamento, visite lovethatdogbook.com.

CAPÍTULO 5

Segunda Semana: treinamento na vida diária

NESTA SEMANA, E em cada semana subsequente, nós nos basearemos nas habilidades que seu cão aprendeu na semana anterior. Se ele não conseguir acompanhar nenhuma das lições, não faz mal. Isto não visa a lhe dar uma nota ou compará-lo com outros cães. Visa a ajudá-lo a ter uma ótima vida com você. Siga o ritmo que for melhor

O programa desta semana se baseia nas habilidades que seu cão aprendeu na semana anterior. Depois de praticar andar com a guia presa ao seu cinto e o comando "sente", você apresentará ao seu cão o conceito de grande prêmio: a maior recompensa. Irei lhe mostrar como começar a dar um comando ao seu cão sem a promessa de recompensas, e como acrescentar um componente verbal ao comando de chamar de volta. Você também o atrairá para uma posição sentada e o ensinará a estar pronto para outra posição a uma deixa verbal. O dever de casa incluirá mais jogos e atividades de treinamento, além de escrever no seu diário.

para ele. Se isso significar ter que passar muito tempo nesta semana revendo os exercícios da semana anterior, faça isso. Em minhas aulas, sempre tenho cães que não conseguem seguir certos comandos na semana em que os ensino. Lembro aos seus donos para continuar a ajudá-los a ser bem-sucedidos, não puni-los duramente, e permanecer comprometidos com os exercícios — seus cães *entenderão* isso. Acredite em mim.

Nesta semana começaremos a integrar as experiências de treinamento do cão à vida diária dele. Por exemplo, os exercícios de andar com a guia presa ao seu cinto o prepararão para antecipar sua linguagem corporal durante caminhadas. Também continuaremos a trabalhar com o comando para *chamar de volta* e começaremos a ensinar a posição *deitada*.

Guia presa ao cinto

VAMOS COMEÇAR COM UM exercício rápido e simples de prender a guia ao cinto que você pode fazer durante cinco a dez minutos todos os dias — você o achará uma boa pausa entre exercícios mais difíceis. Comece prendendo a guia do cão ao seu cinto (veja a página 49) e tenha alguns petiscos à mão. Mova-se ao redor, acrescentando algumas distrações ao longo do caminho. Se o treinamento for dentro de sua casa, caminhe ao redor de mesas e cadeiras, entre em vários cômodos, sente-se, veja TV e converse pelo telefone. Realize alguns atos simples como encher a tigela de água do cão, tocar na parte interna da caixa de transporte enquanto a circunda, estender a mão para dentro da caixa e tocar no colchão (arrumar ou afofar a cama do cão). Se o treinamento for ao ar livre, mova-se ao redor de uma pequena área de um modo um pouco aleatório. Leve para fora alguns objetos (como uma escova, um brinquedo ou uma toalha), ponha um objeto no chão e se afaste, ponha outro objeto no chão e mais outro, depois os pegue e remova em uma ordem diferente. Ao fazer este

INIBIÇÃO DE MORDIDA, MANUSEIO E GENTILEZA

Nesta semana não introduziremos novos exercícios de inibição de mordida, por isso, por favor, continue a praticar os que aprendemos no Capítulo 3 (página 65). Depois de explorar a boca, massagear a gengiva e contar os dentes do seu cão, ou qualquer outra coisa para a qual ele esteja pronto, anote no diário o progresso dele em relação a ter uma boca mais macia e gentil. Esteja preparado para levar pelo menos algumas mordidas em sua mão — lembre-se de que Merit, meu flat-coated retriever, demorou 45 dias para parar de morder com força. Na próxima semana, levaremos a inibição de mordida para um novo nível introduzindo os comandos *fora* e *pegue isso*.

exercício, note sempre que o cão olhar para você, marque isso dizendo "muito bem", toque-lhe a coleira, acaricie-o por um momento e o recompense com um petisco.

Quando você se mover, não tente enganar seu cão com viradas abruptas. De fato, tente lhe dar comandos do seu próximo movimento arrastando os pés ao se virar, inclinando-se um pouco para baixo, balançando os braços suavemente ou batendo palmas de leve. Quanto mais sucesso (e recompensas) seu cão obtiver, mais ele desejará repetir o comportamento.

Quero lembrá-lo de alguns motivos gerais para prender a guia ao seu cinto apresentados no Capítulo 3. Isso literalmente mantém o cão próximo, ajudando-o a aprender sua linguagem corporal quando você se vira, muda de velocidade, para e recomeça. Preso a você, ele aprende, com a prática, a lhe prestar atenção e caminhar em seu ritmo. E vice-versa — *você* aprende a antecipar a linguagem corporal *dele*: como o cão começa a se afastar e explorar algo ou tenta ir na direção de um cômodo ou objeto proibido. Se ele se comportar mal de alguma maneira — digamos, se começar a se aventurar na direção de algo proibido (talvez aquele sofá especial) ou a fazer as necessidades fisiológicas dentro de casa —, você estará tão perto que poderá imediatamente direcioná-lo para parar de puxar, largar contrabando ou se afastar de um local ou objeto proibido.

Sentar: o sistema de recompensas da vida real de seu cão

QUERO QUE VOCÊ COMECE a pedir ao seu cão que se sente para tudo, inclusive para as refeições. Como esta semana você ainda está lhe dando comida com a mão, peça-lhe para se sentar antes de cada porção de alimento que lhe oferecer. Depois que o cão se sentar, poderá se levantar para comer, desde que não pule sobre você ou sua mão. Quando ele terminar cada porção, peça-lhe para se sentar antes de alimentá-lo de novo. Lembre-se de fazer este exercício em lugares diferentes, inclusive na caixa de transporte, se o treinamento para ficar nela tiver chegado a esse nível.

Pedir ao cão para se sentar para tudo (e não apenas durante um exercício de treinamento) é o que eu chamo de sistema de recompensas da vida real — um modo de ensinar ao cão durante todo o dia a importância do significado de *sentar*. O cão entenderá que quando se senta obtém uma recompensa: brincar com o brinquedo que você está lhe mostrando, comer o alimento na tigela que você está segurando ou passar pela porta que você está pronto para abrir. Também entenderá que quando não se senta recebe uma punição: não ganha o brinquedo, não come o alimento ou não passa pela porta. Como começamos a aprender na semana passada, *sente* é a posição de prontidão do cachorro, e deveria ser o modo de ele dizer: "Por favor, posso?" Além disso, você deve generalizar o comando treinando seu cão em vários locais e ao sair para caminhadas.

Lembre-se de que ainda não introduzimos o comando verbal para *sentar*. Muitos alunos se esquecem constantemente disto: eles realmente têm que se concentrar em não usar o comando verbal neste estágio. O mesmo vale para você: quanto mais fizer seu dever de casa, mais natural se tornará para você neste estágio usar apenas o movimento de atrair para *sentar*. Mais tarde introduziremos o comando verbal.

Retirando recompensas: psicologia do caça-níqueis e do grande prêmio

QUANDO VOCÊ ALCANÇAR O porcentual de 80% de *sentadas* automáticas, o que significa que seu cão responde ao comando de se sentar oito em dez vezes, pare de recompensá-lo com um petisco no final de cada sucesso. Algo interessante acontece quando você começa a retirar recompensas que seu cão passou a esperar: ele se esforça mais para obter a recompensa, o que o mantém interessado no treinamento.

A retirada de alguns dos petiscos usa o que eu chamo de "psicologia do caça-níqueis". Pergunte-se: por que os seres humanos jogam? Porque sabem que há a possibilidade de uma recompensa, mas apreciam a incerteza de não saber se ou quando ela virá. O mesmo vale para seu cão. Os behavioristas descobriram que quando um cão adquire uma habilidade (primeiro estágio do aprendizado), o modo mais eficaz de reforçá-la para que se torne um comportamento de "sempre" (quarto estágio do aprendizado) é usando recompensas imprevisíveis e fortuitas. Foi sobre isso que o psicólogo Edward Thorndike falou uns cem anos atrás em sua teoria do aprendizado por meio de tentativa e erro (agora uma base da psicologia behaviorista moderna). Ao serem recompensados, os cães tentam descobrir como obter essa recompensa de novo. E *você* é o caça-níqueis do cão.

SEGUNDA SEMANA: TREINAMENTO NA VIDA DIÁRIA 95

Um componente importante desta técnica é uma recompensa chamada grande prêmio — uma fonte de riqueza para os filhotes. Em vez de recompensar seu cão com um petisco, você lhe dá entre sete e dez, um de cada vez. (Isso parecerá uma recompensa muito maior do que se ele comer todos de uma só vez.) Diga "muito bem" com um entusiasmo extra sempre que lhe der uma parte do grande prêmio. Ganhar o grande prêmio aumentará a curiosidade, a autoconfiança e o prazer do cão com o treinamento. Obter dez recompensas é divertido!

Deixe-me ilustrar com um exemplo de como isso funciona. Imagine a primeira vez em que seu cão se sentar mesmo quando sua isca mal se moveu acima do focinho dele. Isso significa que o cão provavelmente entende que seu movimento com a mão está lhe pedindo para se sentar. Agora, *isso* vale um grande prêmio. É claro que ele pode ter se sentado por acaso, mas não importa. Se ele se sentar um pouco mais rápido na próxima tentativa após o primeiro prêmio, gosto de lhe dar outro prêmio menor (alguns petiscos extras oferecidos um de cada vez). Eis o que o cão pode pensar depois de dois prêmios seguidos: "Aquele primeiro prêmio pode ter sido por acaso, mas talvez o segundo tenha sido mais do que uma coincidência; possivelmente houve uma correlação entre eu me sentar e aquela comida gostosa." Certo, seu cão não está pensando com esse vocabulário, mas psicólogos como Thorndike, Ivan Pavlov, B. F. Skinner e outros constataram que os cães gostam de descobrir a causa de seus sucessos e como ganhar repetidamente recompensas.

Não é incomum a taxa de sucesso de um cão cair depois de um grande prêmio; a própria empolgação dele pode distraí-lo e fazê-lo perder o foco. Tudo bem. Provavelmente a queda será temporária. Contudo, se a taxa de sucesso cair abaixo do porcentual de 80% após um comportamento ter sido aprendido, isso pode significar que o cão está entediado ou temporariamente cansado, e precisa passar para outra atividade, como um divertido Esconde-Esconde (página 66) ou uma das outras atividades em que ele já é bem-sucedido.

À medida que seu cão for continuando a aprender bem cada comando, vá retirando as recompensas. Quando o cão dominar perfeitamente um comando (o que pode demorar várias semanas, portanto seja paciente), você terá retirado totalmente as recompensas para ele. Esse estágio de domínio perfeito foi apresentado como o quarto estágio do aprendizado: assiduidade. Quando você retirar as recompensas para um comando, é importante iniciar outro com recompensas para que seu cão permaneça interessado no treinamento. Essa técnica aumenta o desejo de aprendizado permanente.

SENTAR: O SINAL COM A MÃO

Note nas imagens a seguir que o sinal com a mão para *sentar* é parecido com o movimento para atrair em que você segura um petisco. Comece a usar o sinal com a mão (sem a isca) quando seu cão demonstrar fluência em se sentar mediante o uso da isca.

FAÇA SEU CÃO SE CONCENTRAR
Ponha sua mão em concha como se você estivesse segurando um petisco. Talvez você tenha que se curvar um pouco para "vender" essa ilusão ao seu cão. Após repetições suficientes, poderá começar com a mão aberta (não em concha).

FAÇA O SINAL COM A MÃO
Erga a mão como você fazia ao segurar um petisco. Quando o cão se sentar, marque isso, elogie-o, e depois lhe dê o petisco com a outra mão (não em concha). Quando seu cão se tornar fluente nisso, abra a mão que estava em concha.

Modificando o sinal com a mão para sentar: da isca para o comando

QUANDO SEU CÃO ESTÁ no segundo estágio do aprendizado (automático) do comando para *sentar*, e você começou a introduzir as técnicas do caça-níqueis de retirada de recompensas e oferecimento de grandes prêmios, é hora de transformar o movimento para atrair em um sinal com a mão. Isso lhe permite mandar seu cão se sentar quando você está um pouco longe dele.

Note nas fotografias anteriores que a posição inicial da mão é a mesma no movimento para atrair e no comando modificado: a mão fica virada para cima e as pontas dos dedos seguram um petisco. Embora você tenha começado a retirar petiscos, volte a usá-los quando ensinar esta (ou qualquer outra) nova habilidade. O modo de ensinar a seu cão esse sinal modificado é pôr sua mão na posição inicial, depois erguer as pontas dos dedos logo acima do focinho do cão e a seguir lenta e deliberadamente para o ar. No momento em que a anca do cão tocar o chão, pare de fazer o sinal, marque isso, elogie-o, toque-lhe a coleira e por último lhe dê o petisco. Se ele responder bem a esse comando na primeira tentativa, isso valerá um grande prêmio. A rapidez com que o cão segue o comando modificado torna-se o novo patamar em que você erguerá sua mão na próxima repetição.

Comando para sentar: retirando recompensas

EM SEGUIDA, VEM UM grande passo do aprendizado: seu cão se sentará ao sinal com a mão quando você *não* estiver com um petisco na ponta dos dedos? Comece este passo pondo um petisco na mão com que fizer o sinal e um petisco na outra. Tente fazer o sinal como você fez anteriormente, encostando as pontas dos dedos de leve no focinho do cão e depois erguendo a mão acima do focinho devagar e suavemente. Marque o momento em que a anca tocar o chão dizendo "muito bem", elogie o cão, toque-lhe a coleira e finalmente o recompense com o petisco na mão que usou para fazer o sinal e com o petisco na outra mão. Você também pode pôr alguns petiscos em sua mão para antecipar o primeiro grande prêmio. Se o cão não for bem-sucedido, tudo bem. Apenas tente de novo. Se ele não for bem-sucedido na próxima tentativa, volte a segurar o petisco nas pontas dos dedos durante mais algumas repetições antes de tentar este passo de novo. Você pode ajudar o cão a ganhar seu próximo grande prêmio repetindo algumas vezes o passo que ele já conhece antes de voltar a tentar este novo.

Quando seu cão for bem-sucedido umas cinco vezes neste passo, na próxima repetição não ponha um petisco na mão com que faz o sinal; em vez disso, ponha um grande prêmio na outra mão. Se o cão se sentar ao gesto, marque isso, elogie-o, toque-lhe a coleira e finalmente dê o grande prêmio. Continue assim por mais algumas repetições e depois introduza o caça-níqueis: torne as recompensas imprevisíveis.

Para evitar o tédio, acrescente momentos de diversão à fase do aprendizado trabalhando nos outros comportamentos que o cão conhece, ou experimente atirar uma bola ou um brinquedo, ou simplesmente acariciar o cão. Esses breves intervalos para brincadeiras mantêm você e seu cão no espírito de aprendizado. Além disso, lembre-se de generalizar para locais diferentes. Quando seu cão se acostumar com isso, experimente locais com um pouco mais de distrações

— que tal uma *sentada* fortuita durante uma caminhada? Pouco a pouco, o cão reconhecerá a posição inicial da mão e observará cada movimento seu. Quando você continuar a recompensar os sucessos do cão com petiscos, intervalos para brincadeiras, jogos e afeto, provavelmente descobrirá que ele ganhou confiança e está começando a exibir comportamentos que você nem mesmo pediu, como dar a pata ou trazer um brinquedo para você. Quando isso acontecer, agradeça ao cão com toda a empolgação de quem acabou de ganhar na loteria e lhe dê um grande prêmio.

Chamar de volta: atraindo a distância e acrescentando o comando verbal

NA SEMANA PASSADA, APRENDEMOS o final do importante comando para *chamar de volta*: aquele momento em que o cão chega na sua frente. Esta semana, aprenderemos todo o comando aumentando a distância de onde o cão volta e ainda mantendo uma *sentada* no final. Comece no patamar atual de distância do seu cão, seja três passos com uma *sentada* ou um passo sem uma *sentada*. Se o cão ainda não se sentar ao voltar, quero que essa habilidade seja adquirida antes de você aumentar a distância. Você pode precisar adaptar as técnicas do exercício de *chamar de volta* da semana anterior, como começando com o exercício de *sentar* e depois, quando essa habilidade for adquirida (primeiro estágio do aprendizado), acrescentando meio passo. Inclua pequenas generalizações, como andar meio passo para o lado. Então aumente gradualmente a distância, mesmo se for apenas centímetros de cada vez.

Quando seu cão adquirir a habilidade de *voltar* de uma distância de três passos e *sentar*, você poderá fazer este exercício com um parceiro. Recomendo fazê-lo dentro de casa, idealmente em um corredor bem iluminado e com todas as portas fechadas. Isso evitará que seu cão se distraia demais e o ajudará a permanecer concentrado em você.

Seu parceiro segurará o cão pela guia. Mostre-se muito animado quando encostar um petisco no focinho do cão, provocá-lo por um momento sem lhe dar o petisco e depois se virar e se afastar rapidamente alguns centímetros. Pare e se vire para o cão. Se ele puxar a coleira, isso significará que está prestando atenção em você! Neste caso, eu recomendo que seu parceiro o segure gentilmente no lugar; você não

SOBRE COMANDOS VERBAIS

Como *venha aqui* é o primeiro comando verbal que seu cão aprenderá neste programa de treinamento, vamos examinar por um minuto todo o conceito de comandos verbais. Se eu estivesse chamando Brieo, diria com uma voz alegre: "Brieo, venha aqui!" O tom não seria autoritário, mas animado e divertido. Prefiro as palavras *venha aqui* a um simples *venha*, porque a palavra *aqui* ajuda sua voz a parecer animada e feliz enquanto a palavra *venha* pode parecer muito autoritária.

Acrescente o nome do seu cão ao início de qualquer comando positivo (inclusive para *chamar de volta* e *sentar*), mas lembre-se de não acrescentá-lo quando for um comando negativo ou de limite (como para ficar longe da mobília). Além disso, diga o comando apenas uma vez. Por exemplo, não diga "Venha aqui, Brieo, venha aqui, venha" ou "Sente-sente-sente" mesmo se o cão não se sentar.

Repetir um comando pode causar o que os behavioristas chamam de irrelevância aprendida: quando repetimos um comando (para sentar, por exemplo), nosso cão aprende que a primeira vez que dizemos "sente" é irrelevante, e que ele precisa esperar até dizermos a palavra cinco vezes seguidas e em certo tom para se sentar. Não ensine acidentalmente seu cão a pensar que os sons que saem de sua boca são irrelevantes. Por isso, é muito importante prestar atenção aos seus comandos verbais, dizendo-os consistentemente apenas uma vez e sempre no mesmo tom de voz. Se seu cão não entender o comando, simplesmente se vire e recomece com a isca. Quando o cão for bem-sucedido, lembre-se de marcar isso e recompensá-lo.

---

deseja que o cão puxe com força (o que poderia machucar o pescoço dele) ou aprenda um mau hábito. Agora você acrescentará um comando verbal. Ao se virar, diga alegremente o nome do cão e acrescente em um tom animado "Venha aqui!". Neste ponto, seu parceiro soltará a guia.

Faça tudo que puder para atrair seu cão para você: agache-se (ou até mesmo se ajoelhe no chão se ele for um filhote ou de pequeno porte), bata palmas (não alto se seu cão se assustar facilmente) e o atraia para chegar bem na sua frente (não do seu lado, mas bem de frente para seus joelhos). Quando ele chegar, diga-lhe para *sentar*. Quando a anca tocar o chão, elogie-o com animação extra, toque-lhe a coleira e lhe dê o petisco. Chamo este exercício de Chamada de Volta de Lassie, em homenagem ao programa de TV, porque Timmy acariciava e elogiava Lassie sempre que ela voltava após estar perdida.

Se seu cão for bem-sucedido nessa distância, aumente-a na próxima repetição; se não for, encurte-a um pouco. Em repetições subsequentes, faça mudanças: sente-se, agache-se, fique em pé, troque o lado do corredor ou vá para outro ponto enquanto atrai seu cão para você.

COMANDO PARA DEITAR

Comece ensinando o cão a deitar atraindo-o depois de uma *sentada*. Continue a praticar com uma isca até ele se tornar fluente. Ainda não use um comando verbal.

① COMECE COM O CÃO SENTADO

Com o cão sentado, deixe-o cheirar a isca. Depois vire a palma da mão para baixo e deslize a isca para baixo do peito do cão.

② MARQUE CADA SUCESSO

Mova sua mão suavemente na direção do chão, ficando perto do corpo do animal. Quando a barriga e os cotovelos encostarem no chão, marque o sucesso (diga "muito bem").

③ ELOGIE E DÊ O PETISCO POR ÚLTIMO

Toque a coleira do cão quando disser o nome dele e finalmente o deixe comer o petisco.

Se o cão não estiver vindo imediatamente quando você o chama, experimente estas técnicas:

▶ Enquanto seu parceiro segura a guia, corra para trás e para a frente entre seu cão e o ponto, fazendo sons e movimentos divertidos. A cada vez que você voltar para seu cão, encoste o petisco gentilmente no focinho dele para que possa cheirá-lo.

▶ Experimente correr com seu cão para o destino, depois o faça *sentar* e lhe dê um petisco.

▶ Peça ao seu parceiro para soltar a guia quando você começar a correr para longe. Isso se chama *chamada para caçar*, porque o cão tentará alcançá-lo. As *chamadas para caçar* são divertidas para a maioria dos cães, aumentando o desejo do cão de alcançar você e vir quando chamado.

Deitar: atraindo o cão para deitar

SE ALGUM DIA VOCÊ precisar controlar seu cão em uma situação de segurança urgente, como evitar um cão agressivo ou uma distração que deixa seu cão receoso ou muito agitado, ficará grato pelo fato de o comando *deitar* ser parte do repertório dele. *Deitar* também será um comando básico quando você chegar a *calma* e *relaxe*, que aprenderá na Quarta Semana.

SEGUNDA SEMANA: TREINAMENTO NA VIDA DIÁRIA

Com seu cão na posição *sentada*, segure a isca na ponta dos dedos com a palma da mão virada para baixo. Deslize a isca na direção do peito do cão. Pouco antes de tocar no peito dele, leve a isca direto para o chão, ficando perto do animal. Se ele se deitar, marque isso (diga "muito bem"), elogie-o, toque-lhe a coleira e o recompense com o petisco... e agradeça aos céus, porque seu cão já está prestes a dominar o comando para *deitar*. Faça várias repetições e comece a generalizar dando um passo para o lado, virando-se e indo para um ponto diferente. Em deveres de casa posteriores, generalize para espaços diferentes. Se o cão realmente aprender rápido a *sentar*, comece a transformar seu movimento para atrair em um verdadeiro sinal com a mão encurtando a deslizada pelo peito dele e depois levando a mão com a palma virada para baixo lenta e suavemente para o chão. Lembre-se de lhe dar o grande prêmio e comece a retirar petiscos usando a psicologia do caça-níqueis quando o cão se tornar fluente. Em repetições subsequentes e sessões de treinamento futuras, generalize esse comportamento para vários outros lugares em sua casa e passeios.

Muitos cães precisam de ajuda para aprender a *deitar* porque tendem a se levantar quando a isca é oferecida. Se seu cão se levantar, não se preocupe; ele está tentando descobrir o que você quer que faça. Deixe-o se levantar. Então faça-o voltar a *sentar* e tente de novo. A *deitada* virá com o tempo, paciência e prática.

Outra opção para ajudar o cão a aprender a *deitar* é adaptar o comando usando um passo de aprendizado de desdobramento temporário: sente-se no chão com os joelhos flexionados. Atraia o cão para rastejar por baixo das suas pernas. O único modo de ele conseguir a isca é deitando e rastejando um ou dois passos por baixo das suas pernas. Este passo de desdobramento temporário ajuda o cão a se familiarizar com a posição *deitada*. Alguns cães não se sentem naturalmente confortáveis dcitados porque essa posição pode parecer muito vulnerável, ou não entendem o que você está lhes pedindo para fazer. Quando você for bem-sucedido com essa adaptação de desdobramento temporário, continue a trabalhar nisso repetidamente até perceber que o cão está se tornando mais confortável. Com o desdobramento, você torna mais fácil para o cão descobrir o que quer que ele faça, o que diminui o fracasso, e isso é sempre bom.

Quando o cão se sentir confortável se deitando dessa maneira, comece a atraí-lo para passar por baixo de apenas uma perna. Quando ele conseguir fazer isso, poderá deixar de usar essa perna também. Quando o cão começar a responder mais rapidamente sem ter que rastejar por baixo das suas pernas, isso é um sinal de que ele está entendendo e confia em você para ficar nessa posição vulnerável.

Lembre-se de lhe proporcionar muitas tentativas bem-sucedidas mesmo se você tiver que ir mais devagar do que gostaria. Sua paciência será recompensada.

Soltar: o comando verbal

AGORA VOCÊ QUER DIZER ao seu cão que ele fez um bom trabalho e que está livre para fazer uma pausa no treinamento e ficar sozinho por um tempo. É aí que entra *soltar*. Comece a ensinar o comando enquanto termina de fazer cada exercício e passa para um breve período de brincadeiras combinado com comportamentos que seu cão já conhece bem. Combinar a total liberdade da *soltura* com alguns comandos práticos ajudará a manter o cão concentrado e feliz em fazer ou experimentar praticamente tudo que você pedir. Se você não estiver no fim de uma sessão de treinamento, mas sentir que o cão precisa de uma pausa, limite cada período solto a cerca de um minuto. Se seu cão tiver tempo demais para brincar, poderá perder o foco e se esquecer de você. Se você estiver treinando com um parceiro que também tem um cão, soltem seus cães ao mesmo tempo para eles poderem brincar juntos.

O modo mais simples de ensinar o cão a ficar *solto* é largar a guia — presumindo que você esteja dentro de casa ou em uma área cercada que não lhe permita fugir — e dizer "livre" ou "vá brincar" com uma voz alegre enquanto o acaricia do lado, e depois lhe aponta a área para brincar. A maioria dos cães começará naturalmente a brincar ou perambular até encontrar um companheiro de brincadeiras ou um brinquedo. Acariciá-lo e apontar o faz saber que pode fazer outra coisa agora. Talvez ele associe o comando verbal a isso imediatamente, mas largar a guia e acariciá-lo serve como dica. Finalmente ele também associará o comando verbal e físico de que é hora de brincar.

Aprenderemos mais sobre *soltar* na próxima semana. Mas, por enquanto, a aula terminou. Em outras palavras: "Livre!"

Dever de casa

ESTA SEMANA QUERO QUE você enfatize os princípios básicos que já aprendeu, especialmente quando trabalhar com seu novo parceiro de treinamento e o cão dele, o que poderá distrair muito um cão que está aprendendo. Você também enfatizará os princípios básicos nos exercícios de solução de problemas a seguir. *Sentar* se tornará uma base importante enquanto você agora usa recompensas reais — seu cão deve se sentar para *tudo*.

BRINCADEIRA SUPERVISIONADA. Encontre um parceiro de treinamento.

SOLUÇÃO DE PROBLEMAS

▶ **GUIA PRESA AO CINTO.** Recompense seu cão por se concentrar em você

▶ **DAR COMIDA COM A MÃO** Faça seu cão se sentar para começar a lhe dar comida com a mão.

▶ **INIBIÇÃO DE MORDIDA, MANUSEIO, GENTILEZA.** Pratique para estar pronto para a próxima semana.

▶ **TREINAMENTO PARA FICAR NA CAIXA DE TRANSPORTE.** Aumente o conforto da caixa com alimentação e petiscos.

SENTAR: Atrair para recompensas reais para tudo: refeições, ficar na caixa de transporte, sair, caminhadas, treinamento.

SENTAR: Retirar recompensas e truncar o sinal de mão.

CHAMAR DE VOLTA: Atrair a uma maior distância e com o comando verbal *venha aqui*.

DEITAR: Atrair.

SOLTAR: Comando verbal.

Atividades e jogos recomendados

ALÉM DE REPETIR ALGUNS ou todos os jogos que seu cão já conhece, acrescente estas atividades e estes jogos novos (veja detalhes no Capítulo 9) para aumentar o interesse dele nas surpresas divertidas que você traz.

▶ Que Mão?

▶ Brincadeira supervisionada com *chamar de volta* e *soltar*

▶ Ir e Vir com um parceiro: pratique *sentar* e *deitar*

DIÁRIO DE TREINAMENTO PARA _____ DIA _____

HABILIDADE	PROGRESSO	NOTAS
SISTEMA DE RECOMPENSAS REAL. Dê o comando para seu cão se sentar para tudo, inclusive refeições, no início de caminhadas e treinamento, antes de entrar e sair da caixa de transporte e brincar.		
SENTAR: SINAL COM A MÃO, DA ISCA PARA COMANDO. Tente aumentar a rapidez da resposta ao sinal com a mão (comando visual) sem causar fracasso.		
SENTAR: RETIRANDO PETISCOS. Ponha os petiscos em sua outra mão enquanto dá o comando para *sentar*. Então retire os petiscos devagar usando técnicas de caça-níqueis.		
CHAMAR DE VOLTA: AUMENTAR A DISTÂNCIA, ACRESCENTAR COMANDO VERBAL. Acrescente *sente* no fim da chamada de volta. Aumente a distância um passo de cada vez. Acrescente o comando verbal/visual: "[Nome do cão]! Venha aqui!"		
ATRAINDO PARA DEITAR. Comece a partir da posição sentada. Deslize o petisco na direção do peito do cão e depois o atraia para baixo. Quando o cão começar a *deitar*, marque isso, elogie-o, toque-lhe a coleira e por último lhe dê o petisco.		
SOLTAR: COMANDO VERBAL. Largue a guia do cão, aponte para o brinquedo ou o companheiro de brincadeiras enquanto diz "livre" ou "vá brincar". Certifique-se de que você está em uma área fechada/cercada.		
GUIA PRESA AO CINTO. Em casa, acrescente um padrão de caminhada casual. Ajude o cão a antecipar seus movimentos com sua própria linguagem corporal e gestos.		
TREINAMENTO PARA FICAR NA CAIXA DE TRANSPORTE & DAR COMIDA COM A MÃO. Ensine o cão a adorar a caixa de transporte. Dê-lhe todas as refeições com a mão dentro e ao redor da caixa.		
TREINAMENTO PARA FAZER AS NECESSIDADES FISIOLÓGICAS NO LUGAR CERTO. Observe o *input* (refeições e petiscos) e o *output* (hora de fazer as necessidades). Anote os acidentes.		
INIBIÇÃO DE MORDIDA, MANUSEIO E GENTILEZA. Exercício de "ai" enquanto você explora a boca do cão. Muito manuseio gentil. Toque as patas e todo o corpo do cão.		
ESCOLHA UMA ATIVIDADE/UM JOGO		
ESCOLHA UMA EXPERIÊNCIA DE SOCIALIZAÇÃO		

Para baixar gratuitamente o diário de treinamento, visite lovethatdogbook.com.

CAPÍTULO 6

Terceira Semana: passando para os comandos verbais

ESPERO QUE VOCÊ já esteja vendo algum progresso: que suas sessões de treinamento semanais, suas atividades de diversão e suas repetições diárias de *sente, venha aqui* e *deite* estejam começando a ser recompensadas. Contudo, você e seu cão também podem estar se sentindo totalmente perdidos. Isso não é incomum nos primeiros estágios do treinamento do cão; não desista! Persista neste programa e sua recompensa virá. Vejo repetidamente muitos cães "entenderem isso" pela primeira vez no final da semana. Examine seu diário de treinamento e tenho certeza de que descobrirá pequenas melhoras que talvez não tenha notado: momentos de reação um pouco

Agora que seu cão está se familiarizando com os sinais de mão, você pode começar a acrescentar o componente de voz a alguns de seus comandos, inclusive para *sentar, chamar de volta* e *soltar*. Depois você aprenderá sobre Flexões de Cachorrinho, Biscoito Sente-Fique e a primeira fase da troca Fora e Pegue Isto. No final do capítulo, eu lhe apresentarei o comando informal do calcanhar, um exercício de caminhada, e como lidar com um problema comum no passeio: puxadas. Reveja os jogos e exercícios de treinamento deste capítulo e de capítulos anteriores e, como sempre, registre seu progresso no diário.

mais rápida, porcentagens maiores de tentativas acertadas ou maior generalização. É importante que você reconheça esses pequenos sucessos — eles são suas recompensas por fazer os exercícios consistente e pacientemente. Se você estiver se sentindo sobrecarregado, lembre-se de que sempre pode dividir um comportamento em partes menores para juntar em um comando completo quando você e seu cão se sentirem prontos.

> **Lembre-se de reconhecer os pequenos sucessos.**

Esta semana, continuaremos a nos basear no que aprendemos. Começaremos a combinar *sentar* com *chamar de volta* e acrescentar *soltar*. Seu cão aprenderá a alternar *sentar* e *deitar* fazendo Flexões de Cachorrinho. Trabalharemos para tornar a caminhada mais controlada enquanto vocês aprendem a mudar de direção e caminhar lado a lado em uma formação informal de calcanhar. Você também aprenderá dois novos comandos: *biscoito para sentadas rápidas* e a troca *fora e pegue isto*.

Esta semana você também acrescentará comandos verbais a sinais com a mão. Até mesmo quando acrescentar o comando verbal, quero que mantenha o sinal com a mão para que o cão continue a se concentrar em você. Nós estamos apenas dando nome ao comando, não substituindo o sinal com a mão. Para um maior esclarecimento: só acrescente o comando verbal se o cão já estiver fluente a reagir aos sinais com a mão. Se ele não conseguir fazer isso, seja paciente e continue a praticar antes de acrescentar qualquer comando verbal. Garanto que o cão o entenderá.

Solução de problemas: puxar a guia

S E O CÃO JÁ parou de puxar a guia, isso é uma ótima notícia (e uma grande sorte sua). Mas meu palpite é que as habilidades do cão de caminhar com a guia ainda estão inconsistentes e provavelmente você está ansioso por dar uma "caminhada de verdade" sem que ele a puxe. Também acho que você cedeu à exigência do cão e lhe permitiu puxá-la um pouco durante algum tempo. Não o culpo. Dar um passeio é um dos prazeres simples de se ter um cão, e conheço a frustração de precisar gastar tempo se concentrando no treinamento em vez de apenas apreciar uma bela caminhada.

Contudo, você deve continuar a ser firme e realizar a atividade "Parado" que aprendeu na Primeira Semana (página 85). Se o cão

TERCEIRA SEMANA: PASSANDO PARA OS COMANDOS VERBAIS

começar a puxar, pare de se mover e espere que ele se reconcentre em você. Quando ele se virar para olhá-lo, marque isso dizendo "muito bem" e o atraia enquanto recua até ele voltar para você. Então o faça sentar para receber sua recompensa. Depois você pode recomeçar a caminhar. Enquanto o cão está aprendendo, todas as caminhadas começam com uma sentada e um petisco. Neste momento o tempo de caminhada é para ensinar ao cão que o único modo de ele passear com você é estar com a guia frouxa. Permitir-lhe puxá-lo só o recompensa por fazer isso.

Quando você se acostumar com os comportamentos do cão durante a caminhada, também deve tentar prever quando ele está prestes a puxar a guia a fim de poder atraí-lo para se virar e andar em uma nova direção com você. Seu primeiro indício de que o cão está prestes a puxar a guia é ele perder o foco em você. O segundo indício é quando ele começa a andar muito na sua frente ou se vira em uma direção da escolha *dele*. Quando você prever isso e o atrair em sua própria nova direção, ele se reconcentrará em você, mesmo se apenas por alguns segundos. Esse exercício o ajudará a se acostumar a manter a concentração em você mesmo em um ambiente repleto de distrações. Jogue um jogo consigo mesmo: veja com que frequência consegue prever e redirecionar o foco do cão antes de ele realmente começar a puxar. Quando voltar para casa, anote esses resultados em seu diário de treinamento e veja que técnicas funcionam melhor para seu cão: "Parado", atrair ou mudar de direção.

Esta semana, para praticar atrair o cão para seguir sua liderança, quero que jogue o jogo Siga a Isca que aprendeu na Primeira Semana (veja detalhes no Capítulo 9). Adapte o jogo ao tempo de caminhada pondo um petisco na palma da mão do lado em que conduz o cão. Eu caminho com os cães do lado esquerdo, por isso ponho o petisco na mão esquerda. A outra mão segura o punho da guia. Mova a mão com o petisco do lado do cão na direção do focinho para atrair a atenção dele. Permita-lhe cheirar o petisco antes de atraí-lo para seguir você em uma nova direção. Mude frequentemente de direção atraindo-o em círculos e passando por entre obstáculos. Torne isso divertido com rotinas de *começar-parar-sentar-e-virar.* Quando você aprender mais comportamentos e comandos, acrescente-os também.

Provavelmente você precisará de algumas sessões para ensinar seu cão a seguir você e o petisco em vez de os ótimos cheiros e as distrações com que está competindo. Se o cão se distrair demais, tente fazer este exercício dentro de casa ou em um local isolado ao ar livre. Com o passar do tempo, o cão se concentrará mais em você.

Presuma que por enquanto as caminhadas não serão muito mais do que passos elogiados para a frente e para trás deixando, se preciso, um sulco no concreto. Pacientemente, aumente o tempo para trinta segundos de caminhada sem que o cão puxe a guia, mesmo se você tiver que começar com uma caminhada de três segundos antes de usar a técnica "Parado". Se você anotar o progresso em seu diário de treinamento, poderá apreciar ainda mais sua paciência.

Você também pode tentar resolver o problema das puxadas usando certos tipos de coleiras de treinamento, como a coleira-cabresto Gentle Leader ou a peitoral. Sou contra o uso de enforcadores e coleiras com grampos (veja no Capítulo 11, Problemas Comportamentais, insights de como usar coleiras de treinamento com reforço positivo).

Brincadeira supervisionada: combinação de chamar de volta, sentar e soltar

ESTA SEMANA, QUERO QUE você e seu cão se tornem fluentes na combinação *chamar de volta-sentar*, porque estamos nos preparando para acrescentar a essa base mais habilidades, como *ficar*. Você pode fazer isso sozinho ou durante uma atividade de socialização com outro cão. Comece deixando o seu brincar por cerca de um minuto. Então o chame de volta dizendo o nome dele e acrescentando o comando verbal "venha aqui". Usando uma isca, faça-o se sentar à sua frente. Então lhe toque a coleira enquanto o elogia e manuseia e o recompense com o petisco.

Depois vem o comando *soltar* (veja a página 98). Se o cão o reconhecer e partir para outra rodada, está entendendo esse comando. Se permanecer sentado, a boa notícia é que obviamente está se acostumando a permanecer muito concentrado em você, que precisará guiá-lo de volta para brincar. Como você aprendeu na semana passada, faça o cão se sentar, diga "bom cão", acaricie-o gentilmente do lado e aponte para a área de brincadeira enquanto diz "livre" ou "vá brincar". Lembre-se de ser consistente porque, como já sabe, os cães não generalizam muito bem.

Repita essa combinação de *chamar de volta-sentar-soltar* pelo menos quatro vezes em cada sessão de brincadeira supervisionada. A parte *soltar* da combinação é importante porque o cão precisa entender que ser chamado de volta não significa que a hora de brincar acabou. Você deseja que ele associe a chamada de volta com apenas uma parte da experiência de brincadeira e com coisas que ele valoriza, como petiscos, elogios e sua atenção e afeição.

Introduza o comando verbal para sentar combinado com o sinal com a mão

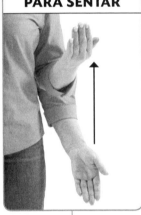

SINAL COM A MÃO PARA SENTAR

O sinal com a mão para *sentar* deve ser muito claro — você o usará muito!

É HORA DE COMBINAR O comando verbal para sentar com o sinal com a mão que você já conhece. Como já foi mencionado, sempre mantenha o sinal com a mão ao acrescentar qualquer comando verbal. É crucial que seu cão continue a se concentrar em você. Tipicamente, as pessoas que usam enforcadores estão tentando ensinar seus cães a contar com comandos verbais e punições físicas para obter a atenção deles e fazê-los seguir seus comandos. Minha opinião? Se seu cão ainda não é fluente no sinal com a mão, espere até que seja.

Para ajudar o cão a se concentrar nessa única palavra, não diga o nome dele. Por exemplo, não diga: "Brieo, sente." Como você está de volta ao primeiro estágio (adquirir uma nova habilidade), não use o caça-níqueis; dê ao cão um petisco a cada tentativa e generalize como fez anteriormente. No momento em que a anca tocar no chão, marque isso com o elogio "boa sentada".

Depois de umas seis a oito repetições como essa, reintroduza o caça-níqueis (lembre-se de que isso significa retirar lentamente petiscos), mas ainda não dê nenhum grande prêmio. A maioria dos cães não regride quando o comando verbal é acrescentado. Se o seu regredir, provavelmente é porque está entediado e você não está tornando isso divertido o suficiente do ponto de vista dele. Para manter o interesse do cão, você pode tentar várias coisas: ir para um local diferente a cada repetição, girar (a maioria dos cães adora isso), pegar a guia e correr alegremente de um lado para o outro para animá-lo antes da próxima repetição ou simplesmente fazer as repetições mais rápido. Você também pode passar para outro exercício que o cão já conheça e aprecie, e após um minuto voltar para este.

Lembre-se de preparar seu cão para o sucesso quando combinar qualquer sinal com a mão com seu comando verbal. Quando ele responder com fluência ao sinal com a mão e ao comando verbal simultaneamente, reintroduza o caça-níqueis para começar a retirar petiscos. É normal que o cão se esforce mais para obter sua recompensa, mas, se começar a perder o foco e fracassar nas tentativas, volte a um comportamento que ele já conheça bem e aprecie. Recompense o cão por isso em um tom positivo, no final da sessão de treinamento, e o anote no diário.

Flexões de Cachorrinho

FLEXÕES DE CACHORRINHO SÃO uma rápida sequência de *sentar, deitar* e *sentar*, seguida da recompensa de um petisco. O objetivo dessas flexões é retirar gradualmente recompensas de alimentos e ao mesmo tempo aumentar a capacidade do cão de se concentrar em você em todos os tipos de ambientes que podem distraí-lo. Meu colega, o Dr. Ian Dunbar, ensinou-me essa técnica uma década atrás, e desde então a uso em minhas aulas. Uso esse exercício sempre que quero meus cães muito concentrados em mim: no parque para cães, na rua, perto de pessoas que eles não conhecem ou enquanto espero no consultório do veterinário. O sucesso nas Flexões de Cachorrinho fornece ao cão um ritual familiar para se concentrar em você em ambientes potencialmente desconfortáveis.

Seu cão está pronto para fazer as Flexões de Cachorrinho se já é fluente nos sinais com a mão para *sentar* e *deitar*. Quando *senta-deita-senta* repetidamente, ele está aprendendo a antecipar que comando você lhe dará a seguir, e responderá mais rápido. Tenha vários petiscos à mão para poder recompensá-lo imediatamente. Quando o cão se tornar fluente nessa prática em ambientes familiares (tendo sido bem-sucedido em pelo menos dez repetições seguidas), comece a fazê-las em ambientes diferentes e menos familiares. Talvez você precise reensinar a sequência de Flexões de Cachorrinho em cada novo ambiente. Mas mesmo se seu cão aprender essa habilidade devagar, em algum ponto subitamente a adquirirá, como se dissesse: "Ah! Essa eu conheço. Estamos em um lugar diferente, mas você sempre quer que eu faça o mesmo." Quando seu cão aprender mais comportamentos, acrescente-os à sequência de Flexões de Cachorrinho. Já fiz Jock, meu border collie, sentar, parar, rolar, dar a pata e seguir o comando "fora" antes de lhe dar seu jantar. Jock adorava isso; os cães adoram obter recompensas.

BISCOITO SENTE-FIQUE

Use o *biscoito sente-fique* para ensinar ao seu cão a se concentrar em você enquanto senta (e fica). Ter a total atenção dele ajudará você a acalmá-lo e controlá-lo durante as distrações. O *biscoito sente-fique* é uma das duas técnicas que você e seu cão aprenderão para parar no momento correto durante este Programa de Treinamento Básico (vire a página para a ficada convencional). É importante aprender as duas técnicas; elas podem salvar vidas.

① ESTABELEÇA CONTATO VISUAL
Encoste o petisco no focinho do cão e depois o traga para seu rosto. Ponha a mão que segura a guia no quadril.

② JOGUE O PETISCO
Jogue o petisco mais ou menos 1m na frente do cão, dependendo do tamanho dele.

③ MÃO GRUDADA NO QUADRIL
Mantenha esse braço firme para o cão não conseguir alcançar o petisco. Não puxe a guia, apenas fique parado.

④ CÃO SE RECONCENTRA
Quando o cão finalmente olhar de novo para você, marque isso (diga "muito bem").

⑤ PEGUE!
Aponte para o petisco e diga "pegue". Afrouxe a guia para o cão poder alcançá-lo; marque isso e o elogie quando ele o pegar.

Ficar: Biscoito Sente-Fique

UM COMANDO CRUCIAL, *FICAR* aumenta o controle que o cão tem dos próprios impulsos ensinando-o a permanecer concentrado em você mesmo e diante de distração. Mas para

FICADA CONVENCIONAL

Além de o *biscoito sente-fique* (veja a página 111), a técnica de ficada convencional ajuda seu cão a aprender o sinal com a mão para esse comando importante. Comece com apenas esse sinal visual; acrescente o comando verbal "fique" quando o cão se tornar fluente.

1 **QUANDO SEU CÃO SE SENTAR...** mostre-lhe uma palma aberta (o sinal com a mão) enquanto encosta um petisco no focinho dele e depois o traz para seu rosto.

2 **MARQUE, ELOGIE, RECOMPENSE** Marque a ficada do seu cão elogiando-o (diga "muito bem") e depois o recompense com o petisco.

chegar a esse ponto você precisa ser paciente e seu cão deve ter um pouco de maturidade — o primeiro passo para dominar o *biscoito sente* (falarei mais tarde sobre isso) —, porque ensina o cão a permanecer sentado e sempre concentrado em você diante de uma distração (um biscoito).

Comece este exercício com o cão na guia, sentado do lado em que você o leva para passear. Segure a guia à distância de um braço de onde é presa à coleira. Ponha a mão que segura a guia em seu quadril.

Agora faça uma série de Flexões de Cachorrinho (*sentar-deitar-sentar*) usando comandos verbais *e* visuais. Então encoste gentilmente um petisco no focinho do cão para mantê-lo concentrado nele e depois o jogue mais ou menos 1m na frente do animal. Se seu cão for pequeno, jogue-o um pouco mais perto; se for grande, um pouco mais longe. Quando o cão pular para pegar o petisco e tentar puxar a guia, aperte esse braço com força contra seu quadril (e use seu peso corporal para se manter firme) de forma que o cão só tenha uma folga na guia do comprimento desse braço.

Não puxe a guia; apenas mantenha a mão grudada no quadril. Depois de um segundo dê o comando *sente* (tanto verbal quanto com a mão). Assim que ele se sentar, diga "pegue" e afrouxe a guia (você pode segurar o punho com a outra mão). Seu cão provavelmente correrá direto para o petisco. Marque e elogie isso, e faça outra tentativa.

Nessas repetições, preste uma atenção particular ao foco do cão em você. Quando entender a importância do foco, ele se sentará mais rápido e esperará você mandá-lo pegar o petisco.

Você notará, pela linguagem corporal do cão, que ele se acalma quando percebe que obterá a recompensa assim que se sentar. Se ele não pegar o petisco, dê um passo para a frente e o ajude a pegá-lo. Depois faça outra repetição.

Se seu cão não se sentar imediatamente, não repita o comando. Lembre-se: dizer "sente-sente-sente-sente-sente" só o ensina a não prestar atenção até o quinto comando. Em vez disso, após alguns segundos, faça o cão olhar para você e depois lhe peça que se *sente*. Quando ele se sentar, marque isso (diga "muito bem") e diga *pegue*. (Certifique-se de que há folga suficiente na guia para ele alcançar o petisco sem puxá-la.)

Depois de alguns dias de treinamento seu cão provavelmente se sentará rápida e consistentemente (por pelo menos um segundo antes de você dar o comando *pegue*). Agora é hora de acrescentar o sinal com a mão e o comando verbal para *ficar* (veja mais detalhes na próxima parte). Espere de três a cinco segundos para mandar o cão *pegar* o petisco e depois marque e recompense isso. Com a mão que não está mantendo a guia em seu quadril, encoste gentilmente o petisco no focinho do cão e depois o jogue. Então dê o comando para *sentar* (marque isso com "muito bem"), depois ponha suavemente uma palma aberta na direção da cara do cão e diga calmamente "fique". Conte em silêncio três segundos, diga-lhe em uma voz baixa e calma "muito bem", espere outro segundo e dê o comando *pegue* usando o sinal com a mão para apontar para o petisco junto com o comando verbal.

Se isso der certo, conte em silêncio quatro segundos na próxima tentativa. Acrescente um segundo para cada tentativa bem-sucedida e subtraia um segundo para cada erro. Descubra a quantidade de tempo que seu cão consegue *ficar* confortavelmente sem fracassar e aumente esse tempo aos poucos.

Se seu cão for muito motivado por brinquedos, quando ele conseguir fazer o exercício do *biscoito sente-fique* por uns trinta segundos jogue uma bola ou um brinquedo sonoro em vez de um petisco. Além disso, use o *biscoito sente-fique* na hora da refeição para ensinar o cão a se sentar quando é hora de ser alimentado, o que reduz os pulos e ensina boas maneiras.

Outro modo de ensinar a ficar

ALGUNS CÃES APRENDEM RÁPIDO o comando para *ficar*, mas se o seu tiver dificuldade nisso experimente duas abordagens adicionais. Comece com o cão sentado na sua frente. Encoste um petisco no focinho dele e depois em seus olhos para incentivá-lo a continuar olhando para você. Após um segundo, marque isso calmamente dizendo "muito bem" e o recompense com o petisco. Enquanto ele ainda estiver sentado, pegue outro petisco e repita o exercício. Em tentativas subsequentes, acrescente o comando verbal "fique" enquanto usa o sinal da mão aberta perto do focinho do cão (ou, como alternativa, acene com a mão na frente dos olhos dele) antes de lhe dar o petisco. Pouco a pouco, acrescente um segundo extra até chegar a dez segundos, depois dois segundos para cada tentativa bem-sucedida até chegar a vinte segundos e, finalmente, um minuto. Depois de um minuto, acrescente dez segundos para cada tentativa. Depois de dois minutos, acrescente vinte segundos para cada tentativa até chegar a três minutos. No final de uma sessão de treinamento (depois de você marcar, elogiar e recompensar a última *sentada* bem-sucedida), solte seu cão e o recompense com muitos elogios entusiasmados por se sentar tão quieto. Então passe para outro jogo de treinamento (veja o Capítulo 9) de que seu cão goste e em que possa ser bem-sucedido.

Se o cão começar a fracassar em uma tentativa, saindo da posição *sentada*, resista ao impulso de forçá-lo a se sentar de novo, especialmente se ele fracassar por apenas alguns segundos depois de muitos acertos. Em vez disso, reduza o tempo em que ele *fica* nessa posição para que possa ser bem-sucedido, e depois faça repetições dentro desse tempo até ele demonstrar que está pronto para aumentá-lo.

Para manter seu cão interessado em ser bem-sucedido nessas longas ficadas, use algumas curtas como "aquecimento" e também depois das tentativas longas. Dê-lhe o grande prêmio quando ele completar essas tentativas mais longas. No diário de treinamento de seu cão, anote os momentos — de fracasso e sucesso — para saber por quanto tempo deve fazê-lo ficar na próxima tentativa.

Ficar é um ótimo exercício para fazer ao acaso à noite a fim de ensinar o cão a não implorar por comida à mesa de jantar e a relaxar enquanto você vê TV ou lê este livro. Você pode pedir para o cão se deitar e lhe dar um Kong recheado quando ele seguir seu comando. Depois de alguns minutos de mastigação, interrompa-o tirando o Kong. Dê-lhe o comando *sente-fique* (por uns dez segundos se ele já fizer isso por no mínimo esse tempo), marque seu sucesso, elogie-o e lhe dê o Kong novamente. Após mais alguns minutos, interrompa-o e tire o Kong de novo. Dê-lhe o comando para sentar e se divirtam por uns dez minutos juntos. Você pode fazer uma boa massagem na barriga do cão, se ele gostar disso, ou jogar uma rápida rodada de Que Mão? (veja o Capítulo 9). Então o elogie de novo e lhe dê o comando para *sentar*. Assim que o cão se sentar, dê-lhe o Kong e volte a fazer o que estava fazendo. A cada vez que tirar o Kong, faça algo um pouco diferente ou mude a sequência dos comandos para ele ganhá-lo de novo.

Troca Fora e Pegue: primeira fase

O COMANDO *FORA* SIGNIFICA "NÃO TOQUE". Ensina seu cão a interromper um determinado comportamento, como enfiar o focinho no lixo, carregar seu sapato favorito, tentar passar pela porta que você acabou de abrir ou esconder o Kong que lhe deu alguns minutos atrás. *Fora* é um modo claro de fazer o cão saber que certas fronteiras não devem ser atravessadas sem sua permissão.

Quando o cão começa a aprender o comando *fora*, este deve ser combinado com *pegue* (exceto nos limites das fronteiras, que discutirei no próximo capítulo). A combinação se baseia no conceito de troca: desistir de algo fará o cão ganhar em troca uma coisa de valor igual ou superior. Portanto, neste exercício, você ensinará ao seu cão dois comandos: *fora*, que significa "não toque", e *pegue*, que lhe dá permissão para ir em frente e pegar o item. Na próxima semana, levaremos essa atividade um passo adiante, para o estágio de troca. A troca ensinará ao cão a não fugir e não tentar fazer você persegui-lo quando ele fez algum contrabando, mostrando-lhe que se largar o objeto ilegal será recompensado com uma troca por algo que ele valoriza igualmente ou ainda mais.

Vamos começar com o básico: a parte *pegue* da lição. Com o cão na sua frente (prefiro que ele fique de pé, mas sentado está bom), ponha uns seis petiscos em sua mão fechada. Passe um petisco para a ponta dos seus dedos, firme a mão em seu joelho no nível do focinho do cão e diga "pegue isso". Deixe-o se aproximar e pegar

FORA E PEGUE

Comece ensinando ao cão o comando *fora* combinado com *pegue*, o que o faz saber que certas fronteiras não devem ser atravessadas sem sua permissão.

① DIGA "PEGUE"
Ponha sua mão fechada (segurando seis petiscos) sobre sua perna. Passe um petisco para a ponta dos seus dedos e diga "pegue". Marque e recompense. Repita a sequência duas vezes.

② FIQUE QUIETO
Na quarta sequência, não diga "pegue". Fique quieto por apenas um instante enquanto o cão cheira o petisco.

③ DIGA "FORA!"
Fale em voz alta e severa, para ser um pouco chocante. Quando o cão recuar e olhar para você, diga alegremente "bom, pegue" e lhe ofereça o quinto petisco. Repita e dê o petisco de novo.

PEGUE SEU CÃO FAZENDO ALGO DE QUE VOCÊ GOSTE

Este é um exercício para *você*, não para seu cão. Seu trabalho é recompensar o bom comportamento que seu cão apresentar espontaneamente. Quando ele fizer algo de que você goste sem que lhe tenha pedido, marque isso dizendo "boa sentada", "boa deitada", "boa ficada" ou "boa caminhada". Acrescente elogios e ocasionalmente um petisco ou outra recompensa como uma massagem na barriga. Incentive suas boas maneiras e você terá um cão animado e curioso que se comportará ainda melhor no futuro. Isso é simples psicologia: o que é recompensado é reforçado, o que é ignorado desaparece... Sim, isso também funciona nos seres humanos.

Seu cão pode começar a *sentar* ou apresentar outro tipo de comportamento na esperança de obter uma recompensa. Esse é o modo dele de dizer "por favor". Lembre-se de que quanto maior a frequência com que o pegar fazendo algo de que você goste, maior a probabilidade de ele repetir esse comportamento. Se o cão adquirir o hábito de ter um determinado comportamento, continue a elogiá-lo, mas dê petiscos fortuitamente. Algumas raças se entediam com facilidade e querem fazer algo — qualquer coisa — com você ou se tornam exigentes, por isso reconheça e encoraje as boas coisas que os cães fazem. Anote esses bons comportamentos espontâneos em seu diário de treinamento e começará a observar os padrões de seu cão.

---

o petisco enquanto marca isso (diga "muito bem" ou "boa pegada"). Faça outra repetição imediatamente passando outro petisco para a ponta dos seus dedos (a mão permanece em seu joelho) e repita o *pegue* e os passos para marcar. Então repita com um terceiro petisco.

Na quarta repetição, você começará a ensinar ao cão o comando *fora*. Passe um quarto petisco para a ponta dos seus dedos (mantenha a mão no joelho), mas desta vez a feche ao redor do petisco e não diga "pegue". A maioria dos cães tentará pegar o petisco antes de você dizer "pegue". Quando seu cão tentar, diga "fora" com uma voz firme e profunda. Ao dizer isso, imagine que você é um cantor com voz profunda e grave. O comando *fora* deve ser súbito e alto o suficiente para ser um pouco chocante e interromper o foco do cão no petisco sem amedrontá-lo. Tipicamente, o cão recuará e olhará curiosamente para você como se pensasse: "O que aconteceu? Por que você não me dá o petisco?"

No momento em que o cão recuar, marque dizendo "muito bem, pegue" em um tom de voz calmo e feliz e o elogie enquanto lhe dá o petisco. Quando ele for bem-sucedido em alguns *fora* e *pegue*, faça outra repetição, acrescentando mais um segundo antes de dizer "pegue". À medida que ele for bem-sucedido, aumente o tempo entre *fora* e *pegue* para até cinco segundos. Se, por outro lado, o cão não tentar pegar da primeira vez, diga "muito bem" e lhe dê o comando *pegue* — por enquanto não faz sentido lhe ensinar o *fora*. Você precisará ter alguns petiscos realmente bons aos quais ele não possa resistir e seduzir o cão ainda mais com rodadas extras de *pegue* enquanto o faz seguir o padrão antes de lhe ensinar o *fora*.

Para ajudar o cão a distinguir os comandos verbais de *fora* e *pegue*, misture a sequência: em alguns momentos use apenas o *pegue isso*, em outros acrescente o *fora*. Quando o cão aprender esses conceitos básicos e progredir na fluência, será hora de lhe ensinar a generalizar essa habilidade valiosa fazendo *fora* e *pegue* com brinquedos e sua tigela de comida.

Não subestime a importância deste exercício; é um passo necessário para o cão se tornar bem socializado. Isso ajuda a evitar o comportamento potencialmente perigoso de defender seu alimento e seus pertences, em que o cão pode morder qualquer mão que se aproxime das coisas que ele tenta "possuir", como brinquedos ou tigelas de comida. As habilidades de *fora* também dão a você uma oportunidade de reforçar a inibição de mordida. Se, por exemplo, o cão mordiscar seu braço ou sua mão, você pode dizer "fora" e saber que ele acabará mordiscando mais gentilmente até o ponto de não mordiscar mais. Diga um "ai" surpreso se seu cão o mordiscar.

Exercício: caminhada informal

COMO VOCÊ SABE, NÃO creio que os cães precisem fazer o passeio perfeito; essa é uma habilidade que exige mais concentração do que a maioria dos cães pode ter neste nível de treinamento. Mas você pode começar a praticar a caminhada *informal*, uma forma avançada de caminhada ao seu lado que o manterá muito concentrado em você em situações típicas da vida real: em seu bairro, sua cidade, em lojas e ambientes de trabalho.

TRÊS MODOS DE CAMINHAR COM SEU CÃO

Aprecie a caminhada com seu cão em várias situações.

CAMINHADA FRONTAL
Técnica avançada; você e seu cão estão totalmente concentrados um no outro. Usada quando há trânsito ou distrações significativas, e em competições.

CAMINHADA INFORMAL
O cão caminha ao seu lado, mas o foco não é total. A guia está um pouco frouxa.

GUIA FROUXA
Você começou a usar a caminhada com guia frouxa no exercício "Parado" (Primeira Semana). Ela pode ser feita como uma recompensa pela boa caminhada. Permite ao cão cheirar, perambular um pouco e ser um cão.

Ensine ao seu cão a caminhada informal segurando uma guia sobre seu corpo. Seu cão aprenderá a prever suas mudanças na caminhada com a alteração da sua linguagem corporal e você aprenderá a prever as mudanças dele, como quando for hora de cheirar, fazer as necessidades ou explorar o mundo como um cão. Os exercícios com a guia presa ao cinto que você tem feito em casa ajudarão muito nisso.

Comece praticando a caminhada informal dentro de casa, onde há poucas distrações. Primeiro peça ao cão para se sentar ao seu lado. Diga "pronto" como comando para olhar para você, marque e lhe dê um petisco quando ele fizer isso. Então dê quatro passos para a frente, marcando e elogiando se ele o seguir. Pare e o faça se sentar imediatamente. Marque isso e o recompense. Repetir essa sequência (*andar-parar-sentar-andar-parar-sentar*) várias vezes ensinará seu cão a se concentrar em você com a cabeça erguida enquanto vocês caminham juntos.

Depois pratique esse exercício de *andar-parar-sentar* ao ar livre. Dê dois ou três passos rápidos, pare e faça o cão se sentar. Quando ele estiver bastante concentrado para fazer o exercício fluentemente, comece a mudar de direção, acrescentando *deite* e o *biscoito sente-fique*, uma rodada de Flexões de Cachorrinho ou qualquer outra habilidade que seu cão já tenha adquirido. Não ensine novas habilidades durante o treino do caminhar; mantenha o cão bem-sucedido neste nível combinando habilidades que ele já adquiriu.

Se você for consistente ao recompensá-lo pelo exercício do caminhar, ele tentará descobrir como ganhar mais petiscos e aprenderá o que acontece quando caminha ao seu lado. Quando você recompensa seu cão por ficar perto de você, com o passar do tempo ele tenderá menos a se adiantar e correr para o parque de cães, caçar esquilos, cumprimentar outro cão ou apenas puxar a guia sem nenhum motivo aparente. A caminhada informal também ajuda a promover um bom vínculo.

Dever de casa

EMBORA NESTA SEMANA SEU cão tenha aprendido algumas novas habilidades, a maior parte do seu dever de casa deve enfatizar o fortalecimento das que ele já tem. Isso é a base para as novas habilidades. Quase todos os atletas de elite e treinadores enfatizam repetidamente os princípios básicos. O que também vale para o treinamento de cães. Se você passar todo o seu tempo de treinamento aprendendo habilidades novas, seu cão poderá facilmente se esquecer o que já sabe, o que você se esforçou tanto para ensinar. Pratique as novas habilidades quando ele executar muito bem as básicas.

CAMINHADA (PRINCÍPIOS BÁSICOS): "Parado", Siga a Isca.

CAMINHADA (NOVA HABILIDADE): Caminhada informal com exercício de *andar-parar-sentar-andar-parar-sentar*.

SENTAR (PRINCÍPIOS BÁSICOS): Atrair e sinal com a mão.

SENTAR (NOVA HABILIDADE): Comando verbal combinado com sinal com a mão (não dê o comando verbal sem fazer também o sinal com a mão).

FLEXÕES DE CACHORRINHO (PRINCÍPIOS BÁSICOS): Mantenha o cão concentrado em você e enfatize os comandos.

BISCOITO SENTE-FIQUE (PRINCÍPIOS BÁSICOS): Use o *biscoito sente-fique* como uma base para a nova habilidade *sente-fique*.

SENTE-FIQUE (NOVA HABILIDADE): Aumente o tempo de *sente-fique* com muitas recompensas.

TROCA FORA E PEGUE, PRIMEIRA FASE (NOVA HABILIDADE): Pratique essa nova habilidade.

Treinamento de jogos e atividades

PARA QUE PRATICAR OS princípios básicos não seja entediante para seu cão, torne isso divertido. Mantenha o cão concentrado na isca com jogos como Siga a Isca (veja a página 161) e em você com o Exercício de Contato Visual (página 159). Em vez de apresentar um novo jogo ao cão, veja como você pode adaptar os jogos existentes para fortalecer tanto as habilidades básicas quanto as novas. Por exemplo, jogue Ir e Vir (página 160) acrescentando o pedido de que cada etapa de uma série de Flexões de Cachorrinho comece e termine com uma *sentada*. Brinque Esconde-Esconde (página 158) com alguns esconderijos mais difíceis, usando seu parceiro para segurar o cão. Se o cão for capaz de se sentar e ficar enquanto você sai da sala sem que precise usar um parceiro, tente brincar de Esconde-Esconde sem outras pessoas — desde que você consiga se esconder rapidamente em lugares fáceis de encontrar. Lembre-se de que *ficar* enquanto você desaparece de vista pode ser avançado demais para o nível de maturidade e a história de treinamento do cão, por isso faça o possível para preparar seu cão para o sucesso.

DIÁRIO DE TREINAMENTO PARA _____ DIA _____

HABILIDADE	PROGRESSO	NOTAS
CAMINHADA Acrescente a caminhada informal com o exercício *andar-parar-sentar-andar-parar-sentar*. Resolva o problema de puxar a guia com "Parado", prendendo a guia ao cinto e com Siga a Isca.		
SENTAR: ACRESCENTE O COMANDO VERBAL Combine o comando verbal com o sinal com a mão durante todo este programa de treinamento. Continue a fazer sinais claros com a mão.		
FLEXÕES DE CACHORRINHO *Sentar-deitar-sentar*. Marque cada *sentada*, *deitada* e *sentada*. Elogie o cão, toque-lhe a coleira e dê o petisco no fim de cada ciclo. Enfatize a resposta aos comandos e o foco do cão em você.		
BISCOITO SENTE-FIQUE "Grude" no quadril a mão que segura a guia, encoste o petisco no focinho do cão e o jogue fora do alcance dele. Dê o comando para sentar (depois marque). Então diga *pegue*, marque e elogie.		
SENTE-FIQUE (MÉTODO ALTERNATIVO) Com o cão sentado, encoste o petisco no focinho dele e depois o segure entre seus olhos. Aumente o foco do cão em você. Quando for bem-sucedido, aumente o tempo.		
TROCA FORA E PEGUE: PRIMEIRA FASE Segure seis petiscos, passe um para a ponta dos seus dedos e diga "pegue". Na quarta repetição, fique quieto: se o cão tentar pegar o petisco, diga "fora" categoricamente. Quando o cão olhar para você, diga "pegue".		
COMBINAÇÃO CHAMAR DE VOLTA-SENTAR E SOLTAR Após cada minuto de brincadeira supervisionada, chame de volta ("venha aqui") e diga *sente* (marque isso, elogie o cão, toque-lhe a coleira e o recompense). Então solte-o para brincar de novo.		
PEGUE SEU CÃO FAZENDO ALGO DE QUE VOCÊ GOSTE Avalie-se. O quanto você reconhece e recompensa os comportamentos que o cão apresenta espontaneamente?		
TREINAMENTO PARA FAZER AS NECESSIDADES FISIOLÓGICAS NO LUGAR CERTO Observe o *input* (refeições e petiscos) e *output* (hora de fazer as necessidades). Note os acidentes.		
COMPORTAMENTOS BÁSICOS Treinamento para ficar na caixa de transporte, dar comida com a mão, inibição de mordida, manuseio e gentileza.		
ESCOLHA UMA ATIVIDADE/UM JOGO		
ESCOLHA UMA EXPERIÊNCIA DE SOCIALIZAÇÃO		

Para baixar gratuitamente o diário de treinamento, visite lovethatdogbook.com.

Quarta Semana: completando a base

ESTA SEMANA MARCA a última do Programa de Treinamento Básico em que seu cão aprenderá novas habilidades (que recapitularemos na semana que vem). Com esta sólida base de treinamento, ele terá boas maneiras na grande maioria das situações típicas da vida real e estará preparado para passar para atividades e treinamento mais avançados.

Antes de você começar esta lição, lembre-se por um momento de que um cão bem-treinado e animado obtém muitas oportunidades de sucesso e reconhecimento nas situações diárias. Torne um hábito pegá-lo tendo comportamentos de que você goste e os marque. Tenha petiscos à mão para recompensá-lo por esses momentos espontâneos.

Neste capítulo você aprenderá os últimos componentes-chave do Programa de Treinamento Básico, que têm fortes implicações na vida real. Acrescentando distrações e distância ao que o cão já aprendeu, você testará seu foco e ao mesmo tempo fortalecerá sua compreensão de suas novas habilidades. Você acrescentará um comando verbal para *deitar*, aprenderá a posição *parada* e entrará na segunda fase da troca *fora* e *pegue*. Ensinará o cão a subir e descer escadas cuidadosa e confiantemente, reagir com calma à campainha e chegada de visitas e a respeitar os limites que você estabelecer para ele. Como sempre, é importante praticar as atividades e os jogos de treinamento, assim como fazer anotações no diário de treinamento.

(Eu mantenho vasilhas herméticas cheias de petiscos por toda a casa para estarem sempre à mão, colocadas em prateleiras altas o suficiente para que nenhum cão possa alcançá-las.) Recompensá-lo por comportamentos espontâneos contribuirá para a história de reforço do cão e o encorajará a apresentar outros bons comportamentos sem que isso lhe seja pedido. Lembre-se de elogiar as melhoras do cão durante as oportunidades de socialização, como quando ele reage mais calmamente a outros cães e pessoas.

> **Fique atento: conduza seu cão com entusiasmo.**

Por favor, lembre-se de manter seu cão no sistema de recompensas da vida real em que você lhe pede consistentemente para se sentar para tudo que lhe oferece: comida, água, brinquedos, diversão e caminhadas. Quanto mais você for consistente nessa abordagem, mais rápido o cão entenderá que boas maneiras são mais do que um exercício de treinamento — fazem-no obter as coisas que ele valoriza. Com a abordagem das recompensas da vida real você logo terá um cão mais autoconfiante, que apresentará e repetirá comportamentos porque sabe que obterá uma recompensa no futuro.

Essas primeiras semanas do treinamento são como construir uma casa: a base geralmente está invisível quando você olha para o produto final, mas sem essa base a casa não ficará em pé. Independentemente do seu desempenho e o do cão, ambos merecem ser reconhecidos por todas as horas que investiram. Tenha em mente que seu cão *está* fazendo progressos mesmo se nem sempre ele os demonstra. Se você examinar seu diário de treinamento, apreciará a forte base de treinamento que construiu.

No Capítulo 4 partilhei com você alguns pensamentos sobre "animar" o relacionamento com seu cão. Um relacionamento animado é confiante, leal, sempre em desenvolvimento e vibrante. Esta semana quero que você fique atento e conduza seu cão com entusiasmo. Nos momentos em que sentir ânimo e entusiasmo em seu coração, por favor expresse isso para seu cão. Se abençoar é algo que você já faz em sua vida, abençoe seu cão, seu relacionamento com ele e a si mesmo por ser um dono de cão tão animado que está fazendo uma diferença na vida de uma das criações maravilhosas de Deus. Se abençoar não é algo que você faz, aproveite essa oportunidade para apreciar os dons especiais do seu cão — todos os cães os têm. Muitas pessoas descobrem seus próprios dons especiais por meio de seus bons relacionamentos com seus amados animais. Espero que a afeição que você e seu cão têm um pelo outro enalteça vocês dois.

Chamadas de volta: acrescentando distrações e distância

ESTA SEMANA, APERFEIÇOAREMOS A capacidade de voltar de seu cão acrescentando distrações. Também generalizaremos a experiência dele chamando-o de volta em vários lugares, inclusive ao ar livre (se achar que seu cão está pronto para isso). Você ainda precisará trabalhar com um parceiro. Quando treinar ao ar livre, permaneça sempre em áreas cercadas ou com o cão em uma guia de no mínimo 6m de comprimento ou que esteja bem presa a uma corda longa. (Você não quer que o cão fuja!) Escolha um lugar sem outros cães, trânsito ou pessoas; no início, os novos cheiros já o distrairão o suficiente.

Neste exercício, enquanto seu parceiro segura a guia, provoque seu cão alegremente com um petisco por um momento. Dê as costas para eles e saia correndo. Quando você estiver a uma distância de 2 a 2,5m, vire-se rapidamente, ajoelhe-se, abra bem os braços e grite alegremente "Venha aqui!". (Essa é a Chamada de Volta de Lassie que aprendemos no Capítulo 5; veja a página 98). Se seu parceiro observar que o cão continuou concentrado em você quando correu, ele deverá soltá-lo. Assim que o cão correr na sua direção, continue a agir com muito entusiasmo. Quando ele chegar, elogie-o e lhe toque todo o corpo, e especialmente a coleira, enquanto o recompensa com o petisco. Em chamadas subsequentes, acrescente um *sente* ou *deite* antes de seu cão realmente chegar até você; ele aprenderá a controlar seus impulsos — e você ficará mais seguro se um cão agitado não estiver pulando sobre você ou puxando suas roupas. À medida que você for aumentando a distância, tenha em mente que a capacidade de fazer este exercício a *qualquer* distância com novas distrações é mais importante do que fazê-lo em uma distância maior. Quando você praticar em um novo local com novas distrações, reduza a distância. Ela aumentará à medida que o treino for bem-sucedido.

Se, contudo, seu parceiro observar que o cão desviou o olhar de você quando correu dele, você precisará continuar a treiná-lo a se concentrar em você. O primeiro passo: seu parceiro não soltar o cão. Em vez disso, deve correr alegremente com o cão até você para ele obter a recompensa e o elogio.

Há vários motivos para o cão inicialmente "falhar" neste exercício: você não está agindo com entusiasmo suficiente, ele não está concentrado no momento (e pode precisar de um curto intervalo de brincadeiras que você sabe que fará com sucesso e apreciará) ou há muitas distrações no ambiente. Experimente um lugar com menos distrações, como um longo corredor dentro de casa. Ou apenas use um brinquedo sonoro favorito em vez de um petisco. Se isso também não der certo, continue a fazer os exercícios de chamar de volta da Segunda Semana, ou experimente o jogo Ir e Vir descrito no Capítulo 9.

Quando seu cão se tornar fluente neste exercício de chamar de volta, acrescente o jogo de Esconde-Esconde. Enquanto seu parceiro segura a guia, corra e deixe seu cão ver você escondido. Então o *chame de volta*. Quando ele o encontrar, dê-lhe um grande prêmio e o elogie muito. Afinal de contas, ele não só *voltou* como também fez um esforço extra para encontrar você. Os cães adoram surpresas como essa. Quando o seu conseguir encontrá-lo em lugares fáceis de descobrir, aumente a diversão e o desafio se escondendo em lugares um pouco mais difíceis.

Ficar: acrescentando distrações e distância

OUTRO MODO DE MELHORAR o controle de impulsos do cão é acrescentar distrações enquanto você o faz *ficar*. Comece ensinando essa habilidade fazendo seu cão se *sentar* e *ficar* enquanto você se afasta um passo dele. Deixe-o *ficar* por um momento e depois volte para ele com elogios e um petisco. Se seu cão não ficar sentado parado nem mesmo quando você se afastar um passo, apenas levante seu pé do chão (como se fosse dar um passo), abaixe-o de novo e continue a fazer isso até poder dar esse primeiro passo sem que ele se mova.

Na próxima tentativa, dê um passo em uma direção diferente. Quando o cão entender que não vale a pena ficar agitado ou ansioso com seus pequenos movimentos, acrescente mais alguns passos, formando um arco ao redor do cão. Enquanto você se move ao redor, observe-o cuidadosamente; a maioria dos cães tem dificuldade em ficar sentado quieto quando não pode ver seu dono. Aprenda a linguagem corporal do seu cão; isso o ajudará a saber instintivamente se ele está perdendo o foco e prestes a se mover. Por exemplo: se ele virar a cabeça, isso pode ser um sinal de que está prestes a mover o corpo. Antes que mova, marque isso ("muito bem") e volte para ele. Se ele se moveu, ignore esse fato e perceba que precisa dividir isso em passos menores (e anotá-lo em seu diário). Finalmente, com treino e senso de oportunidade, você conseguirá circundar todo o seu cão enquanto ele permanece sentado sem se virar. Ajude-o a generalizar essa habilidade praticando-a em vários lugares diferentes de sua casa, e depois ao ar livre com distrações, quando achar que ele está pronto para isso.

Deitar: dando nome ao comportamento

ESPERO QUE OS EXERCÍCIOS Flexões de Cachorrinho da semana passada o tenham ajudado a modificar os sinais com a mão tanto para *sentar* quanto para *deitar*. Continue a praticálos enquanto acrescentamos o comando verbal para *deitar* ao sinal com a mão.

Para começar, finja segurar um petisco na mão que usa para fazer o sinal para seu cão e o atraia para a posição *deitada*. Assim que ele começar a abaixar, diga "deite", elogie-o e o recompense com um petisco escondido na outra mão. Esta técnica ensina ao cão duas coisas ao mesmo tempo: a primeira é que o petisco não precisa estar na mão que o atrai para recebê-lo; a segunda é que esse comportamento se chama "deite". Aprender essas duas coisas ao mesmo tempo é um desafio para o cão, aumentando a confiança e a história de reforço positivo dele.

Quando o cão *deitar* tanto quando você fizer o sinal com a mão quanto quando der o comando verbal, dê-lhe um grande prêmio. A outra opção, uma das minhas favoritas, é fazer outra série de Flexões de Cachorrinho. Em vez de pedir ao cão para sentar, como você fez na semana passada, traga-o para a posição *deitada* e depois de volta para a *sentada* usando os comandos visuais e verbais. Você poderá descobrir que esse ritmo rápido de flexões ensina o cão a ter mais comportamentos com menos petiscos.

Posição parada

É IMPORTANTE QUE O CÃO aprenda a posição *parada* (sobre as quatro patas) por vários motivos (alguns dos quais mencionei) — para ser arrumado, idas ao veterinário, limpeza de patas enlameadas, procura de carrapatos. (Durante exposições caninas é pedido aos cães que fiquem imóveis para que o juiz examine

ATRAINDO PARA A POSIÇÃO PARADA

A posição parada (também chamada de *pose*) é importante para que seu cão seja arrumado, examinado pelo veterinário, inspecionado em busca de carrapatos e tenha as patas enxugadas. A *pose* também acrescenta uma terceira posição (as outras sendo a *sentada* e *deitada*), o que torna sua sequência de comandos menos previsível para o cão.

① MOSTRE A ISCA
Ao lado do cão, comece com ele sentado. Segure um petisco na frente de seu focinho e o atraia para frente para que seu movimento natural (como o do filhote na foto) seja se levantar e cheirá-lo.

② MOVA A ISCA PARA A FRENTE
Mova a isca para a frente de modo que o cão se levante totalmente para cheirar o petisco. Ainda não o deixe comê-lo.

③ OBSERVE A POSIÇÃO DO CÃO
No momento em que o cão ficar sobre as quatro patas, marque isso (diga "muito bem"), elogie-o e o deixe comer o petisco.

a posição *parada*, também chamada de *pose* ou *stack**.) Ensinar o cão a fazer *pose* também leva o treinamento um nível acima, porque ter uma terceira posição em seu repertório (junto com a *sentada* e *deitada*) significa que ele poderá não adivinhar tão facilmente que comando virá depois. No padrão de Flexões de Cachorrinho, ele sabe que *deite* sempre se segue a *sente* e *sente* sempre se segue a *deite*. Acrescentando a posição *parada*, ele tem que se concentrar mais em suas instruções; não sabe mais com certeza que comando virá depois de *sente*, *deite* ou *pose*.

Prefiro o comando verbal "pose" porque soa muito diferente dos outras comandos verbais que seu cão está agora aprendendo, enquanto o comando verbal "pare" soa muito parecido com "sente" e "fique".

---

* N. do T.: Posicionamento das pernas do cão para que ele seja julgado em exposições caninas.

QUARTA SEMANA: COMPLETANDO A BASE 127

Mas antes de ensinar o comando verbal comece usando a isca para seu cão ficar na posição *parada* a partir da *sentada*. Fique ao seu lado e segure um petisco na frente de seu focinho. Se ele o cheirar, leve o petisco um pouco para a frente, começando no nível do focinho para que o movimento natural do cão seja se levantar para cheirá-lo. Quando ele estiver sobre as quatro patas cheirando o petisco, pare de mover a mão que segura a isca, marque isso (diga "muito bem"), elogie-o e o deixe comer o petisco. Com a repetição deste exercício, o cão fará cada *pose* um pouco melhor e em uma posição mais relaxada do que na última repetição. Quando ele fizer isso, mude seu movimento para um sinal com a mão pondo a isca em sua palma aberta (use seu polegar para segurar o petisco). Quando o cão parar, marque isso (diga "muito bem"), mova a mão na direção dele e o recompense com o petisco. Ele aprenderá que a palma da mão aberta se movendo para a frente é seu sinal para fazer a pose e esperará ansiosamente o petisco quando você mover a mão na direção dele. Com esta técnica, você pode aumentar a capacidade do cão de ficar parado adiando seu movimento com a mão na direção dele enquanto o cão espera o petisco. No início, adie a recompensa por apenas um segundo e aumente o tempo em repetições subsequentes, quando o cão for bem-sucedido. Ele não precisa se manter na *pose* por mais de trinta segundos, o que é tempo suficiente para inspecioná-lo ou realizar um breve ritual de embelezamento.

Quando seu cão fizer consistentemente a *pose* com o novo sinal com a mão, treine novamente todo o comando enquanto se posiciona do outro lado dele. Quando o cão se tornar fluente no que você está lhe pedindo para fazer dos dois lados, chegou a hora de acrescentar o comando verbal. Introduza o comando verbal — a palavra "pose" — quando você o atrair para se levantar totalmente e ele estiver parado diante da sua mão. Nesse ponto, marque o comportamento, elogie-o e lhe dê o petisco. Pratique esta sequência até ele se aproximar da fluência.

Seu último passo é ensinar novamente a *pose* a partir da posição *deitada*. A partir da minha experiência com a maioria dos cães, quando se tornam fluentes na *pose* a partir da posição *sentada*, eles tendem a entender bastante rápido o mesmo sinal com a mão e o mesmo comando verbal a partir da posição *deitada*.

Troca Fora e Pegue: segunda fase

ESTA SEMANA QUERO QUE você comece a condicionar seu cão a desistir de coisas sem resistência, usando o comando *fora*. Quando você der esse comando ao cão, lembre-se de combiná-lo com um valioso *pegue*: ofereça algo de valor igual — ou maior — do que aquilo de que você está lhe pedindo para desistir. Isso não é apenas um exercício de aprendizado, mas uma verdadeira lição de vida. Certa vez Merit, meu flat-coated retriever, me trouxe uma carcaça inteira de frango cozido que roubara do balcão da cozinha depois do jantar. A maioria dos cães a teria devorado ali mesmo. Mas não Merit. Ele estava tão condicionado a me trazer contrabando para a troca *fora e pegue* que largou a carcaça orgulhosamente bem no meu colo. Fiquei com medo de Merit ter comido alguns ossos de frango, que são perigosos para os cães, mas não deveria ter me preocupado. Ele trouxe a carcaça totalmente intacta, e sua boca não apresentou nenhum sinal de ossos ou hálito de frango. Imediatamente eu lhe agradeci e o elogiei muito enquanto ele abanava orgulhosamente o rabo e me seguia de volta para a cozinha, onde lhe preparei um grande Kong recheado. Se eu tivesse treinado o *fora* sem a troca *pegue*, Merit não teria tido nenhum incentivo para me trazer o frango. Em vez disso, o teria comido inteiro, sem deixar nenhum vestígio. Há duas morais nessa história: (1) ensine seu cão a trocar *fora* por *pegue isso* e (2) não deixe contrabando sobre nenhuma mesa ou balcão para onde ele possa pular para surfar.

A propósito, pode parecer que eu recompensei Merit por roubar a carcaça de frango, mas vamos pensar melhor sobre isso. Eu recompensei o *último* comportamento, que foi me trazer o contrabando. Se eu o estivesse ensinando a roubar um objeto do balcão, precisaria ter estado na cozinha para marcar e recompensar o roubo no momento em que pôs aquela ave na boca.

Você também pode usar a troca *fora e pegue* para eliminar alguns maus comportamentos. Eis outro exemplo. Um cliente meu tinha um cão — nós o chamaremos de Sneezy — que gostava de mastigar papel higiênico, principalmente usado. Eca. Mostrei a Sneezy um papel higiênico e lhe disse "pegue". Sneezy o pegou. No momento em que começou a mastigá-lo, encostei um petisco em seu focinho. Sneezy largou o papel higiênico e pegou o petisco sem nenhumo comando. Embora Sneezy gostasse de papel higiênico, não gostava tanto quanto de petiscos realmente gostosos. Mais tarde trabalhamos em um *fora* fazendo a troca *fora e pegue*. Sneezy não só parou de mastigar papel higiênico como passou a levar papel higiênico para seu dono se o encontrava em um cesto de lixo.

Para se preparar para ensinar ao seu cão a troca *fora e pegue isso*, pegue uma ou duas coisas que ele valorize, como petiscos realmente bons ou um brinquedo especial. Comece com *fora* junto à tigela de comida do cão. Os exercícios de dar comida com a mão o ensinaram a não defender seu alimento; agora está na hora de tirar a tigela enquanto ele estiver comendo. Primeiro deixe cair alguns petiscos realmente gostosos (como pedacinhos de queijo duro) perto da tigela. Quando o cão se afastar da tigela para comer o queijo, pegue-a. Quando ele terminar de comer o queijo e vir você segurando a tigela, diga "muito bem" e depois ponha a tigela de volta no chão. Pratique isso algumas vezes para se certificar de que o cão se sente confortável com você tirando a tigela.

Depois ofereça ao cão um punhado de comida; se ele deixar a tigela para comer em sua mão, marque isso dizendo "muito bem" e o elogie

TROCAS DE CONTRABANDO

Quando seu cão fizer algum contrabando, como de um sapato, ensine-o a soltá-lo trocando-o por um objeto que ele valorize igualmente ou mais. Recomendo um brinquedo especial ou um Kong já recheado na geladeira ou no congelador.

① PEGUE-O NO ATO
Ponha o objeto de troca valioso atrás das suas costas enquanto se aproxima calmamente do cão que está mastigando o contrabando.

② FAÇA CONTATO VISUAL
Diga "fora" firmemente; quando o cão soltar o contrabando, marque isso (diga "muito bem"). Quando ele voltar a se concentrar em você, marque isso também.

③ OFEREÇA A TROCA
Deixe o cão cheirar o objeto de troca. Tipicamente, ele largará o contrabando e você poderá pôr o pé sobre o objeto contrabandeado enquanto faz a troca. Elogie o cão, toque-lhe a coleira e lhe dê o objeto.

enquanto ele come nela. Quando o cão terminar, jogue um pouco de comida extra na tigela para lhe mostrar que quando sua mão se aproxima da tigela isso significa que você está lhe dando algo bom, e não tirando sua comida. Quando você praticar isso o suficiente para ver que o cão se sente muito confortável com sua mão se aproximando da tigela, tente dizer "fora" enquanto segura um Kong recheado para ele ver. Quando ele se concentrar no Kong, dê o comando "pegue". Assim que ele pegar o Kong, erga a tigela e o deixe vê-lo pondo mais comida nela. Agora diga novamente *fora* e lhe mostre a tigela. Quando ele largar o Kong e se concentrar na tigela, diga "pegue". Continue a alternar a tigela e o Kong durante o resto da refeição e também o deixe terminar de comer os petiscos do Kong.

Pratique a troca *fora e pegue* com frequência, porque você está condicionando seu cão a se sentir confortável com você e suas mãos perto da comida, dos brinquedos e das tigelas dele. É fácil para todos os animais (inclusive os humanos) voltar a ter um comportamento compulsivo ou defender coisas de que gostam. Também experimente a troca *fora e pegue* usando brinquedos especiais ou outros objetos que possam ser mastigados seguramente, para que quando seu cão pegar algo de que você goste muito — como seus sapatos novos — ou um papel higiênico nojento, ele esteja disposto a fazer a troca por algo além de comida.

Subindo escadas com confiança e segurança

É NORMAL QUE UM FILHOTE se sinta inseguro ou até mesmo receoso em subir escadas. Aconselho que você o ensine a subir antes de descer: olhar para cima geralmente não é tão assustador. O melhor modo de ensinar um filhote a subir é começar pelo degrau logo abaixo do superior, e atraí-lo para cima. Elogie-o muito, porque isso é literalmente um grande passo para ele! Quando o filhote aprender a subir um degrau, coloque-o no segundo degrau abaixo do superior, a seguir no terceiro abaixo do superior, no quarto e assim por diante. Comece perto do objetivo para que o filhote consiga alcançar o topo imediatamente. Isso tornará o cão mais confiante em aumentar a distância para esse objetivo.

Quando o filhote conseguir subir três ou quatro degraus de cada vez, comece a ensiná-lo a descer. Se você for cauteloso como eu, prenda uma rede no corrimão para impedir que um filhote ou cão pequeno escorregue por entre as colunas, e tenha muitos petiscos à mão. Comece pelo degrau mais perto do chão e depois aumente um degrau de cada vez, como você fez quando ensinou o filhote a subir. Se houver espaços entre os degraus (a escada não tiver espelhos), o que pode deixar alguns cães receosos, aumente a confiança do seu cão lhe ensinando primeiro em escadas sem espaços entre os degraus (com espelhos).

Enquanto você não tiver certeza de que o cão tem confiança e coordenação para subir e descer escadas sem sua supervisão, evite acidentes bloqueando todas com grades para bebês. E, mesmo depois que ele estiver mais seguro, use as grades para mantê-lo longe de escadas e impedir que entre em salas sem ser supervisionado.

Se você quer que seu cão tenha acesso a escadas, ele deve aprender a não subir ou descer na sua frente. Para segurança e controle, deve andar ao seu lado, caso contrário pode empurrar você ou fazê-lo tropeçar. Ambas as coisas aconteceram comigo. Ai.

Para ensinar o comportamento seguro em escadas, experimente este exercício: prenda seu cão a uma guia curta para que ele não possa andar na frente ou atrás de você (mas não em uma guia tão curta que puxe sua coleira). Mantenha-o na guia e o posicione entre você e a parede. Atravesse sua perna na frente do peito do cão, dando um passo lento de cada vez para manter o ritmo do animal e impedir que ele corra à sua frente. Na maioria das escadas, isso significa que em uma direção você precisará andar com ele do lado oposto ao que lhe tem ensinado. Pise em um degrau de cada vez, marcando, elogiando e recompensando por cada degrau. Se ele tentar ir em frente, feche imediatamente o espaço com sua perna (a menos que isso não seja seguro). Pare depois de cada passo. Para que seu cão saiba que vocês pisarão no mesmo degrau juntos, faça-lhe um sinal com a mão como dar um tapinha em sua perna ou apontar para frente.

SUBINDO ESCADAS COM SEGURANÇA

Subir escadas juntos é mais seguro com o cão ao seu lado, caso contrário ele pode empurrar você ou fazê-lo tropeçar.

FAÇA-O SE CONCENTRAR
Antes de pisar no primeiro degrau, faça o cão se sentar e se concentrar em você.

UM DEGRAU DE CADA VEZ
Você pisa primeiro, impedindo o cão de ir em frente. Marque isso, elogie-o e o recompense por cada degrau. Mova-se devagar!

SENTADA NO FINAL
Esta sentada extra na base (ou no topo) ensina o cão a não correr no final.

Quando vocês chegarem ao topo (ou à base) da escada, sempre peça uma *sentada*; isso desacelerará o cão. Quando ele tiver um bom controle de impulsos e conseguir andar na escada ao seu lado um degrau de cada vez, aumente para dois degraus de cada vez, e assim por diante. Mova-se devagar! Lembre-se de que sua perna está impedindo o cão de correr para a frente, por isso você precisa se mover deliberadamente — e com bom equilíbrio — no caso de ele se tornar impetuoso. Com o tempo, acrescente o comando verbal "devagar" a cada degrau enquanto continua com o treinamento de escada.

Quando você estiver prestes a dar o primeiro passo em uma escada, também recomendo adicionar comandos visuais e verbais se seu cão já se concentra bem em você. Para acrescentar esses comandos, comece lhe pedindo para sentar. Então diga "escada" e prossiga conforme já foi mencionado.

Enquanto seu cão não estiver fluente no protocolo para subir escadas, dê-lhe o comando a *cada* degrau, usando o sinal visual (um tapinha na sua perna ou apontar), e depois acrescente o comando verbal "devagar" quando ele estiver pronto. Quando seu cão dominar essa habilidade, você poderá retirar o comando visual e o lembrete verbal para cada passo.

Treinamento de limites: portas

PARA A SEGURANÇA DE seu cão e o conforto de suas visitas, é essencial que ele respeite seus limites: nada de pular nas visitas, nada de correr por portas abertas ou escada acima, nada de ir para aposentos ou móveis proibidos, nada de pôr as patas no chão da cozinha que você acabou de limpar. O comando *fora* é uma das ferramentas no treinamento de limites. Vamos começar a usar esse comando para treinar seu cão a se sentar e esperar à porta da frente enquanto você a abre para sair ou receber visitas. Você deve ser muito consistente com isso: sempre que abrir uma porta, o cão deve esperar que você passe por ela antes de segui-lo. É importante que você atravesse a soleira antes do seu cão para que possa se preparar, ou prepará-lo, para o que há no próximo aposento (ou ao ar livre), como outro cão, uma criança ou algo no ambiente que poderia fazê-lo pular ou disparar na sua frente.

Você começará o treinamento ensinando seu cão a seguir suas instruções em portas internas e depois progredirá para sair por sua própria porta da frente. Comece fazendo seu cão se sentar perto de uma porta interna, preso a uma guia. Depois que ele se sentar, diga "fora" e abra ligeiramente a porta. Se ele sair da posição *sentada*, feche imediatamente a porta e espere um ou dois segundos antes de tentar de novo. Faça este exercício até o cão continuar sentado quando você abrir a porta, mesmo se você apenas entreabri-la. Quando ele fizer isso, diga "muito bem" e abra totalmente a porta para poder conduzi-lo por ela, com o mesmo sinal com a mão que você usa para começar uma caminhada: talvez indicando o caminho ou dando um tapinha nas suas coxas enquanto dá o primeiro passo.

Agora que o cão sentiu seu primeiro sabor de sucesso, desafie-o em tentativas subsequentes pedindo-lhe para esperar que você abra um pouco mais a porta antes de marcar isso com "muito bem", elogiá-lo e abrir o resto da porta para conduzi-lo. Lembre-se de dar o comando *fora* antes de começar a abrir a porta a cada repetição. O objetivo é fazer o cão continuar sentado diante da porta aberta depois que você lhe disse "fora" e abriu totalmente a porta e até que o conduza por ela. Se o cão hesitar em segui-lo, tente fazê-lo atravessar o limite dizendo "venha aqui".

Quando seu cão se tornar fluente em sentar a seu pedido antes de você o conduzir através de várias portas internas, é hora de lhe permitir permanecer parado até seguir você através das mesmas portas. Comece dizendo "fora" imediatamente antes de abrir um pouco a porta. Se ele ficar parado, dê um pequeno passo através da porta, marque isso (diga "muito bem"), abra totalmente a porta e o deixe segui-lo (usando o sinal quando você começar a caminhar). Assim que vocês dois passarem pela porta, dê-lhe o comando para *sentar* (depois marque isso, elogie-o e o recompense quando ele for bem-sucedido). Eliminar a *sentada* antes de passar pela porta ajuda o cão a entender que *fora* sempre significa "não vá lá, não toque nisso" em uma situação generalizada. Aumente o foco do seu cão em você usando sinais com a mão sem comandos verbais; quando ele estiver constantemente focado em você, acrescente um comando verbal (eu recomendo "vamos") junto com o sinal com a mão.

Campainhas e batidas na porta

D EPOIS QUE SEU CÃO aprender a esperar em portas, você terá uma habilidade adicional a lhe ensinar: como reagir a campainhas e batidas na porta. Enquanto muitos cães ficam um pouco alvoroçados quando a campainha toca, você deve condicionar seu cão a permanecer sossegado. Isso exigirá um parceiro paciente para ajudar você e seu cão a dominar o treinamento de campainhas. Comece com uma porta fechada e use o mesmo tipo de técnica que aprendemos com o Biscoito Sente-Fique (veja a página 111). Em outras palavras, com o cão sentado ao seu calcanhar e sua mão segurando firmemente a guia encurtada contra seu quadril, faça seu parceiro tocar a campainha (ou bater na porta) e permaneça em silêncio. Se o cão não reagir à campainha ou olhar para você, dê-lhe um grande prêmio. Contudo, o mais provável é que o cão lata e corra para a porta, por isso se prepare e mantenha a mão grudada no quadril enquanto espera que ele olhe para você. No momento em que ele o fizer, marque isso (diga "muito bem") e o atraia para trás e longe da porta, e para segui-lo, dizendo "venha aqui". Neste momento nem mesmo abra a porta, apenas continue a praticar a rotina *venha aqui* a cada vez que você o atrair para longe da porta depois que seu parceiro tocar a campainha ou bater. Diga "venha aqui" apenas uma vez; se isso não der certo, dê-lhe outro comando, como *deite* ou *sente*.

Outro modo de condicionar o cão a prestar atenção ao som da campainha é você não demonstrar nenhuma reação quando a ouvir. O cão imita sua reação, por isso se você ignorar a campainha ele aprenderá a fazer o mesmo. Meus cães não prestam muita atenção a campainhas, batidas em portas ou telefones tocando, especialmente porque Maude, meu papagaio-cinzento fêmea, imita todos esses sons. Se você não tem um papagaio treinado, pode pedir a seu filho ou a um amigo para tocar a campainha enquanto você vê televisão ou lê este livro. Quando a campainha tocar, apenas continue a fazer o que estava fazendo sem olhar para a porta ou para o cão. Este pode ficar alvoroçado por algum tempo, mas finalmente descobrirá que reagir à campainha não o beneficia; ele acabará sossegando e se esquecendo disso. Ah, e eu quase ia me esquecendo... Você pode deixar seu filho voltar para dentro no final da sessão. Ele também pode merecer uma recompensa pela ajuda!

Eis outro exercício. Faça seu filho ou amigo tocar a campainha repetidamente. Ignore a campainha — e os latidos do seu cão — até ele sossegar. Quando finalmente ficar quieto, espere uns três minutos e depois atenda casualmente a porta para deixar seu filho ou amigo entrar. Você e seu aliado humano devem ter uma conversa calma enquanto andam pela casa, ignorando o cão mesmo se ele ficar empolgado de novo. Se ele tentar pular em qualquer um de vocês, vire-se repentinamente e fique de costas para ele enquanto continua a se afastar. Quando ele sossegar, elogie-o calmamente de um modo comedido e depois pratique algumas *sentadas* e *deitadas*, permanecendo calmo. A seguir, faça seu filho ou amigo lhe dar calmamente o comando para uma *sentada* e *deitada*. Observe a linguagem corporal do seu cão e, quando ele estiver calmo, permaneça calmo e lhe dê um Kong recheado ou um brinquedo especial que reservou para essa ocasião. Quando ele mastigar ou brincar, volte a conversar com seu parceiro, lembrando-se de manter o tom tranquilo. Este exercício de treinamento é um jogo muito desafiador e pode requerer tempo (para não mencionar um grande suprimento de aspirina!).

Treinamento de limites: móveis e aposentos

O **MODO MAIS FÁCIL DE** manter seu cão fora de móveis e aposentos é usar grades de bebê e pequenas cercas para bloquear as áreas proibidas. Pouco a pouco você pode tentar remover as barreiras por mais tempo. Mas, antes de fazer isso, reforce a satisfação do cão com a caixa de transporte; torne um hábito ficar nela. Então, em um momento em que você possa supervisioná-lo constantemente, comece a tentar manter os limites sem usar barreiras físicas. O melhor modo de fazer isso é manter seu cão *sossegado*, o que lhe ensinarei mais tarde nesta lição.

Contudo, o primeiro passo é tirar o cão da caixa de transporte e lhe dar atenção e recompensas, como um brinquedo mastigável que o manterá ocupado. Se ele entrar em áreas proibidas, *chame-o de volta* imediatamente. Atraia-o com uma isca, se necessário. Só use o comando *fora* se o pegar começando a entrar no espaço proibido, ou você poderá não deixar claro exatamente do que quer que ele fique fora.

Ficar sossegado

L IGEIRAMENTE DIFERENTE DE *DEITE* e *deite-fique*, o comportamento de *ficar sossegado* ou apenas *sossegue* pode ser mantido por mais tempo. No *sossegue*,

> **FICAR SOSSEGADO**
>
> O *sossegue* é um *deite* mais relaxado, e pode ser mantido por mais tempo.
>
>
>
> **COMECE COM O CÃO NA POSIÇÃO DEITADA.**
> Segure de seis a oito petiscos atrás das suas costas e estabeleça um bom foco.
>
>
>
> **MÁQUINA DE VENDA AUTOMÁTICA.**
> Dê os petiscos um de cada vez. Assim que o cão relaxar, marque isso calmamente ("bom sossego") e lhe dê o resto dos petiscos.

o cão pode ficar em qualquer posição, desde que continue tranquilo: de lado, de barriga para cima, esparramado ou mastigando um brinquedo. O *deite-fique*, em contrapartida, exige que o cão fique deitado sem se mover. Quando ele tiver dominado o *deite*, use o *sossegue* para lhe proporcionar um pouco mais de liberdade e relaxamento enquanto ele está "confinado" à posição *deitada*. Por exemplo, você pode usar o *sossegue* se quiser que o cão fique no mesmo ambiente que você durante uma espera prolongada enquanto você come, vê TV, lê ou trabalha. Também pode usá-lo quando está fora de casa com ele, como em uma fila em uma loja ou sentado em um banco de parque. Alguns dos meus alunos deram ao comportamento *sossegue* o nome "relaxe", o que é válido desde que você seja consistente.

Para ensinar seu cão a sossegar, comece com ele na posição *deitada*. Tenha muitos petiscos à mão. Enquanto o cão estiver deitado, estenda a palma de sua mão aberta um pouco acima da cabeça dele, espere alguns segundos e, com sua outra mão, recompense-o silenciosamente com seis a oito petiscos, um de cada vez. Chamo isso de técnica da vendedora automática, e é importante continuar a vender os petiscos enquanto você observa a posição do animal. Assim que o vir relaxar *sossegado*, marque isso dizendo calmamente "bom sossego" (ou "boa relaxada") e lhe dê o resto dos petiscos. Depois do último, conte em silêncio até cinco, mostre-lhe que não tem mais petiscos em sua mão e, com uma voz suave, solte-o brevemente. Então repita o comportamento *sossegue*. É importante manter a vendedora

LEMBRETE DE DEVER DE CASA: TREINO DE RELACIONAMENTO

Quando você fizer seu dever de casa nesta semana e em todas as semanas seguintes, quero que tenha em mente o bom relacionamento com seu cão. Quanto mais seu cão se concentrar em você, mais ele desejará seguir seus comandos e aprender em sua companhia, especialmente quando você recompensar seu bom comportamento e criar uma história maravilhosa de reforço positivo juntos. Nesta semana, torne sua missão ver o que pode fazer para que seu cão se concentre mais em você, e anote isso em seu diário de treinamento. Por exemplo, pratique o exercício de contato visual (veja a página 159) tendo o cuidado especial de demonstrar sua felicidade quando o cão olhar para você. Quando estiver caminhando, note a concentração dele em você e como isso também poderia estar melhorando seu caminhar informal, sem puxar.

Mesmo quando você fizer seu cão se sentar para tudo — o que é a base do sistema de recompensas da vida real — demonstre um pouco mais sua gratidão quando ele fizer o que lhe pedir. Preste atenção à linguagem corporal do cão e recompense todos os ótimos comportamentos que ele apresenta naturalmente — e ele os apresentará cem vezes mais.

automática distribuindo os petiscos, caso contrário o cão poderá se levantar. Se ele fizer isso, pare de dispensar os petiscos até ele deitar de novo. A maioria dos cães aprende o comando *sossegue* rapidamente se já dominou o *deite-fique*.

Outro modo de ensinar e reforçar o *sossegue* é combiná-lo com dar comida com a mão. Dê com a mão lentamente toda a refeição, pondo um pouco de ração canina moída (ou a quantidade de comida equivalente, se não usar esse tipo de ração) entre as patas dianteiras do cão e perto do corpo dele, enquanto estiver deitado. Pare de alimentá-lo quando ele não relaxar. No fim da refeição, é provável que o cão esteja deitado confortavelmente, apreciando ser alimentado como um rei.

Dever de casa

NESTA SEMANA, ENFATIZE O sucesso. Como você está se aproximando do final do Programa de Treinamento Básico, pode achar que seu cão está indo tão bem que não precisa ser recompensado; ou não está progredindo rápido o suficiente e por isso não merece recompensas. Mas nessa primeira fase é fácil incorrer nesses dois julgamentos, por isso tenha em mente o sucesso do cão. Faça com que qualquer nível que ele atinja pareça o auge do sucesso.

CHAMADAS DE VOLTA: Acrescente distrações praticando em locais ao ar livre e com pessoas ao redor, especialmente crianças, assim como aumentando distâncias em direções diferentes.

FICADA: Acrescente distrações e distância quando seu cão estiver pronto. Lembre-se de não se apressar: as boas *ficadas* vêm com muita paciência, prática e maturidade do cão.

DEITADA: Acrescente o comando verbal (dê nome ao comportamento).

POSIÇÃO PARADA: Atraia, tente progredir para o sinal com a mão sem a isca e depois acrescente o comando verbal.

TROCA FORA E PEGUE: Praticar o exercício com a tigela de comida também reduz o comportamento de defesa do alimento.

TREINAMENTO DE PORTA: Comece com portas internas antes de progredir para portas de saída.

TREINAMENTO DE ESCADA: Presumindo que seu cão já suba escadas, ensine-o a fazer isso com segurança (o cão anda perto de você, nem na frente nem atrás).

SOSSEGO: Pratique a técnica da vendedora automática e também dê comida com a mão.

Treinamento de jogos e atividades

A crescente novas táticas aos jogos e às atividades que seu cão já conhece. Veja detalhes no Capítulo 9.

- ▶ Integre Esconde-Esconde a Ir e Vir fazendo *chamadas de volta* bidirecionais entre você e seu parceiro em aposentos separados.

- ▶ Acrescente a *pose* às Flexões de Cachorrinho. Quando seu cão conseguir fazer a pose com seu sinal com a mão ou seu comando verbal, comece com uma sequência previsível: *sente-pose-deite*; depois use combinações como *pose-sente-pose* e *sente-deite-pose*. Lembre-se de tornar isso divertido e manter o cão interessado em você enquanto tenta melhorar a fluência dele sem fazê-lo falhar.

- ▶ Buscar/Devolver. Introduza esse jogo, mas ainda não insista em que seu cão o entenda ou aprecie. Apenas avalie como ele se sente em relação a isso agora e o recompense por qualquer sucesso.

QUARTA SEMANA: COMPLETANDO A BASE   139

DIÁRIO DE TREINAMENTO PARA _____ DIA _____

SEMANA 4

HABILIDADE	PROGRESSO	NOTAS
CHAMAR DE VOLTA: ACRESCENTE DISTRAÇÕES E DISTÂNCIA Generalize para locais ao ar livre. Com a ajuda do parceiro de treinamento, pratique o exercício Fuga e Chamada de Volta de Lassie.		
FICAR ATÉ SER CHAMADO DE VOLTA: ACRESCENTE DISTÂNCIA, DURAÇÃO E DISTÂNCIA Acrescente gradualmente passos e tempo e generalize para novos locais. Circule ao redor do cão enquanto ele senta e fica.		
DEITAR: DÊ NOME AO COMPORTAMENTO Pratique as Flexões de Cachorrinho (*sentar-deitar-sentar*) acrescentando comandos verbais aos sinais com a mão.		
POSIÇÃO PARADA Quando o cão se sentar do seu lado, atraia-o para a frente a fim de que ele se levante e siga o petisco. Quando fluente, acrescente a sequência de Flexões de Cachorrinho e o comando verbal ("pose").		
TROCA FORA E PEGUE: SEGUNDA FASE Pratique trocas por itens de valor igual ou maior. Troque petiscos especiais por porções de refeição na tigela de comida.		
TREINAMENTO DE PORTA Dê o comando sente e depois diga "fora" antes de abrir a porta e conduzir o cão por ela fazendo um sinal com a mão. Depois marque, elogie e recompense. Mais tarde, acrescente o comando verbal "vamos".		
FICAR SOSSEGADO Partindo da posição deite-fique, ofereça petiscos um a um (técnica da vendedora automática). Quando o cão relaxar, diga "bom sossego". Além disso, dê comida com a mão na posição sossegada.		
PEGUE SEU CÃO TENDO COMPORTAMENTOS DE QUE VOCÊ GOSTE Além disso, use o Sistema de Recompensas da Vida Real.		
TREINAMENTO PARA FAZER AS NECESSIDADES FISIOLÓGICAS NO LUGAR CERTO Observe o *input* (refeições e petiscos) e *output* (hora de fazer as necessidades). Note os acidentes.		
COMPORTAMENTOS BÁSICOS Treinamento para ficar na caixa de transporte, dar comida com a mão, inibição de mordida, manuseio e gentileza.		
ESCOLHA UMA ATIVIDADE/UM JOGO.		
ESCOLHA UMA EXPERIÊNCIA DE SOCIALIZAÇÃO.		

Para baixar gratuitamente o diário de treinamento, visite lovethatdogbook.com.

CAPÍTULO

8

Quinta Semana: revendo as habilidades básicas

VOCÊ CONSEGUIU. ESTA é a Quinta Semana — a última — do Programa de Treinamento Básico. Parabéns!

Em minhas aulas, passo esta última semana revendo as dez habilidades básicas que meus clientes e seus cães começaram a dominar. Uso este capítulo do mesmo modo — como um guia rápido para avaliar o progresso do cão. Então deixo o dono conduzi-lo para o próximo nível de treinamento nos capítulos seguintes. Se seu cão adquiriu todas as dez habilidades e exerce algumas delas fluentemente, vocês fizeram um enorme progresso. Se esse não for o caso, não

Este capítulo oferece uma visão geral de todas as habilidades que você e seu cão dominaram até agora: sentar, chamar de volta, andar com a guia, deitar, ficar, posição parada, ficar sossegado, soltar, troca fora e pegue, e treinamento de limites.

se preocupe; apenas continuem a trabalhar. Como eu já disse, não é razoável esperar que todos os cães sejam capazes de dominar todas essas habilidades em apenas um mês. Alguns demoram um pouco mais e outros parecem entender tudo de uma só vez, após várias semanas.

Se estivéssemos na aula juntos, eu lhe pediria para passar algum tempo nos mostrando o que seu cão é capaz de fazer e sua performance. Você pode considerar a possibilidade de organizar uma "Noite em Família" (ou "Noite de Diversão com Amigos") em que seu cônjuge e seus filhos (ou amigos) se reúnem e você e seu cão mostram o progresso que fizeram. Vocês dois trabalharam muito nestas últimas cinco semanas e certamente merecem ser reconhecidos e comemorar seus esforços.

Guia rápido

O **OBJETIVO DESTE GUIA RÁPIDO** é ajudá-lo a avaliar os níveis de habilidade atuais de seu cão, ver o que ele pode aprender a seguir e ajustar quaisquer comportamentos que tenham se tornado falhos. Por exemplo, neste ponto do treinamento o cão deveria estar fluente na maioria dos protocolos básicos de boas maneiras familiares (se não em todos) que você aprendeu no programa básico. No mínimo, o cão deveria se sentar onde e quando você lhe pede. Se a *sentada* precisar ser mais trabalhada, lembre-se de incorporar o comportamento ao sistema de recompensas da vida real: faça-o se sentar para tudo.

Seja qual for o nível de habilidade que você e seu cão atingiram durante este curso de treinamento, lembre-se de que sentar é *sempre* importante, embora geralmente seja o primeiro comportamento que um dono de cão dispensará. Sentar-se facilmente põe fim à maioria dos problemas comportamentais: é simplesmente impossível seu cão se sentar e pular em você ao mesmo tempo.

Um lembrete antes de começarmos a revisão (e avaliação do seu cão): ao fazer qualquer exercício repetitivo, seja positivo e se divirta. Continue a ensinar um exercício repetitivo apenas enquanto seu cão permanecer interessado. Se ele perder o interesse, errar muitas vezes e desistir, mude para um exercício que ele saiba fazer para terminar a sessão de treinamento com uma nota positiva. Faça o possível para deixar seu cão querendo mais e ansioso pela próxima sessão.

Até mesmo o filhote mais jovem quer agradar — você só tem que mantê-lo focado.

Primeira habilidade: sentar

▶ **ATRAINDO.** Encoste um petisco no focinho do cão. Depois, com o petisco na ponta dos dedos e a palma da mão virada para cima, erga o petisco acima do focinho. Quando o cão olhar para cima, a anca abaixará até o chão. Marcador: "muito bem". Não use o comando verbal. Elogie-o, toque-lhe a coleira e por último dê o petisco. Veja a Primeira Semana, página 74.

▶ **SISTEMA DE RECOMPENSAS DA VIDA REAL.** Faça seu cão se sentar para tudo: antes de refeições, caminhadas, brincadeiras e socialização. Por exemplo, quando for hora de levá-lo para uma caminhada, antes de prendê-lo à guia e sair pela porta peça para ele se sentar. Isso o ensina que quando ele se senta coisas boas podem acontecer, e se torna o modo de o cão dizer "por favor". Veja a Segunda Semana, página 93.

▶ **MUDANDO O SINAL COM A MÃO:** de isca para o comando. Quando seu cão obtiver 80% de sucesso com a isca, introduza o caça-níqueis (retirada gradual de petiscos) e grandes prêmios para os melhores comportamentos. Mantenha seus olhos fixos no cão para não deixar escapar nada. Veja a Segunda Semana, página 96.

▶ **RETIRANDO PETISCOS.** Faça o sinal com a mão sem petisco. Segure o petisco na outra mão. Veja a Segunda Semana, página 97.

▶ **ACRESCENTANDO O COMANDO VERBAL.** Quando seu cão estiver fluente no comando visual (no uso apenas do sinal com a mão), você pode dar nome a esse comportamento usando o comando verbal "sente". Neste Programa de Treinamento Básico, sempre continue usando o sinal com a mão (comando visual) ao mesmo tempo que dá o comando verbal, porque a combinação repetida das duas coisas ajuda o cão a entender a ligação entre ambas. Veja a Terceira Semana, página 109.

▶ **GENERALIZAÇÃO DA SENTADA.** Use o comando em momentos fortuitos, durante caminhadas, em meio a multidões e em situações e ambientes com mais distrações do que o cão está acostumado. *Nova habilidade.*

▶ **SENTADA DIÁRIA.** Retire totalmente recompensas em lugares com os quais seu cão está familiarizado. Acrescente novos lugares, novas distrações e mais distância para que ele entenda que, embora o ambiente e a situação tenham mudado, o comportamento que

AME SEU CÃO

você lhe pede é o mesmo. Acompanhe o hábito diário do sistema de recompensas da vida real em que o cão senta para tudo. *Nova habilidade.*

Segunda habilidade: chamar de volta

▸ **ATRAINDO PARA VOLTAR, PARTE UM.** Faça seu cão ir na sua direção quando você estiver a alguns passos de distância. Faça um parceiro segurar o cão pela guia enquanto você o atrai puxando o petisco na direção do seu joelho, e depois faça-o se sentar. Recompense-o pela *sentada.* Se o cão não se sentar, recompense-o por ter *voltado.* Quando essa habilidade for adquirida, acrescente a *sentada.* Não dê nenhum comando verbal. Veja a Primeira Semana, página 82.

▸ **ATRAINDO PARA VOLTAR, PARTE DOIS, ACRESCENTANDO UM COMANDO VERBAL.** Continue a atrair o cão para *voltar* como você aprendeu na parte um, acrescentando o comando verbal "[nome do cão], venha aqui". Quando seu cão se tornar fluente nisso, aumente a distância alguns centímetros de cada vez (desde que o cão continue a ser bem-sucedido) até 3m. Quando você se afastar mais, seja a coisa mais interessante que seu cão vê, porque ele pode não notar o petisco. Seja alegre e animado (agache-se e bata palmas sem assustar o cão) enquanto ele corre para cumprimentar você. Veja a Segunda Semana, página 98.

▸ **COMBINAÇÃO CHAMAR DE VOLTA-SENTAR E SOLTAR.** Interrompa uma brincadeira supervisionada após cerca de um minuto com uma *chamada de volta.* Use o comando para chamar de volta no qual seu cão estiver mais fluente: idealmente, o nome dele seguido de "venha aqui", além de um sinal com a mão (agache-se e bata palmas). *Solte-o* para outro minuto de brincadeira. Este exercício funciona melhor quando o cão tem uma pessoa ou outro cão com quem brincar. Veja a Terceira Semana, página 108.

▸ **ACRESCENTANDO DISTÂNCIA E DISTRAÇÃO.** Pratique atrair com um comando verbal e *chamar de volta-sentar-soltar* acrescentando uma distância de até 9m. Acrescente pequenas distrações, como um brinquedo segurado por um parceiro, ou um parceiro andando na outra direção. Faça o exercício de virar e correr descrito na Quarta Semana, página 123.

QUINTA SEMANA: REVENDO AS HABILIDADES BÁSICAS | 145

▶ **GENERALIZAÇÃO DE CHAMADAS DE VOLTA.** Pratique o comando dentro de casa, em um lugar com mínimas distrações. Programe brincadeiras supervisionadas em um quintal dos fundos ou parque (dentro de uma área cercada) para praticar isso com uma guia. Aumente gradualmente a distância da qual chama seu cão a cada um ou dois minutos, começando a uma distância de alguns centímetros e só a aumentando quando o cão demonstrar fluência em distâncias mais curtas. Acrescentar distância exige supervisão cuidadosa para o cão não fugir. *Nova habilidade.*

▶ **CHAMADAS DE VOLTA DIÁRIAS E EM TODOS OS LUGARES.** É importante incorporar as chamadas de volta à rotina diária do cão para ajudá-lo a se manter concentrado em você ao longo do dia. Não recomendo retirar totalmente recompensas por muito tempo — nem muitos anos — porque os comandos para *chamar de volta* estão entre os mais difíceis de os cães seguirem em situações generalizadas. É melhor ser cuidadoso e seguro. Não espere que seu cão tenha dominado as *chamadas de volta* em todas as situações diárias. *Nova habilidade.*

Terceira habilidade: andar com a guia

▶ **PRIMEIROS PASSOS JUNTOS: "PARADO".** Sempre que o cão puxar a guia, fique firme, leve suas mãos para o peito (enquanto segura a alça da guia) e espere. Quando o cão olhar de volta para você, marque isso com "muito bom" e o chame de volta como fez no "venha aqui". Se você o fizer se sentar na sua frente, isso não lhe permitirá correr ao seu redor. Quando ele chegar, elogie-o, dê-lhe um petisco e caminhe na direção oposta. Parta do princípio de que essas caminhadas não visarão à distância, mas serão apenas de um lado para o outro. Se seu cão permanecer perto de você sem que lhe peça, recompense-o por isso. Veja a Primeira Semana, página 84.

▶ **GUIA PRESA AO CINTO.** Prenda a alça da guia ao seu cinto enquanto você anda por sua casa e faz suas coisas. Recompense seu cão por ficar perto e se concentrar em você. Veja a Segunda Semana, página 92.

146 | **AME SEU CÃO**

▶ **SOLUÇÃO DE PROBLEMAS: PUXAR A GUIA.** Continue a fazer o exercício "Parado". Brinque de Siga a Isca para aumentar o foco do cão em você. Antecipe quando ele estiver prestes a puxar a guia e, antes que faça isso, o atraia em outra direção. Veja Siga a Isca na página 161.

▶ **EXERCÍCIO DE CAMINHADA: MUDANDO DE DIREÇÃO.** Mude intencionalmente de direção com frequência enquanto caminha, atraindo seu cão e o ajudando a acompanhar suas mudanças. Passe por entre obstáculos. Veja a página 105.

▶ **EXERCÍCIO DE CAMINHADA: INFORMAL.** Faça seu cão andar do seu lado. Marque isso com "boa caminhada", elogie e recompense o cão fortuitamente (técnica do caça-níqueis) enquanto continua a caminhar. Pratique rápidos começos e paradas. Use a guia presa ao cinto. Lembrete: isso não é uma caminhada perfeita, mas mantém o cão andando ao seu lado com momentos para cheirar, urinar e ser um cão. Veja a Terceira Semana, página 117.

▶ **CAMINHADA INFORMAL: CAMINHADAS DO MUNDO REAL COM DISTRAÇÕES.** Quando você estiver confiante na capacidade do seu cão se concentrar em você enquanto enfrenta pequenas distrações, vá a um parque para cães ou outro lugar em que haja mais distrações *e* um modo rápido e seguro de sair se as coisas não correrem bem. Não force seu cão a fazer algo para o qual não está pronto. *Nova habilidade.*

Quarta habilidade: deitar

▶ **ATRAINDO.** Comece com seu cão *sentado* diante de você. Atraia-o segurando um petisco na ponta dos dedos, com a palma da mão virada para baixo e deslizando o petisco devagar na direção do peito do cão. Mantendo a atenção do animal no petisco, abaixe a mão. Quando o cão tocar no chão, marque isso dizendo "boa deitada", elogie-o e lhe dê o petisco. Só use o sinal com a mão, sem comandos verbais. Veja a Segunda Semana, página 105.

▶ **FLEXÕES DE CACHORRINHO.** Faça o sinal com a mão para o cão *sentar, deitar* e depois *sentar* de novo. Marque cada resposta (diga "muito bem" após cada *sentada* ou *deitada*) e seja pródigo em elogios e recompensas de petiscos apenas depois de toda a repetição (uma repetição = *sentar-deitar-sentar*). Quando o cão se tornar fluente, acrescente complexidade começando com uma deitada extra no final e fazendo mais uma Flexão de Cachorrinho antes de dar a recompensa. Quando seu cão aprender mais comandos e truques, inclua-os na rotina de flexões. Veja a Terceira Semana, página 110.

▶ **ACRESCENTANDO O COMANDO VERBAL.** Atraia seu cão para a posição *deitada* e acrescente o comando verbal quando ele começar a responder. Lembre-se de que você está estabelecendo uma ligação entre o sinal com a mão e o comando verbal para que o cão entenda que esse comportamento também tem um nome. Veja a Quarta Semana, página 125.

▶ **INCORPORANDO OS COMANDOS VERBAIS ÀS FLEXÕES DE CACHORRINHO.** Introduzir todos os comandos verbais é um processo direto: depois que o cão entende fluentemente seu sinal com a mão, você pode dar um nome a isso. Quando você estabelecer a ligação entre os comandos visuais e verbais, seu cão responderá a ambos. Quando ele já souber fazer as Flexões de Cachorrinho, dê os comandos verbais "sente" e "deite" junto com os sinais com a mão. Veja a Quarta Semana, página 125.

▶ **DEITAR E SENTAR A UMA CERTA DISTÂNCIA.** Acrescente uma distância de centímetros de cada vez, misturando ao acaso comandos verbais e visuais para *sentar* e *deitar*. No início, recompense com petiscos a cada pequeno aumento de distância (vá até o seu cão e o recompense por cada sucesso) e depois comece a retirar recompensas. Também combine isso com exercícios de *ficar* por mais tempo (veja a seguir). *Nova habilidade.*

Quinta habilidade: ficar

▶ **BISCOITO SENTE E PEGUE.** Este exercício prepara seu cão para aprender a ficar fazendo-o se sentar rapidamente e olhar para você para pedir ajuda em vez de ir atrás de um biscoito sem sua permissão. Enrole mais ou menos metade da guia em sua mão para encurtá-la o suficiente para sua outra mão poder alcançar confortavelmente o focinho do cão quando ele puxar para a frente durante este exercício. Com o cão sentado ao seu lado, e a mão que segura a guia "grudada" em seu quadril, encoste um petisco no focinho dele (com sua outra mão) e o deixe cheirá-lo. Depois atire o petisco alguns centímetros na frente dele e fique quieto enquanto ele tenta pegá-lo (mas sem conseguir, porque você está segurando a guia curta). Quando o cão olhar de volta para você, marque isso (diga "muito bem"), faça o sinal com a mão para ele se sentar, marque isso de novo quando ele o fizer (diga novamente "muito bem") e depois o direcione imediatamente para pegar o petisco (aponte para o petisco e diga "pegue") enquanto desenrola rapidamente a guia de sua mão. Veja a Terceira Semana, página 111.

▶ **BISCOITO SENTE-FIQUE.** Parecido com o *biscoito sente*, mas agora acrescente tempo de espera antes de soltar o cão para pegar o biscoito. Veja a Terceira Semana, página 111.

▶ **FICAR: O COMANDO CONVENCIONAL.** Quando seu cão se sentar na sua frente, deslize a palma estendida de sua mão gentilmente na direção do focinho dele, como se parando o trânsito, e diga "fique". Mantenha sua mão na posição enquanto dá intermitentemente petiscos para o cão como recompensa por ficar. Marque isso com "boa ficada", elogie-o e lhe dê mais um petisco que você tem na outra mão. O objetivo é ensinar ao cão que quanto mais ele permanecer no *sente-fique*, mais petiscos ganhará. Quanto melhor o cão *ficar*, de menos petiscos ele *precisará* porque agora entende pelo que está sendo recompensado. No início, mantenha as *ficadas* curtas e agradáveis e depois aumente aos poucos e com sucesso a capacidade de o cão *ficar*. Quando o cão aumentar sua capacidade de *ficar* para mais de trinta segundos, insira outro comando para *ficar* no meio desse tempo de *ficada* e o recompense pelo sucesso para que ele entenda que *ficando* durante mais tempo obterá mais recompensas. Veja a Terceira Semana, página 113.

Sexta habilidade: posição parada

▶ **ATRAINDO.** Enquanto o cão se senta ao seu lado, segure um petisco na ponta dos dedos e o atraia para frente devagar. Quando ele ficar em uma posição *parada* para cheirar o petisco, marque isso (diga "muito bem"), elogie-o e o deixe comer o petisco. Quando o cão se tornar bem-sucedido, pratique esse comportamento começando com ele do seu outro lado. Repita a sequência até o máximo de sucesso enquanto o cão aprende a *pose* e permanece parado esperando o petisco chegar até ele. Veja a Quarta Semana, página 126.

- ▶ **O COMANDO VISUAL.** Faça como você fez quando atraiu o cão para a *pose* usando um sinal com mão, mas desta vez só finja segurar uma isca na ponta dos dedos. Quando o cão seguir sua falsa isca, marque isso (diga "muito bem"), elogie-o e lhe dê um petisco com sua outra mão. Veja a Quarta Semana, página 126.

- ▶ **ACRESCENTANDO COMANDOS VERBAIS.** Quando seu cão estiver fluente na *pose* dos dois lados de você, acrescente o comando verbal "pose" quando ele estiver totalmente parado. Veja a Quarta Semana, página 127.

- ▶ **POSE A PARTIR DA POSIÇÃO DEITADA.** Quando seu cão estiver fluente na *pose* a partir da posição *sentada* dos dois lados de você, e você já tiver dado o comando verbal *pose* com sucesso, comece a partir da posição *deitada* e use tanto o sinal com a mão quanto o comando verbal até o cão se tornar fluente. Veja a Quarta Semana, página 126.

- ▶ **COMBINAÇÕES DE COMANDOS:** acrescentando a pose às Flexões de Cachorrinho. Quando seu cão estiver fluente na combinação de flexões de *sentar-deitar-sentar-deitar,* mescle os três comandos — *sentar, deitar, pose* — e torne a sequência aleatória. Veja a Quarta Semana, página 138.

Sétima habilidade: ficar sossegado

- ▶ **FICAR SOSSEGADO.** Enquanto o cão está na posição *deitada,* recompense-o silenciosamente com seis a oito petiscos um de cada vez, como se você fosse uma vendedora automática. Quando ele relaxar e sossegar, marque isso ("boa sossegada") e dê o resto dos petiscos (se tiverem sobrado). Depois conte até cinco silenciosa e lentamente, marque isso (diga "muito bem"), recompense e *solte* o cão. A recompensa pelo bom *sossego* é a alegre soltura, pródigos elogios e afagos por um trabalho bem-feito, possivelmente deixando o cão ansioso por tentar isso de novo. Não termine o comportamento *sossegado* com outro petisco ou ele poderá ligar o último petisco à *soltura* e posteriormente achar que deveria se adiantar a você e se soltar antes que você o solte. Veja a Quarta Semana, página 135.

- ▶ **FICAR SOSSEGADO COM RECOMPENSA.** Quando seu cão tiver adquirido a capacidade de *sossegar* anteriormente citada, elimine a vendedora automática humana e lhe faça um sinal visual com a mão, com uma palma aberta sobre a cabeça dele, enquanto dá como comando verbal a palavra "sossegue". Depois de cinco a oito segundos, marque isso, elogie-o e recompense, mas não o solte. Inicialmente, dê-lhe um grande prêmio para que saiba que está entendendo isso. Quando ele entender, aumente o tempo total sossegado marcando, elogiando e recompensando a cada oito ou dez segundos. Quando o cão for capaz de sossegar por trinta segundos, introduza a técnica do caça-níqueis (retire recompensas fortuitamente) com o objetivo final de retirar totalmente os petiscos, como você faria com todos os comportamentos bem-sucedidos. Você pode recompensar *sossegos* mais longos dando-lhe um Kong recheado por um ou dois minutos e depois tirar o Kong usando a técnica da troca *fora e pegue*. Retire os petiscos (usando a técnica do caça-níqueis) quando ele se tornar fluente. Veja a Quarta Semana, página 135.

▶ **FICAR SOSSEGADO NA VIDA REAL.** Quando seu cão estiver com você em um lugar público — em uma fila de banco ou na casa de um amigo —, pratique o *sossegue*. Marque, elogie e recompense (no início com um grande prêmio). *Nova habilidade.*

Oitava habilidade: soltar

▶ **SOLTAR: COMANDO VERBAL.** Durante todos os períodos de brincadeira supervisionados, solte a guia do seu cão — caso esteja dentro de casa ou em uma área cercada que impeça a fuga dele — e diga "solto" com uma voz alegre. Veja a Segunda Semana, página 102.

Nona habilidade: troca Fora e Pegue

▶ **PEGUE: BISCOITO SENTE-FIQUE (REVISÃO).** A troca *fora e pegue* se baseia no comportamento do *biscoito sente-fique*, por isso, por favor, reveja essa habilidade para que seu cão se torne fluente nela antes de progredir para o próximo estágio. Lembre-se de tornar isso divertido para o cão querer jogar esse "jogo" um pouco mais. Veja a revisão do *biscoito-sente-fique* neste capítulo na página 148, e a lição detalhada na Terceira Semana, página 109.

- ▶ **EXERCÍCIO PEGUE.** Segure um petisco com a ponta dos dedos no nível do focinho do cão, gire apenas sua mão — não mova o braço — e diga "pegue". Marque (diga "muito bem") e repita imediatamente. Veja a seguir a parte *fora* desta troca. Veja a Terceira Semana, página 115.

- ▶ **TROCA FORA E PEGUE: PRIMEIRA FASE.** Faça três exercícios seguidos de *pegue* e no quarto *não* diga "pegue". Quando seu cão tentar pegar o petisco, diga "fora" subitamente e alto o suficiente para ele ficar um pouco chocado. Tipicamente, o cão recuará e olhará para você, tentando entender o que você quer. Assim que ele se afastar por pouco que seja de sua mão, marque isso (diga "muito bem") e lhe dê o petisco, elogiando-o prodigamente no tom de voz mais alegre que puder. Quando o cão parecer entender os comandos "fora" e "pegue", aumente o tempo de espera entre *fora* e *pegue isso*. Veja a Terceira Semana, página 115.

- ▶ **TROCA FORA E PEGUE: SEGUNDA FASE.** Combine o comando *fora* com o *pegue* à tigela do cão para reduzir a defesa do alimento. Use como recompensa um Kong recheado ou outra coisa que ele valorize tanto ou mais que sua tigela de comida. Veja a Quarta Semana, página 128.

Décima habilidade: treinamento de limites.

- ▶ **DENTRO DE CASA, PRIMEIRA PARTE.** Faça o cão se *sentar* e *ficar* na soleira da porta, preso à guia. Marque, elogie e recompense o bom comportamento de *ficar*. Abra a porta; se o cão começar a se levantar, feche-a e lhe dê o comando de novo para *sentar* e *ficar*. Abra a porta novamente bem devagar. Se o cão ficar por um momento, marque a boa *ficada*, abra a porta e o conduza através dela. Peça ao cão para *sentar-ficar* um pouco mais a cada repetição subsequente antes de abrir totalmente a porta e o conduzir através dela. Essa fase está completa quando você consegue abrir totalmente a porta sem o cão se mover. Veja a Quarta Semana, página 130.

- ▶ **DENTRO DE CASA, SEGUNDA PARTE.** Quando o cão tiver adquirido as habilidades anteriores, passe pela soleira enquanto ele *senta-fica*. Após um momento, atraia-o com "venha aqui" e depois o deixe segui-lo através da porta. Marque isso, elogie-o e lhe dê um petisco. Veja a Quarta Semana, página 132.

- ▶ **PORTA DA FRENTE.** À porta da frente fechada, segure a guia como no *biscoito sente-fique* (com a mão que segura a guia "grudada" em seu quadril). Faça um parceiro tocar a campainha ou bater na porta e mantenha a guia grudada em seu quadril enquanto o cão late e pula. Permaneça em silêncio até o cão se concentrar em você. Então marque isso e o atraia chamando-o de volta com um "venha aqui". Diga ao seu parceiro para tocar de novo. Quando o cão ficar e se concentrar em você, abra lentamente a porta. Feche-a de novo se ele tentar pular na visita. Se o cão permanecer sentado, dê-lhe um grande prêmio. Veja a Quarta Semana, página 133.

- ▶ **VISITA.** Deixe uma visita entrar; ela não deve se aproximar do cão se houver qualquer sinal de que ele possa ficar agitado, com medo ou protetor. Se o cão permanecer calmo, a visita pode se aproximar.

- ▶ **MÓVEIS E APOSENTOS.** Planeje com antecedência e use grades para bebês e cercas para isolar áreas proibidas. Só use o comando *fora* quando pegar seu cão dando um ou dois passos para dentro do espaço proibido.

- ▶ **SUBINDO ESCADAS.** Use grades para bebês e cercados para manter seu cão fora das escadas quando ele não estiver na caixa de transporte. Use uma guia curta e o mantenha perto de você contra a parede enquanto sobe a escada com ele ao seu lado, não à sua frente ou atrás de você.

Parabéns! Você e seu cão conseguiram. Criaram um animado vínculo. Vocês são um time. Talvez fosse uma boa ideia pôr um marcador neste guia rápido e passar os olhos pelas páginas do Programa de Treinamento Básico, revendo cada comando. Você pode abrir qualquer página ao acaso e se lembrar de um avanço, um desafio ou uma história que o faz rir... ou apenas balançar a cabeça porque o que parecia impossível agora está se tornando comum. Se seu cão fosse capaz de cumprimentar, esse seria o momento de fazer isso. A boa notícia é que nos próximos capítulos ensinaremos o Cumprimento e outros truques, junto com o programa completo Canine Good Citizen*. Como você verá, continuar o treinamento fortalecerá o vínculo do cão com sua família, mantê-lo-á concentrado em descobrir como ganhar mais recompensas e lhe dará menos tempo para descobrir como ser destrutivo. Você já fez a parte mais difícil; agora deve manter os bons comportamentos do cão com a prática consistente.

---

* *N. do T.*: Programa do American Kennel Club em que o cão passa por uma avaliação e ganha o certificado de Bom Cidadão Canino.

OS PRÓXIMOS PASSOS

CAPÍTULO 9

Treinamento de jogos e atividades

ESTOU CERTA DE que, no momento em que você trouxe seu novo cão para casa, descobriu que essas criaturas *adoram* brincar. Quanto mais tornarmos o aprendizado divertido para eles (e nós mesmos), mais nossos cães desejarão aprender.

No final de cada capítulo de seu Programa de Treinamento Básico, relacionei atividades que acho que podem ajudar nas lições dessa semana, mas eu o incentivo a experimentar quaisquer jogos que você ache que possam interessar ao cão e forem compatíveis com o nível de habilidade dele. Algumas atividades começarão como favoritas e depois ficarão em segundo plano quando outros jogos atraírem ainda mais o interesse dele. Tenha uma mente aberta e experimente o máximo de atividades possíveis. Você terá ideias para modificá-las à medida que seu cão (e você) se tornar mais habilidoso.

Você também inventará seus próprios jogos, especialmente se envolver seus filhos no treinamento. (Veja a página 160) se estiver em busca de ideias para envolver

Consulte este capítulo para encontrar mais informações sobre todos os jogos e as atividades de treinamento que discutimos no resto deste livro. Apresento atividades de desenvolvimento de relacionamento, jogos de treinamento de habilidades, exercícios para reforçar comportamentos e segurança e oportunidades de socialização. Além disso, neste capítulo há sugestões para incluir seus filhos no treinamento do cão, além de ideias divertidas para festas de cães.

DICAS DE DEVER DE CASA

◆ **SIGA AS REGRAS BÁSICAS.** Divirta-se. Seja paciente. Lembre-se de que cada interação — cada caminhada, refeição e manifestação de amor — é uma oportunidade de aprendizado, e que o cão aprende melhor em sessões curtas.

◆ **USE O DIÁRIO DE TREINAMENTO.** Seja disciplinado em relação a usar seu diário de treinamento mesmo se isso parecer dar trabalho ou um desperdício de tempo. Perdeu seu diário? Faça o download de um gratuito em meu site (lovethatdogbook.com)

crianças nesses jogos e atividades.) Partilhe seus próprios jogos comigo em meu website (lovethatdog.book.com) e eu postarei alguns deles com seu nome.

Seja qual for o jogo ou a atividade que você escolher, sempre se lembre de ajudar seu cão a aprender e entender claramente as regras do jogo marcando o comportamento dele e o elogiando e recompensando quando for bem-sucedido.

As atividades incluídas aqui se destinam a treinar seu cão em quatro áreas específicas:

▶ Desenvolvimento de relacionamento

▶ Treinamento de habilidades

▶ Comportamento e segurança

▶ Oportunidades de socialização

Atividades de desenvolvimento de relacionamento

ESTES JOGOS SIMPLES VISAM a reforçar o vínculo entre você e seu cão. O objetivo de cada um deles é fazer seu cão se concentrar mais em você.

1. **QUE MÃO?** Este é um simples jogo de adivinhação. Comece deixando seu cão ver você pondo um petisco em uma das mãos. Feche as duas mãos e as esconda em suas costas. Então as traga para a frente do seu cão e diga: "Que Mão?" Abra a mão que o cão cheirar ou tocar; se ele acertar a mão, poderá comer o petisco enquanto você o elogia alegremente. Se ele errar, abra a outra mão para ele ver por um momento antes de fechar as duas mãos. Então tente outra rodada. Este jogo pode ser usado para aquecer o cão para o treinamento; quando o cão entender as regras, use-o se ele começar a perder o foco.

2. **ESCONDE-ESCONDE.** Seu cão está pronto para brincar se consegue manter o *sente-fique* por sessenta segundos e o *fique* por uns dez

segundos quando você sai da sala. Comece a ensinar o jogo ficando em pé claramente visível no aposento contíguo enquanto o cão mantém sua *ficada* perfeita. Então o chame pelo nome e diga "encontre-me". Quando seu cão o encontrar, marque isso ("bom encontro"), elogie-o prodigamente enquanto lhe toca a coleira e o recompensa. Comece a próxima rodada no local em que o cão acabou de descobri-lo. Vá procurando esconderijos mais difíceis de encontrar e passe para locais ao ar livre cercados.

Variação para iniciantes: se o cão ainda não conseguir manter sozinho o *sente-fique* por sessenta segundos, você pode usar um parceiro de treinamento para mantê-lo sentado enquanto se esconde. Quando você gritar "encontre-me", seu parceiro soltará o cão e (se necessário) o atrairá em sua direção geral.

3. **O JOGO DO NOME.** Alguns jogos e atividades podem ser simples, e este é um deles. O objetivo é ajudar o cão a adorar ouvir o nome dele. Diga o nome do seu cão quando você lhe der comida com a mão e acariciá-lo calmamente em momentos fortuitos durante o treinamento. Quando o treinamento começar a incluir exercícios com mais distrações, teste a atenção do cão ao Jogo do Nome chamando-o aleatoriamente pelo nome quando vocês estiverem em casa em cômodos separados, acrescentando o comando "venha aqui" quando o cão souber o nome dele.

4. **EXERCÍCIO DE CONTATO VISUAL.** Peça contato visual em momentos fortuitos. Por exemplo, logo após ter recompensado o cão por demonstrar uma habilidade, encoste outro petisco no focinho dele para lhe despertar o interesse, depois traga o petisco para seus olhos e, se a atenção do cão permanecer constante, marque isso, elogie-o e o recompense. Se você estabeleceu um comando verbal para contato visual, como "pronto", "olhe" ou "observe-me", use-o nestes exercícios. Exercícios mais avançados incluem pedir contato visual usando o comando verbal em momentos fortuitos durante uma caminhada e na presença de distrações.

5. **PEGUE SEU CÃO FAZENDO ALGO DE QUE VOCÊ GOSTE.** Pelo menos uma vez por dia, reconheça um momento em que seu cão apresenta espontaneamente um bom comportamento. Pode ser contato visual, um sorriso, uma *sentada*, caminhar melhor ao seu lado, continuar atento por um período de tempo um pouco maior e assim por diante. Acredito que quanto mais você reconhecer os esforços voluntários do seu cão, mais ele tentará fazê-los. Para saber mais sobre isso, veja a página 116.

Variação: Escolha um "comportamento de bônus do dia". Sempre que seu cão apresentar espontaneamente o comportamento, ganhará um grande prêmio (elogios entusiasmados e petiscos extras). Esta variação ajuda você a se concentrar mais no cão; quando jogar este jogo, provavelmente também notará outros comportamentos espontâneos do cão.

Jogos de treinamento de habilidades

ALGUNS DESTES JOGOS DE treinamento de habilidades são usados para testar comportamentos e comandos que seu cão já entende; outros ensinarão novas habilidades e truques. Ou tente adaptá-los para praticar vários comandos simultaneamente.

1. **IR E VIR.** O cão precisará ter adquirido algum grau de habilidade na *chamada de volta* para jogar este jogo e você precisará de um parceiro também munido de petiscos. Comece pedindo ao cão para se sentar ao lado do seu parceiro enquanto você fica em pé a uns 3m de distância. Faça seu parceiro se agachar, apontar para você e dizer "Vá!". Um instante depois você se agachará, abrirá os braços e dirá o nome do cão enquanto o chama de volta entusiasticamente. Por exemplo, eu chamaria meu cão dizendo: "Brieo, venha aqui!" Quando seu cão for até você, dê-lhe o comando para se *sentar* na sua frente, marque isso ("boa sentada"), elogie-o, toque-lhe a coleira, aponte para seu parceiro e diga "Vá!". Agora será a vez de o seu parceiro se agachar com os braços abertos e chamá-lo de volta entusiasticamente. Alternem-se chamando o cão de volta e lhe dando o comando para se sentar e receber um petisco. Além de reforçar habilidades, Ir e Vir socializa o cão fazendo-o aceitar comandos de um parceiro confiável.

Variações: 1) Aumentar a distância; 2) fazer o cão executar um comando ou um comportamento diferente (que ele já conheça) em cada etapa, como uma *deitada*, Flexões de Cachorrinho ou algum outro truque; 3) combinar Ir e Vir com Esconde-Esconde chamando o cão de volta para/de um cômodo diferente daquele em que seu parceiro está; brincar com mais de um parceiro ao mesmo tempo e escolher ao acaso para qual pessoa o cão irá a seguir.

TREINAMENTO DE JOGOS E ATIVIDADES · 161

2. **SIGA A ISCA.** Este é um jogo fácil e divertido que aperfeiçoa a história de reforço positivo de seu cão. Encoste um petisco no focinho dele e o afaste devagar para que o siga. Depois de uns três segundos o elogie e, enquanto lhe tocar a coleira, lhe dê o petisco. Pegue outro petisco e faça o exercício por quatro segundos, depois cinco, seis e assim por diante. Atraia-o em um círculo ao redor de você, por entre suas pernas, dê um ou dois passos para a frente e mude de direção. Quando ele perceber como o jogo é jogado, comece a atraí-lo um pouco mais rápido. Você não visa a enganá-lo ou a fazê-lo fracassar, mas a aumentar a capacidade dele de seguir seus comandos.

3. **ENCONTRE ISSO.** Parecido com Esconde-Esconde, este jogo (também chamado Caça ao Tesouro) ensina o cão a encontrar um objeto. Seu cão está pronto para este jogo quando consegue *sentar-ficar* por tempo suficiente para você sair da sala, esconder um objeto e voltar (no mínimo dez segundos). Comece com um brinquedo em que seu cão esteja interessado e o deixe cheirá-lo. Então dê o comando *sente-fique* e esconda o objeto no cômodo seguinte; na primeira tentativa, coloque-o bem à vista e, em tentativas subsequentes, em esconderijos mais difíceis de encontrar. Quando você progredir neste jogo além do Programa de Treinamento Básico, dê nome ao objeto, o que ensina o cão a distinguir certos objetos.

4. **GUIA PRESA AO CINTO.** Com o cão preso ao seu cinto, marque, elogie-o e o recompense por se concentrar em você e por caminhar ao seu lado, especialmente quando você acelerar, desacelerar e fizer voltas abruptas. Você também pode acrescentar outros comandos a esses breves exercícios de andar com a guia presa ao cinto. (Veja na página 92 uma introdução mais detalhada a este exercício.)

5. **BRINCADEIRA SUPERVISIONADA COM CHAMADA DE VOLTA E SOLTURA.** É importante que o cão tenha oportunidades de brincar livremente para trazer variedade ao seu programa de treinamento. Você tem dirigido as lições de treinamento, e o cão precisa ter um pouco de tempo não dirigido. É maravilhoso testemunhar dois cães do mesmo tamanho e bem socializados se posicionando em uma brincadeira de saudação e luta. Se ambos forem capazes de partilhar brinquedos, você pode introduzir um brinquedo para puxar (veja "Puxar" a seguir) como um jogo de troca.

Para também tornar a brincadeira supervisionada uma oportunidade de aprendizado, *chame de volta* os dois cães após um minuto (ou dois minutos se ambos estiverem brincando particularmente bem). Então marque, elogie e recompense a chamada de volta bem-sucedida. Assim que seu cão for capaz de se sentar, atraia-o para você e dê o comando *sente*, marque, elogie e recompense. Não faça seu cão aprender um comando durante a *chamada de volta*, de modo que se ele voltar, mas ainda não se sentar, elogie-o pelo "venha aqui". Torne essa *chamada de volta* breve e o *solte* de novo para brincar, idealmente ao mesmo tempo que seu parceiro soltar o cão dele para começar outra rodada de brincadeira.

6. **PUXAR.** Brincar de puxar com uma corda ou outro brinquedo pode ser complicado. Por um lado, você quer que seu cão tente "possuir" o brinquedo enquanto tenta puxá-lo de você; por outro, é importante para a segurança que o cão entenda que este é um jogo que você pode controlar. Ensiná-lo a puxar segundo suas regras significa ensinar isso como um jogo de troca em vez de um jogo de "possuir" o objeto. Como você já aprendeu, as atividades de troca são passos importantes na direção de se certificar de que seu cão não defenderá brinquedos e comida. Cada troca precisa ser por algo que ele valoriza pelo menos tanto quanto o que atualmente tem. Para muitos cães, um modo confiável de tornar a troca valiosa é oferecer um petisco junto com ela.

Na primeira vez em que você der ao seu cão o brinquedo para puxar, tenha à mão outro brinquedo e um bom petisco para ajudá-lo na troca imediata, usando os protocolos de *fora e pegue* da Terceira e da Quarta Semanas. Esteja preparado para dar o comando *fora* um pouco mais contundentemente do que nas primeiras tentativas, e se certifique de que a troca é valiosa do ponto de vista do cão.

Faça imediatamente uma nova troca pelo brinquedo para puxar para que o cão aprenda que desistir do brinquedo nem sempre significa que a hora de brincar terminou. Quanto mais rigoroso você for no controle dessas trocas iniciais do brinquedo para puxar, melhor seu cão se tornará nas trocas *fora e pegue*.

A Saudação é um convite para brincar.

TREINAMENTO DE JOGOS E ATIVIDADES | 163

7. **DEVOLVER.** Enquanto alguns cães simplesmente não gostam de devolver, outros praticamente são viciados nisso. Se seu cão se encaixa no último caso, você pode usar objetos de devolução (uma bola, um Frisbee ou um brinquedo destinado a ser devolvido) como iscas.

O ensino da devolução começa com você deixando o cão entusiasmado com o brinquedo reservado especialmente para este jogo. A maioria dos filhotes se entusiasma com o brinquedo especial, embora não seja incomum ensinar um cão mais velho a buscar usando um brinquedo ou uma bola especial que contenha um petisco que comerá quando o pegar. Certifique-se de que seu cão está entusiasmado com esse brinquedo antes de atirá-lo perto o suficiente para que o cão permaneça concentrado nele e seja capaz de se concentrar de novo em você quando o *chamar de volta*. Experimente o comando verbal "busque" enquanto atira o brinquedo, embora sem dúvida o cão estará mais concentrado no que vê do que aquilo que você tem que dizer.

No momento em que o cão pegar o prêmio, marque isso ("boa busca"). Depois que ele desfrutar por alguns momentos do prêmio, chame-o de volta com "venha aqui" enquanto acena com um brinquedo idêntico para atraí-lo. Se o cão trouxer o primeiro brinquedo, você está com sorte, por isso o elogie profusamente enquanto o faz deixá-lo cair mostrando-lhe o outro e lhe dando uma recompensa quando isso acontecer. Ao mesmo tempo, atire o brinquedo idêntico alguns centímetros mais longe e dê o comando "busque". Se o cão voltar sem o primeiro brinquedo, atire o segundo no momento em que ele alcançar você e corra para o primeiro. Quando o cão pegar o segundo brinquedo, *chame-o de volta* atraindo-o para você com o primeiro — às vezes, um cão carrega um brinquedo até o outro se estão razoavelmente próximos. Fazer o cão devolver o primeiro brinquedo geralmente resulta em uma bem-sucedida *chamada de volta*, assim como em uma boa troca *fora e pegue*.

Outro modo de aumentar o interesse do cão em devolver é mantê-lo no *biscoito sente-fique* (manter a guia "grudada" em seu quadril depois de atirar o brinquedo) por um momento a mais até ele se concentrar em você. Esta técnica funciona melhor se o cão já dominou a lição do *biscoito sente-fique*. Para saber mais sobre devolver, veja a divisão detalhada dos truques dos cães no Capítulo 10.

Comportamento e segurança

VOCÊ PODE TRANSFORMAR O treinamento básico de segurança e comportamento em jogos, o que tornará mais divertido e interessante o aprendizado dessas habilidades muito essenciais.

1. **DAR COMIDA COM A MÃO** (veja o protocolo no Capítulo 3). Quando você estiver praticando o protocolo para dar comida com a mão, também pode jogar alguns dos jogos descritos nesta parte. Brinque de Esconde-Esconde dando uma parte da refeição do seu cão a cada vez que ele o encontrar, e leve a tigela de comida com você quando se esconder de novo. Jogue Ir e Vir com um parceiro que seu cão já tenha sido condicionado a aceitar que lhe dê comida com a mão. Você pode até mesmo brincar de rali dando uma parte da refeição a cada estação.

2. **INIBIÇÃO DE MORDIDA, MANUSEIO E GENTILEZA** (para mais detalhes, veja o Capítulo 3 e a Primeira Semana do Programa de Treinamento Básico). Aleatoriamente, durante todo o dia, acaricie o filhote como um exercício de manuseio e gentileza; isso pode exigir recompensas se ele se sentir desconfortável sendo tocado. Brinque de Passe o Cachorrinho e Esconde-Esconde, manuseie suas patas, conte seus dedos e finja cortar suas unhas. Examine a boca do cão, massageie suas gengivas e conte seus dentes — e lembre-se de dizer "ai" para ajudá-lo a aprender a inibição de mordidas.

3. **TREINAMENTO PARA FICAR NA CAIXA DE TRANSPORTE** (veja mais detalhes no Capítulo 3). Quando você brincar de Encontre Isso, inclua a caixa do cão como um esconderijo. Jogue jogos e faça exercícios de treinamento perto da caixa. Em geral, torne a caixa o santuário do cão e também um lugar familiar que não seja isolado do resto de sua experiência da vida real.

4. **CAMINHAR COM A GUIA** (veja exercícios de caminhada durante todo o programa de treinamento). Pense em cada caminhada como uma oportunidade de treinamento que também é um jogo: pare de praticar alguns dos comandos que seu cão já sabe e depois continue a caminhar. Não deixe de marcar, elogiar e recompensar comportamentos corretos. O sucesso do cão durante esses momentos de treinamento fortuitos durante uma caminhada dá a ele

uma sensação de realização, além de proporcionar variedade e divertimento.

Oportunidades de socialização

U M CÃO BEM SOCIALIZADO se relaciona calma e confiantemente com outros cães e pessoas sem ser receoso, agressivo ou exuberante demais. Quanto mais cedo você tornar a socialização uma parte regular de sua programação, mais cedo vocês dois obterão as recompensas: mais oportunidades de diversão cheias de novas experiências e pessoas.

1. VISITAS. Faça um plano para visitar lugares públicos tão logo sinta que seu cão está pronto. Vá ao veterinário apenas para dizer "oi"; e se planejar ir a um tosador, faça o mesmo: apenas uma visita amigável para dizer "oi"... e ganhar um petisco e alguns afagos. Encontre lojas e lugares públicos ao ar livre que permitam a presença de cães.

2. TREINAMENTO DE CAMINHADA: CUMPRIMENTE SEU VIZINHO. É provável que você encontre outras pessoas passeando com seus cães. Ao se aproximar de outra pessoa com um cão — se você se sentir confortável e seguro —, cumprimente-a em voz alta enquanto para e dá o comando para seu cão *sentar* e *ficar*. Se o vizinho continuar a vir, peça-lhe em uma voz amigável para parar porque neste momento você e seu cão estão treinando. Geralmente o vizinho aceita isso bem. Se vocês dois tiverem tempo para um breve bate-papo, falem um com o outro um pouco afastados e depois se aproximem alguns passos e parem de novo. Tente manter seu cão no *sente-fique* independentemente do que o outro cão estiver fazendo; contudo, como sempre, é melhor prevenir do que remediar. Quando seu cão tiver um melhor controle de impulsos, você poderá cumprimentar alguns vizinhos com um aperto de mão enquanto seus respectivos cães ficam sentados.

3. IDA AO PARQUE PARA CÃES (veja mais sobre isso na página 235). Quando você for pela primeira vez a um parque para cães, tente fazê-lo nas horas de menos movimento para que você e seu cão possam se aclimatar, treinar um pouco e se sentir confortáveis. Pratique a *chamada de volta* e *soltura* com seu cão para condicioná-lo a associar a *chamada de volta* mais a uma recompensa do que ao final da brincadeira. Sua capacidade de fazê-lo voltar também significa que no caso de uma briga de cães será mais fácil tirar seu cão da briga. De fato, com a experiência, você notará certas combinações e posturas corporais que são sinais de que uma briga está para acontecer, e poderá chamar seu cão de volta antes disso.

4. BRINCADEIRA LIVRE SUPERVISIONADA. Tente organizar datas para brincar no parque em horários de pouco movimento. Use chamadas de volta periódicas e incentive seu parceiro de brincadeira a fazer o mesmo antes de soltar o cão de novo para brincar. Isso ajudará o cão a entender que uma *chamada de volta* não significa o fim da brincadeira.

Crianças e cães

SEU OBJETIVO É AJUDAR o cão a gostar de crianças, e não meramente tolerá-las. Se você não tem filhos (e o cão foi examinado por um veterinário ou treinador qualificado e não tem medo de crianças ou um comportamento agressivo com elas), quero que você peça emprestado ou roube o filho de alguém... bem, roubar seria ir um pouco longe demais. Peça aos pais da criança para ajudá-la a monitorar a segurança enquanto a criança aprende o modo certo de interagir com o cão. A propósito, provavelmente é mais confortável e seguro para a criança dar um petisco com a palma da mão aberta do que com as pontas dos dedos fechadas.

Quase todos os jogos descritos neste capítulo podem envolver crianças, dependendo da maturidade, do autocontrole, da confiança e da coordenação delas. Não force as crianças a fazer algo para o qual não estão prontas, mesmo se você tiver tomado providências especiais para uma criança vir brincar com seu cão. Algumas crianças ficam apavoradas se os cães lhes lambem as mãos. Contentam-se em acariciar ou observar um cão a distância — o que não representa um problema, porque a simples presença de uma criança fornecerá uma pequena distração para seu cão. Muitas crianças adoram os jogos Que Mão?, Ir e Vir e Esconde-Esconde. Para ajudar a aumentar a confiança e tranquilidade do cão com as crianças, faça-as dar comida com a mão se elas e o cão estiverem prontos para isso. Supervisione cuidadosamente todas as interações.

As crianças também inventarão jogos bem legais. Meus filhos inventaram, e me faz sorrir só em pensar neles:

- **CAIXA REGISTRADORA.** Encha uma caixa registradora de brinquedo com petiscos. Quando o cão se sentar, der a pata ou seguir outro comando, a criança apertará a tecla da caixa registradora e pegará um petisco para o cão. Às vezes, o jogo inclui vestir o muito paciente cão com roupas folgadas e andar como em um desfile de moda.

- **CHÁ.** Uma mesinha de criança é posta para o chá, com copos de plástico e guardanapos dobrados. O cão ocupa um lugar à mesa com sua própria pequena tigela e um babador no peito. De algum modo, meus filhos frequentemente acabavam comendo parte de um biscoito para cachorro enquanto meu cão comia o sanduíche de manteiga de amendoim. Embora isso seja inofensivo, não recomendo integrá-lo à sua versão do jogo.

- **PRIMEIRA COMUNHÃO.** As crianças adaptaram o truque de Suplicar (veja a página 192) para rezarem junto com o cão. Uma criança abençoa todos e distribui para os paroquianos biscoitos de água e sal e biscoitos para cachorro.

Festas de cães

AS ATIVIDADES E OS jogos mais elaborados das crianças incluem festas de cães. Se você tiver convidados para uma festa de cães, primeiro se certifique de que seu cão gosta de estar perto de cada um dos convidados. O mesmo vale para os cães convidados. Certifique-se de que todos eles já se dão bem uns com os outros e com as pessoas. As festas de cães devem ser relativamente breves e organizadas em momento tranquilo. Se a festa for em um parque, fique atento a possíveis questões de defesa. O site de meu coautor Larry (animalwow.com) sempre apresenta ótimas ideias para festas de cães. Eis algumas das minhas favoritas:

- **FESTA DE BOAS-VINDAS AO LAR.** Esta festa tranquila acontece pelo menos uma semana ou duas depois de você trazer para casa seu melhor amigo. Dependendo de como o cão está se adaptando a ter gente nova ao redor, você pode pedir a alguns convidados para lhe darem comida com a mão ou acariciá-lo. Seus filhos podem assumir um pouco do "controle" para a felicidade do novo cão da família percorrendo suas instalações, fazendo decorações e jogando um jogo tranquilo.

▶ **FESTA DE ANIVERSÁRIO.** Seu cão tem dois aniversários: o dia em que nasceu e o dia em que chegou à sua casa. Mostre os truques que seu cão sabe fazer. Jogue alguns dos jogos nesta parte. Embrulhe um presente com petiscos cheirosos em um jornal para que seu cão possa rasgá-lo.

▶ **FORMATURA DO TREINAMENTO CANINO.** Mostre orgulhosamente as novas habilidades e os truques que você aprendeu neste Programa de Treinamento Básico. A esta altura, seu cão estará mais socializado, por isso talvez você queira que pelo menos parte da comemoração seja em público. Se outros cães estiverem envolvidos, inclua uma divertida exposição canina em que todos mostram o que seus cães são capazes de fazer.

Treinamento com Clicker e truques de cães

DEPOIS QUE MEUS alunos caninos completam o curso básico de cinco semanas, começo a próxima fase de instrução mais avançada com treinamento de truques. Gosto de combiná-la com o treinamento com Clicker, porque o Clicker pode acelerar muito o aprendizado de truques. E o cão que conhece truques é um cão desafiado e animado. O oposto — um cão entediado e desengajado — tende mais a se tornar destrutivo, desanimado ou ambos. Isso não é muito diferente de como seus filhos se comportam na escola quando estão entediados ou o trabalho se torna fácil demais para eles. Quando isso acontece, digamos, crianças talentosas têm que assistir a oito horas de lições que já entendem e não são desafiadas de nenhum modo, podem se tornar irrequietas, distraídas e frustradas — procurar coisas com as quais ocuparem suas mentes que frequentemente incluem comportamentos perturbadores.

O Clicker é uma ferramenta útil para treinar o cão a fazer truques acima e além do padrão *sente* e *deite*. Apresente seu cão ao Clicker enquanto lhe dá comida com a mão e depois poderá passar para truques mais complicados como Dar a Pata, Rolar, Acenar com a Pata, Batida de Mão Aberta, Batida de Punho e Tocar o Sino. Os Clickers também ajudam a ensinar o cão a buscar, pedir e organizar seus brinquedos. Mas não deixe de dedicar um tempo a olhar para trás e comemorar o quão longe vocês chegaram desde que o cão chegou pela primeira vez à sua casa.

O mesmo vale para os nossos cães. Quando eles se sentem constantemente desafiados de modos positivos, tendem muito menos a se meter em encrencas. O curso básico de cinco semanas exigiu que você investisse muito tempo em seu cão, tempo durante o qual se concentrou quase exclusivamente nele, desafiou-o muito, elogiou-o com frequência e lhe deu muitos petiscos. Agora que completamos essa fase, é irreal pensar que seu cão não desejará o mesmo nível de atenção e interação. Ele desejará. Os truques são um ótimo modo de fornecer essa atenção positiva, e o treinamento com Clicker torna o aprendizado de truques mais fácil e bem-sucedido. Quando você e seu cão entenderem os princípios básicos, provavelmente precisarão de cerca de uma semana para aprender cada truque se praticarem durante cinco minutos cerca de cinco vezes por dia. Se você não tiver tanto tempo, talvez demore um pouco mais. Em ambos os casos, mantenha o sistema de recompensas da vida real fazendo o cão se sentar antes de "ganhar" qualquer coisa.

Os truques também são divertidos. Não vamos nos esquecer de que um dos motivos de termos cães é que eles trazem alegria para nossas famílias. Inúmeras vezes tive o prazer de ver meus alunos experimentarem a diversão e o orgulho que advêm de mostrar a capacidade de seus cães de dar a pata, rolar ou buscar o jornal. E isso é igualmente divertido para nossos cães, que são programados para brincar.

O "clique" marca o ponto

NO PROGRAMA DE TREINAMENTO BÁSICO, você aprendeu a marcar o sucesso de seu cão em seguir suas iscas e comandos usando a expressão "muito bem" como um marcador. Ao embarcarmos nesta nova fase de treinamento, vou lhe apresentar um método diferente de dar comandos e recompensar seu cão, chamado de treinamento com Clicker. Neste treinamento, substituímos a expressão usada como um marcador, como "muito bem", por um som de *clique* produzido por um Clicker portátil.

O Clicker tem vantagens sobre o marcador de voz. Por exemplo, produz um som mais claro e distinto do que nossas vozes, que podem variar em tom e volume. Enquanto sua voz pode ser afetada pelo clima ou tipo de dia que está tendo, o Clicker produz um som uniforme que o cão passará a associar com petiscos. O resultado? Menos confusão e trabalho mais fácil para o cão. E a precisão do Clicker significa que você pode marcar o *exato* momento em que seu cão teve um determinado comportamento, como erguer uma pata para começar um cumprimento. O Clicker é como um único instantâneo; sua voz, por outro lado, é como uma foto de longa exposição. A capacidade de marcar o comportamento precisamente também significa que o Clicker é uma ferramenta maravilhosa para reconhecer qualquer comportamento que seu cão apresente naturalmente. Eu lhe mostrarei como usar o Clicker para "transformar" as peculiaridades naturais do seu cão em ótimos truques.

Karen Pryor, a madrinha do treinamento com Clicker, foi uma das primeiras pessoas a popularizarem a técnica para treinar mamíferos marinhos. Na década de 1960, o marido de Karen, que estava se preparando para abrir o Sea Life Park em Oahu, Havaí, lhe pediu para ajudar a treinar os golfinhos do parque. Tendo filhos pequenos, ela já havia estudado zoologia e biologia comportamental. O treinamento de golfinhos que Karen e outros treinadores desenvolveram foi tão eficaz e eficiente que a técnica acabou se tornando comum em todos os parques de mamíferos marinhos do mundo. Contudo, Karen precisou de muitos anos para introduzir as técnicas do Clicker no mundo canino, em parte porque o treinamento aversivo da velha escola parecia fazer o trabalho bem o suficiente.

Hoje em dia o Clicker tem um papel importante no treinamento de cães usando reforço positivo. Para entender por quê, imagine este simples exemplo: quando você ensinou seu cão a se sentar, primeiro atraiu o focinho dele para cima, fazendo as ancas do cão abaixarem. Quando elas tocaram o chão, você *marcou* isso dizendo "muito bem", e depois o elogiou e recompensou com um petisco. No treinamento com Clicker, em vez de dizer "muito bem" para marcar um comportamento desejado, você clica uma vez para marcar o exato momento em que a anca toca o chão. Depois de clicar, elogia e dá o petisco como antes.

Acredite em mim, isto funciona! Mas uma palavra de cautela: quando você treinar usando o Clicker, limite a duração de cada sessão de treinamento a cinco minutos. Como você aprendeu no programa

CLICKERS

Embora os Clickers tenham evoluído desde que foram introduzidos há mais de cem anos como um "grilo" infantil, todos fazem esse som distintivo para marcar o exato momento em que o cão faz o que você lhe pediu.

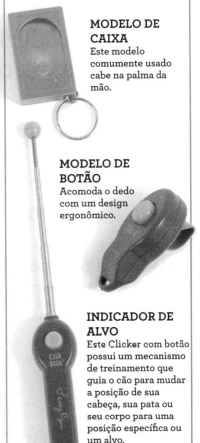

MODELO DE CAIXA
Este modelo comumente usado cabe na palma da mão.

MODELO DE BOTÃO
Acomoda o dedo com um design ergonômico.

INDICADOR DE ALVO
Este Clicker com botão possui um mecanismo de treinamento que guia o cão para mudar a posição de sua cabeça, sua pata ou seu corpo para uma posição específica ou um alvo.

básico, os cães aprendem melhor em sessões curtas várias vezes por dia do que em uma única sessão longa. Se seu cão ainda parecer interessado e atento no final da sessão, ótimo — isso provavelmente significará que ele estará mais interessado quando você começar a próxima sessão. Também é típico terminar uma sessão de treinamento antes de você e o cão terem acabado de transformar o novo comportamento em um novo comando. Quando este for o caso, comece a próxima sessão revendo alguns passos para que seu cão crie um hábito de sucesso e fixe o que aprendeu na sessão anterior.

Introduzindo o Clicker ao dar comida com a mão

SEU PRIMEIRO TRABALHO É ensinar ao seu cão o valor do clique. Vamos começar esta lição dando novamente ao cão todas as refeições com a mão durante os próximos quatro dias. Em geral, acho que dar comida com a mão é um bom exercício a reintroduzir sempre que meus cães (ou outros cães que hospedo e treino) estão aprendendo uma habilidade nova e difícil, ou quando percebo que estão começando a perder o foco.

CLICKER E DAR COMIDA COM A MÃO EM UMA CADEIRA

Ensine ao seu cão o significado de recompensa do som de clique dando-lhe todas as refeições com a mão durante uns quatro dias antes de você começar a treinar truques ou comandos com o Clicker. Talvez você queira prender a guia do cão ao seu cinto para ajudá-lo a se concentrar em você.

① OBTENHA A ATENÇÃO DO CÃO. Quando ele estiver olhando para você, clique e depois lhe dê uma pequena quantidade de sua refeição. Segure o Clicker num ponto em que o cão não seja distraído olhando para ele.

② CLIQUE DURANTE TODA A REFEIÇÃO. Continue clicando e dando toda a refeição do seu cão. Obtenha a atenção dele antes de cada clique.

CLICKER E DAR COMIDA COM A MÃO NO CHÃO

Se você tem um cão menor ou filhote, pode ser melhor se sentar no chão enquanto faz o exercício de dar comida com a mão. Siga os mesmos passos que ensinei para dar comida com a mão em uma cadeira.

① CONCENTRAÇÃO ANTES DE COMEÇAR. Não clique enquanto o cão não estiver concentrado em você ou na comida (e não no Clicker).

② SILÊNCIO DEPOIS DE COMEÇAR. Reduzindo ao mínimo os outros sons, será mais fácil para o cão se concentrar no som distinto do Clicker.

PRIMEIRO PASSO. Sente-se no chão ou em uma cadeira e faça seu cão se sentar na sua frente. Com a tigela de comida em seu colo ou ao seu lado, segure o Clicker num ponto em que o cão não possa se concentrar nele. (O cão deve ouvir o som, mas não se concentrar no Clicker.) Assim que você clicar, dê-lhe um pouco de comida com a mão. Quando o cão terminar de comer, pare por um momento e clique de novo. Deixe o cão vê-lo pôr imediatamente a mão na tigela para pegar o próximo punhado de comida. Pare mais uma vez antes de clicar de novo. Repita esses passos umas cinco vezes para ajudar o cão a começar a fazer a conexão entre o clique e a comida. A maioria dos cães faz isso muito rápido e aprecia o novo jogo.

SEGUNDO PASSO. Desta vez, pare por um segundo a mais antes de clicar; continue a dar comida imediatamente após o clique. Em cada um dos próximos cinco punhados, pare por um segundo a mais. Então, nos cinco punhados seguintes, mude aleatoriamente a duração das pausas entre os cliques de um a dez segundos. Continue a dar a comida imediatamente após o clique.

> **DICA DE TREINAMENTO**
>
> "O som do Clicker pode alarmar ou assustar alguns cães. Se esse for o caso, abafe-o enrolando o Clicker em algumas meias grossas. Remova as camadas de meias quando o cão parecer mais confortável. Se ele ainda parecer assustado, tente acrescentar mais meias para que o clique seja quase inaudível. Ajude a desmistificar o Clicker para seu cão tímido permitindo-lhe cheirá-lo (mas não o force a fazer isso) e o deixe observar você pondo o Clicker em sua mão e o enrolando nas meias."

TERCEIRO PASSO. A linguagem corporal feliz e animada do cão fará você saber que está obtendo a conexão entre o clique e a comida. Quando ele a entender, tente demorar um pouquinho mais depois do clique para lhe dar cada punhado de comida. Observe o cão para ver se ele está olhando para a comida após o clique; isso significa que ele entende que um petisco se seguirá a cada som do Clicker. Também significa que está se divertindo e aprendendo o que, para ele, é um novo jogo.

Em refeições subsequentes, dê o primeiro passo mais rapidamente, reservando mais da refeição para o segundo e o terceiro passos. Dentro de alguns dias seu cão deverá estar fazendo uma clara conexão entre o clique e a comida. Lembre-se de lhe dar comida com a mão em locais diferentes para ajudá-lo a generalizar a conexão entre o clique e o petisco.

Dar a pata

VAMOS PRATICAR CLICAR EM uma habilidade totalmente nova, em vez de uma que seu cão já aprendeu, o que também nos levará ao nosso primeiro truque: Dar a Pata. Um lembrete: recomendo ensinar um novo truque em um aposento tranquilo, onde não haja distrações.

Primeiro, com o cão sentado na sua frente, deixe-o ver você pondo um petisco na palma da mão e depois fechando a mão ao redor do petisco. Segure essa mão fechada no nível do queixo do cão e depois a erga levemente. Quando o focinho seguir o petisco, o corpo do cão tentará se erguer para pegá-lo, o que significa que ele poderá mover as patas ou até mesmo levantar um pouco uma. Observe os movimentos das patas e esteja pronto para clicar! Se o cão mover até mesmo um pouco uma das patas, clique e lhe dê um petisco. Não faz mal a cabeça do cão se esticar para cima para tentar pegar o petisco, porque as patas dele se moverão também — mesmo que apenas um pouco —, esse é o momento em que você clica e dá o petisco. Se o cão não mover a pata após cinco segundos, recomece de uma posição diferente (por exemplo, vire-se) e lhe dê um caminho para fazer algo que ele já saiba, como *deitar*. Quando ele seguir o comando, clique e abra sua mão para ele pegar o petisco. Você está ajudando o cão a entender que o clique é o marcador do bom comportamento — e, ainda mais importante para ele, um sinal de que mereceu um petisco.

Se o cão for bem-sucedido, faça isso de novo: sempre que o cão mover a pata, clique e abra a mão para ele comer o petisco. Se o cão fracassar, dessa vez ignore: não clique, não recompense, apenas recomece como se não tivesse acontecido nada. Ele passará a entender o jogo do Clicker. Também entenderá que precisa descobrir o que fez para merecer aquele último clique e petisco. Ele tentará de novo, por isso seja paciente.

Digamos que agora o cão esteja começando a mover um pouco a pata na direção da sua mão. Marque o ligeiro movimento com um clique e o recompense com o petisco todas as vezes. Em cinco minutos, o cão entenderá que você está esperando que ele mova a pata. Quando isso acontecer, será como se uma luz tivesse acendido no cérebro dele e estivesse ficando mais brilhante — ele está entendendo. Agora está movendo a pata um pouco mais deliberadamente a cada vez, por isso, pouco a pouco, retarde o clique (e a recompensa) até ele mover a pata mais deliberadamente. Isso exigirá várias sessões, portanto seja paciente.

Agora ponha sua mão aberta e vazia à vista do cão. Como ele já está movendo a pata, desafie-o retardando o clique (e o petisco) até ele levantar a pata um pouco mais alto, chegando cada vez mais perto de tocar sua mão. Quando ele finalmente tocá-la, clique e lhe dê um grande prêmio. O modo correto de dar o grande prêmio com Clicker é clicar apenas uma vez, dar-lhe petiscos extras na palma aberta da sua mão e o elogiar repetidamente! Não deixe de acariciar o cão ao redor da coleira, o que o lembra de que tocar na coleira dele é uma coisa boa.

Quando seu cão der a pata algumas vezes seguidas, isso significará que está fazendo a conexão entre dar a pata, o clique e o petisco,

DAR A PATA

Se o cão não fizer este truque naturalmente, você pode *moldá-lo* a partir de um pequeno movimento inicial da pata até ele realmente Dar a Pata.

PRIMEIRA FASE
Estenda a mão. Se o cão mover a pata, clique e o recompense. Pouco a pouco o condicione a dar a pata usando técnicas de moldagem.

SEGUNDA FASE
Use sua mão estendida como a barra de equilíbrio do cão enquanto o atrai para erguer a pata a fim de cheirar o petisco. Clique e o recompense quando a pata se erguer do chão, mesmo se inicialmente apenas um centímetro. Então o leve a levantar mais a pata.

APERFEIÇOE O TRUQUE
Quando o cão der a pata consistentemente, retarde o clique e o petisco até aperfeiçoar o truque.

CONCEITO DE TREINAMENTO: MOLDAGEM

Quando você ensinou seu cão a dar a pata, estava moldando o comportamento dele — em outras palavras, condicionando-o gradualmente a fazer o que você queria. Muitos cães dão a pata naturalmente, o que com frequência torna isso um ótimo primeiro truque. Descubra aqueles comportamentos que *seu* cão tem naturalmente, porque serão os mais fáceis de moldar e pedir com um comando.

Mais tarde neste capítulo eu lhe mostrarei algumas técnicas de moldagem livre que se destinam a descobrir e encorajar os comportamentos naturais do seu cão.

Você tem moldado o comportamento do seu cão durante todo o Programa de Treinamento Básico. Por exemplo, pense na primeira vez em que lhe ensinou a *chamada de volta*. No início, você o recompensou por uma chamada a apenas um ou dois passos de distância. Depois o recompensou pela chamada de volta a muitos passos de distância. Finalmente moldou a chamada de volta através de um aposento e acrescentou uma *sentada*, até o cão se tornar fluente em muitos locais diferentes. Pouco a pouco, o comportamento do seu cão foi moldado enquanto ele passava a compreender que devia vir sempre que você o chamava de volta, de qualquer distância, independentemente das distrações.

Há dois tipos de técnicas de moldagem que discutiremos quando você aprender o treinamento com Clicker: moldagem dirigida e moldagem livre. Recomendo que você e seu cão aprendam as duas técnicas, porque cada qual tem vantagens em situações específicas no que diz respeito a expandir as capacidades de aprendizado do cão.

---

por isso reduza os grandes prêmios a um único petisco. Ensinar cada truque se torna um jogo de espera, observação e clicar para marcar o comportamento certo. Se o cão apresentar um comportamento diferente, ignore-o. Você deve permanecer concentrado em um comportamento de cada vez quando ensina um novo truque.

Quando seu cão entender o que você quer e estiver tocando em sua mão confiantemente, será hora de você dar o nome que quiser a esse comportamento. A maioria das pessoas diz "dê a pata", portanto vamos tornar isso nosso comando verbal enquanto você também continua a dar o comando visual do sinal com a mão.

Agora que o comportamento tem nome, e o cão entende o que você quer, você pode elevar o nível de exigência — talvez clicando apenas quando o cão tocar em sua mão imediatamente. Se ele demorar muito, não clique. Em vez disso, apenas ignore esse fato e lhe peça novamente para dar a pata. Quando você deseja mais do seu cão, isso pode causar um pouco de frustração, mas de um modo bom, porque durante uma fase de leve frustração o cão se esforçará mais para atingir o próximo nível que você estabeleceu. Ele quer ouvir o clique e ganhar o petisco.

Quando seu cão se tornar rápido e totalmente fluente no truque de Dar a Pata, será hora de aumentar o nível de novo: tente dar o comando verbal sem o sinal com a mão. (A primeira vez que o cão dá a pata com apenas seu comando verbal vale um grande prêmio.) Depois alterne repetições de apenas comandos verbais e apenas comandos visuais e a seguir combine ambos os comandos de novo, separe-os e alterne. Continue a clicar e recompensar cada sucesso. Quando seu cão se tornar fluente apenas no comando verbal e apenas no comando visual, comece a retirar as recompensas no estilo do caça-níqueis.

Parabéns! Seu cão dominou o primeiro truque e você aprendeu a moldar um comportamento.

Moldagem dirigida

VOCÊ USOU A MOLDAGEM dirigida quando ensinou seu cão a Dar a Pata. Ao estender a isca um pouco acima da cabeça dele, instigou-o a se esticar para tentar alcançá-la. Quando elevou o padrão retardando o clique até o cão levantar a pata cada vez mais alto, você continuou a lhe direcionar o comportamento, moldando-o para tocar em sua mão. Depois que ele tocou pela primeira vez em sua mão, continuou a usar a moldagem dirigida para aperfeiçoar o movimento e reduzir o tempo de resposta do cão.

Alvo: rolar

QUANDO VOCÊ USOU A moldagem dirigida para ensinar o cão a Dar a Pata, sua mão se tornou um alvo para o cão tocar. Se você decidir enriquecer a experiência de treinamento do cão com truques, também desejará lhe ensinar a habilidade generalizada de tocar sua mão com o focinho. Quando o cão aprender que sua mão é um alvo, você poderá direcioná-lo para tocá-la sempre e onde a estender e quando disser a palavra "alvo" ou "toque". Para transformar sua mão em um alvo, estenda um petisco na ponta dos dedos ou na palma aberta da mão (use o dedo polegar para segurar o petisco). Quando o cão se tornar fluente em tocar o alvo de sua mão, será hora de dar nome a isso ("toque" ou "alvo") usando o alvo visual da mão e o comando verbal juntos. Após alguns dias de fluência, tente alternar apenas comandos verbais e apenas comandos visuais, também usando algumas repetições de comandos verbais e visuais juntos. Quando seu cão aprender que sua mão é o alvo que ele deve tocar, use isso para ensinar um truque específico.

Usaremos o toque no alvo para ensinar o cão a Rolar. Rolar é um truque divertido para exibir e também ajuda a aumentar a confiança

ROLAR

Comece com seu cão *deitado*. Atraia-o para rolar na direção oposta da posição dos quadris dele.

ATRAIA
Quando o focinho do cão seguir a isca a partir do ombro dele, clique e recompense.

SOBRE AS COSTAS
Quando o cão for capaz de rolar para cima sobre as costas, isso valerá um grande prêmio!

CAIR E ROLAR PARA CIMA
Use a gravidade enquanto atrai seu cão para cair para o outro lado a fim de ganhar outro grande prêmio. Aperfeiçoe o truque moldando a rolagem em um círculo completo até o cão ficar *deitado* de novo.

do cão quando você o coloca de barriga para cima. Isso agradará não só a uma audiência como também ao veterinário e tosador. Se o cão tiver problemas de quadril, talvez Rolar não seja um truque saudável; em vez disso, tente atraí-lo para ficar de lado. Mesmo se seu cão tiver quadris e costas saudáveis, é melhor ensiná-lo a Rolar em uma superfície um pouco macia, como um tapete ou gramado.

Para ensinar o cão a Rolar, comece lhe dando o comando para deitar. Então ponha um petisco na ponta dos dedos e o atraia partindo do focinho para a área posterior do ombro dele. Quando o focinho seguir a isca, o queixo deslizará pelos ombros e ficará para o lado que o corpo dele seguirá e cairá.

Clique e dê o petisco no ponto em que o focinho e a cabeça seguirem a isca, mesmo se apenas um pouco. Repetição a repetição, centímetro a centímetro, atraia-o para cada vez mais longe a partir dos ombros e o recompense cada vez que ele se esticar para tocar com o focinho sua mão em lento movimento, enquanto começa a rolar sobre as costas. Quando o cão chegar a esse ponto intermediário (estiver totalmente de barriga para cima), isso valerá um grande prêmio. Depois continue a atraí-lo para que caia para o outro lado. Quando ele cair, continue a atraí-lo para a posição final perpendicular *deitada*. Isso o fará merecer outro grande prêmio. Quando o cão começar a ganhar coordenação durante todo o movimento, acelere o movimento atraindo-o um pouco mais rápido, mas não tanto que ele não possa tocar em sua mão. Clique e recompense cada sucesso.

Depois, encurte o movimento geral da isca transformando-o em um sinal com a mão. Comece o movimento para atrair com a palma da mão virada para cima. Quando o cão chegar ao ponto intermediário (ficar de barriga para cima), vire para baixo a palma da mão que está com a isca enquanto a move para o outro lado do corpo do cão e ele cai ao segui-la. Continue a clicar e recompensar à medida que seu cão for dominando esse passo. Quando ele se tornar fluente em seu movimento para atrair, acrescente o comando verbal "role". Comece a experimentar dar apenas um comando verbal quando ele estiver fluente em seguir a isca na mão e o novo comando verbal juntos. Quando seu cão seguir apenas o comando verbal, isso valerá um grande prêmio.

Removendo o alvo para ensinar a Acenar com a Pata, Batida de Mão Aberta e Batida de Punho

VAMOS VOLTAR AO TRUQUE de Dar a Pata. Como você não quer que o alvo da sua mão seja parte do truque final, o próximo passo é removê-lo. Vamos fazer isso ensinando seu cão a erguer a pata no ar como se estivesse acenando. Esse truque é uma variação de Dar a Pata, porque você lhe ensinará um movimento parecido mas desejará que ele erga a pata mais alto e não toque no alvo.

Primeiro, você transformará o truque de Dar a Pata em uma Batida de Mão Aberta ou Batida de Punho erguendo o alvo (sua mão) cada vez mais alto. A cada sucesso, lembre-se de clicar e recompensar o cão como fez nos truques e comportamentos anteriores. Não deixe de generalizar o aprendizado do cão estendendo a mão um pouco mais para a esquerda, direita, mais alto e mais baixo. Tipicamente, um cão entende muito rápido esse "jogo" de tocar em sua mão. Mas, se ele não entender, apenas recue para o passo em que estava quando foi bem-sucedido pela última vez e recomece dividindo a sequência a seguir. Gire sua mão de modo que a palma fique de frente para o cão e permita uma Batida de Mão Aberta. Feche a mão e lhe ensinará a Batida de Punho.

Para moldar o truque de Dar a Pata em Acenar com a Pata, faça o sinal para Dar a Pata movendo a mão na direção do cão. Quando ele tentar tocar em sua mão, levante-a um pouco. Clique e recompense o movimento ascendente do cão antes que a pata dele realmente toque em sua mão. Em repetições subsequentes, levante a mão um pouco mais alto para o cão obter o clique e o petisco. Quando o cão se tornar fluente no movimento ascendente, tente moldar o movimento dele de seguir sua mão em um padrão de onda ascendente, descendente

A MÃO COMO ALVO

Uma técnica comum para truques é ensinar o cão a tocar em sua mão com o focinho ou a pata. Tocar em sua mão não é o truque final, mas apenas um passo. Podemos chamar essa técnica de *alvo* e você treinará o cão a acertar o alvo quando estender a mão e der o comando verbal "alvo" ou "toque".

A PALMA DA MÃO COMO ALVO
Ensine o cão a ter como alvo tocar a palma da sua mão com o focinho ou a pata. Molde os movimentos do cão movendo sua mão devagar e clicando mais tarde, quando ele tocar no alvo.

O PUNHO COMO ALVO
Alguns treinadores de truques avançados distinguem o pedido para o cão tocar com o focinho do pedido para tocar com a pata usando o punho como o alvo de um pedido e a palma da mão como o alvo de outro, assim como dando comandos verbais diferentes para cada pedido.

e depois ascendente de novo (e, é claro, clique e recompense cada sucesso) até que ele se torne fluente em seguir esse padrão. Se o cão não entender, divida assim: apenas levante e abaixe a mão até ele se tornar fluente.

Quando o cão se tornar fluente nesse passo, será hora de acenar de uma distância curta. Nessa próxima tentativa, quando o cão seguir o movimento ascendente e descendente e estiver prestes a tocar em sua mão, afaste-a enquanto clica e depois recompensa. Embora o cão não tenha tocado no alvo da mão, seguiu seus gestos e estava acenando, o que o faz merecer um clique e uma recompensa. Pouco a pouco, vá afastando mais sua mão. Combine um pouco de Dar a Pata para criar um jogo de adivinhação — onde sua mão aparecerá a seguir? Seu cão provavelmente gostará desse desafio extra desde que continue a vencer durante a maior parte do tempo.

Acrescente o comando verbal — ao mesmo tempo que fizer o sinal com a mão — quando o cão alcançar a fluência. Comandos verbais típicos para acenar são "acene" e "oi". Quando o cão estiver fluente nesse passo, tente alternar apenas o comando verbal e apenas o visual. Se seu cão não entender naturalmente isso, volte ao ponto em que era bem-sucedido e tente de novo (clique e recompense), restabelecendo a fluência antes de avançar para a próxima etapa. Finalmente você poderá ficar a alguns passos de distância, acenar com a mão ou dar um comando verbal e ver seu cão acenar de volta. Fofo!

Quando seu cão aprender este truque, você também removerá o alvo (sua mão). Remover e substituir o alvo por um sinal com a mão e/ou um comando verbal é um último passo importante no ensino de truques para cães.

Mais técnicas de alvo: ter um objeto e um bastão como alvo

SE VOCÊ E SEU cão gostam de aprender truques mais avançados, continue a desafiar o aprendizado e a precisão dele usando algumas ferramentas que os treinadores profissionais usam: ter um objeto e um bastão como alvo. Um alvo é como um substituto para uma isca. Quando o cão toca no alvo depois que você lhe dá o comando, ele sabe que receberá um clique e uma recompensa. Você já usou sua mão como alvo quando o ensinou a Dar a Pata e Rolar. Quando ele tocou em sua mão, ganhou um clique e um petisco. Agora o cão aprenderá que ganhará um clique e uma recompensa quando tocar em um objeto ou indicador especial.

Vamos começar com o objeto. Recomendo usar uma tampa de plástico macia de um iogurte grande, um Frisbee (que é maior e mais fácil de o cão ver) ou um cone de futebol (que ele pode ver a distância).

O primeiro passo é deixar o cão curioso em relação ao alvo. Atire-o no chão perto dele; se o cão o olhar, clique e recompense. Molde a curiosidade do cão em relação ao alvo clicando e recompensando à medida que o cão for se aproximando mais dele. Dê-lhe seu maior prêmio quando o cão tocar no alvo pela primeira vez com o focinho ou a pata. (Mais tarde você verá que alguns comandos pedem um toque com o focinho, como quando ele está aprendendo a passar por uma portinhola para cães; outros truques, como tocar o sino para

UM OBJETO COMO ALVO

Parecido com a mão como alvo, você pode ensinar seu cão a tocar em um objeto com o focinho ou a pata. Eis dois objetos comuns como alvo.

DISCO
Quando seu cão se tornar fluente em ter um disco como alvo, você poderá diminuir o tamanho do disco. Comece com um Frisbee e depois use discos cada vez menores, como macias tampas de plástico.

CONE
Treine seu cão a ir para um determinado ponto usando um cone que ele possa ver a distância. Quando o cão aprender fluentemente a tocar no cone, aumente pouco a pouco a distância enquanto lhe dá o comando "toque" ou "alvo".

UM BASTÃO COMO ALVO

Também chamado de *indicador de alvo*, este bastão ajuda a ensinar "truques de movimento", como moldar um giro. Antes de começar a usar o indicador para ensinar um truque, treine seu cão para associar tocar na ponta de um bastão com um alvo que o faz ganhar um clique e uma recompensa (veja a página).

VIRADA DE CABEÇA
O movimento começa com uma virada de cabeça. Recompense até mesmo a menor virada.

MOVIMENTO DAS PATAS DIANTEIRAS
Quando as patas dianteiras do cão se moverem, isso significa que ele está começando a seguir o indicador, e vale um grande prêmio!

MOVIMENTO DAS PATAS TRASEIRAS
Dê um grande prêmio de novo quando todo o corpo do cão se mover. É mais desafiador direcionar um cão para se afastar de você do que para ir na sua direção.

SEGUNDA METADE
Clique primeiro na virada de cabeça, depois quando o cão mover as patas dianteiras e finalmente quando mover as traseiras.

GRANDE PRÊMIO
Quando seu cão tiver dominado um giro completo, acrescente um segundo giro e mova o bastão cada vez mais rápido para acrescentar velocidade.

você abrir a porta e ele sair para fazer as necessidades fisiológicas, funcionam melhor com um toque com a pata.)

Quando seu cão entender de vez que é recompensado quando toca no alvo, faça-o se sentar na sua frente, dê o comando apontando para o alvo, dê nome ao comportamento (recomendo "toque" ou simplesmente "alvo") e clique e recompense quando o cão tocar nele. Tenha senso de oportunidade: clique exatamente no momento em que ele tocar no alvo. Após cada tentativa bem-sucedida, mova o alvo para um pouco mais longe ou para o lado. Quando o cão se tornar mais fluente em tocar no alvo, faça-o *sentar-ficar* até você dizer "toque" ou "alvo" enquanto aponta para o disco. É provável que o cão entenda o comando imediatamente se você o mantiver em sua posição até o foco dele mudar para o alvo. Então lhe dê o comando verbal enquanto aponta para o alvo. Em repetições subsequentes, pare de apontar e use apenas o comando verbal.

Você usará uma técnica parecida para treinar seu cão a tocar na extremidade do bastão. Geralmente o bastão tem 90cm de comprimento e pode ser um varão de cortina, uma régua, uma vara de medir ou um indicador de alvo feito especialmente para o treinamento com Clicker. Deve ter uma ponta de borracha macia ou acolchoada para segurança; além disso, a ponta acolchoada ajuda o cão a distinguir o que ele deve tocar. Embora eu lhe ensine a usar o bastão, recomendo-lhe cautela, especialmente perto de crianças, por motivos de segurança. Em geral, é melhor a família usar um objeto ou a mão para apontar para o alvo.

Para começar a treinar o cão a tocar no bastão, segure-o 2,5cm acima da ponta e então clique e recompense quando o cão olhar para ele. Aproxime o bastão um pouco mais do cão e comece a moldar o comportamento dele em relação a tocar na ponta com o focinho. Quando o cão fizer isso, repita até que possa fazê-lo de novo facilmente. Quando o fizer melhor, segure o bastão um pouco mais para baixo da haste. Coloque-o alto, baixo e em seu sapato. Quando o cão entender a ideia básica de que recebe um clique e uma recompensa quando toca apenas na ponta do bastão, você poderá começar a movê-lo para moldar o comportamento dele. Mova o bastão devagar entre suas pernas, ao redor do seu corpo e assim por diante. Você verá que fazer o cão acompanhar o indicador o moverá seguindo um padrão, como andando ao redor de você ou girando em círculos. Comece a retirar recompensas para moldar o movimento dele a fim de que se torne mais suave e rápido. Você pode usar o mesmo comando verbal que usou com o alvo do disco: "alvo" ou "toque".

Removendo o alvo para ensinar a tocar o sino

O ÚLTIMO PASSO É SUBSTITUIR o alvo (disco, bastão ou mão) por um sinal com a mão e/ou outro comando verbal. Vamos praticar isso ensinando seu cão a tocar o sino para você saber que ele precisa sair para fazer as necessidades fisiológicas.

Pendure um sino de vaca ou um outro sino grande na porta que usa para deixar o cão sair, baixo o suficiente para ele poder cheirá-lo ou bater no sino com a pata. Comece a moldar a compreensão dele do significado do sino tocando-o você mesmo antes de abrir a porta para deixar o cão sair para fazer as necessidades fisiológicas. Curve-se para tocar — você quer que o cão o veja. Repita este passo durante uma semana antes de ensinar o cão a tocar o sino, para que ele se acostume com o som e comece a associá-lo com sair. Se o cão for tímido em relação ao sino, você pode abafar o som enrolando o badalo em algodão.

O cão não tem que ficar em nenhuma posição particular; parado perto do sino já é suficiente. Você pode usar qualquer tipo de alvo (objeto, bastão ou mão) para atraí-lo para tocar o sino. Se, por exemplo, usar a mão, ponha-a em frente do sino e faça com que o cão toque em sua mão com força suficiente para tocar o sino. Você pode trapacear um pouco — isto é, se ele tocar em sua mão muito levemente, pode movê-la na direção do sino.

Quando seu cão se tornar fluente em tocar o sino, comece o processo de abrir a porta e levá-lo para fora em cada repetição. Se você o estiver treinando em horas em que ele não precisa fazer suas necessidades, de qualquer maneira leve-o para fora a cada repetição. Faça tudo isso em silêncio sem lhe dar o comando para fazer as necessidades. Lembre-se de usar as habilidades de treinamento de porta que seu cão aprendeu no Programa de Treinamento Básico. Ele não deve disparar para fora na sua frente. Em vez disso, deve esperar você lhe dar o comando para sair. Segundo minha experiência, em um ou dois meses seu cão aprenderá a lhe pedir para fazer as necessidades fisiológicas tocando o sino sozinho.

Embora tocar o sino seja um truque muito útil, tenha consciência de que seu cão pode treinar você para vir correndo quando ele tocar o sino. Merit, meu flat-coated retriever, tocava o sino sempre que queria sair e ficar com as crianças no jardim ou nadar na piscina à meia-noite. Aprender a tocar o sino não é diferente de um cão aprender a latir à

TREINAMENTO COM CLICKER E TRUQUES DE CÃES | 185

porta quando quer sair; isso nem sempre tem a ver com precisar fazer suas necessidades fisiológicas. Merit nos treinou bem, por isso tivemos que retirar o sino durante algum tempo.

Buscar/trazer aqui

DEVOLVER (BUSCAR) É ÚTIL na vida real quando você quer que o cão vá pegar um Kong ou uma bola próxima, se deixa cair chaves no chão e não quer se curvar para pegá-las ou se deseja que o cão pegue seus brinquedos e os coloque em sua cesta. (E quem não deseja isso?) O comando buscar também ajuda a redirecionar a atenção do cão quando você prevê que ele pode estar prestes a ter um problema comportamental; falarei mais sobre isso no Capítulo 11. Aconselho também que você reveja os princípios básicos da devolução no Capítulo 9.

Para treinar seu cão a buscar, comece com ele na guia ou lhe ensine a última parte primeiro: deixe-o pegar um brinquedo destinado a ser devolvido, como um Kong ou uma corda com nós, dizendo "pegue isso". Quando ele abrir a boca, clique e lhe dê o brinquedo e depois o recompense com muitos elogios enquanto ele segura o brinquedo orgulhosamente na boca. Após alguns segundos, diga "fora" e estenda suas mãos abertas debaixo do brinquedo. Quando o cão largar o brinquedo, clique, elogie e recompense. Você está usando a troca do biscoito (ou troca do brinquedo, ou troca *fora e pegue*) e as técnicas de *trazer aqui* que aprendeu no curso básico. (Para rever essas técnicas, veja a página 148). Se o cão tiver dificuldade com os passos anteriores, mas já souber *pegar*, você pode ajudá-lo dividindo esses comportamentos de troca.

Quando seu cão conseguir pegar com a boca o brinquedo a ser devolvido e segurá-lo confiavelmente quando você disser "pegue", será hora de dar o próximo passo: ficar na posição do *biscoito sente* (com metade da guia enrolada em sua mão "grudada" no quadril; reveja isso na página 111). Contudo, não peça ao cão para se sentar. Você o quer *parado (pose)* enquanto move o brinquedo na frente do focinho dele (usando a mão vazia) e o joga mais ou menos 1m na frente do animal (ou à distância necessária para que o pegue). Se o cão ficar, espere um segundo e então o direcione para o brinquedo dizendo "pegue". Corra com ele para pegá-lo. No momento em que o cão puser a boca no brinquedo, clique e o recompense com elogios verbais e físicos, mas não lhe dê um petisco. Em vez disso, encoste o petisco no focinho dele.

MOLDANDO POR MEIO DO ENCADEAMENTO DE TRÁS PARA A FRENTE

Quando você ensina seu cão a buscar, usa uma técnica de treinamento comportamental chamada *encadeamento de trás para a frente*. Quebra em partes todo o comportamento de *buscar* e depois junta cada parte do truque. Você *encadeia de trás para a frente* começando pela última parte e indo em ordem inversa até o início. Por exemplo, usamos o encadeamento reverso na canção *A velha a fiar*. Cantamos a última parte primeiro ("e a velha a fiar") e repetimos isso várias vezes indo de trás para a frente até a primeira e última parte ("a morte na mulher"). Quando canto essa canção, relaxo no verso "o cachorro no gato" em cada verso, sabendo que posso facilmente me lembrar das próximas cinco partes encadeadas de trás para a frente. Mas às vezes me confundo se o boi vai fazer mal à água ou se é o contrário. É isso que acontece com seu cão quando ele aprende um comando, uma rotina ou um truque complexo. Ele anseia pelo que seria o meio da canção, confiante em que desse ponto poderá voltar para o final familiar.

Quando você ensina truques ao seu cão, ajuda-o a aprender um comportamento complexo quebrando-o em partes, que você encadeia de trás para a frente enquanto junta de novo em ordem inversa.

Assim que o cão o cheirar ele largará o brinquedo em sua mão aberta. Clique de novo e o recompense com o petisco por largar o brinquedo. Quando o cão for capaz de correr 1m para pegar o brinquedo ao ouvir você dizer "pegue" e o devolver quando você disser "fora", será a hora de acrescentar um pouco mais de distância: na próxima repetição, jogue o brinquedo 30cm mais longe e faça o exercício como antes.

Quando seu cão se tornar fluente em 1,20m, não acrescente mais distância. Agora ele está pronto para aprender o próximo passo: trazer o brinquedo de volta para você. Na posição inicial, jogue o brinquedo a 1,20m de distância, espere um segundo, diga "pegue", corra com ele e agora lhe permita alcançar o brinquedo antes de você. Assim que ele o pegar e se virar para trazê-lo de volta (como fez nas repetições anteriores), incentive-o dizendo "traga aqui". Permaneça onde está enquanto o incentiva a trazer o brinquedo e largá-lo em sua mão aberta quando disser "fora". Ainda não espere que seu cão carregue o brinquedo por todo o caminho até você, por isso se certifique de que está perto o suficiente para ele apenas precisar carregá-lo por 30 a 60cm antes de deixá-lo cair em sua mão. Essa é a *devolução básica*.

Quando seu cão se tornar fluente nessas habilidades de devolução básica, você poderá aumentar a distância acrescentando 30cm de cada vez. Se preciso, prenda-o a uma guia de 6m ou uma corda longa bem amarrada na alça da guia. Faça o exercício exatamente como antes. Comece com o cão parado ao seu lado, jogue o brinquedo, espere um segundo, diga "pegue" e corra com ele na guia para pegá-lo.

Depois corra de volta para o "fora" (ele larga o brinquedo em sua mão). Esse procedimento ajuda a moldar a compreensão dele da longa rota da devolução. A distância máxima que eu recomendo agora é 6m, e você e seu cão provavelmente precisarão de muitos meses — talvez até mesmo um ano — até ele devolver brinquedos confiavelmente a essa grande distância.

Algumas dicas para ensinar seu cão a devolver: lembre-se de lhe dar um grande prêmio nos momentos importantes. É mais eficaz e divertido tornar isso um exercício breve em várias sessões de treinamento em vez fazê-lo em uma única e longa sessão. Finalmente, a maturidade e o controle de impulsos de seu cão influem muito no quanto ele consegue lidar com o fracasso. É muito mais importante para o cão pegar e segurar o brinquedo quando você diz "pegue" e largá-lo quando você diz "fora" do que ser capaz de responder a grandes distâncias.

Moldagem livre

À S VEZES, SEU CÃO vai fazer algo totalmente sozinho, sem que você o direcione ou peça, que você deseja recompensar. Isso é moldagem livre e aumenta a capacidade de resolução de problemas do cão, mantém-no interessado em apresentar novos comportamentos (porque são aqueles pelos quais é recompensado) e ajuda a estimular sua personalidade.

Você já jogou o jogo de crianças "quente e frio"? Em uma variação do jogo, seu amigo pensaria em um objeto na sala e você se moveria ao redor para descobrir em que objeto seu amigo estava pensando. Quando você se afastasse do objeto, seu amigo diria "frio". Quando se aproximasse, seu amigo diria "morno". Quando estivesse bem perto do objeto seu amigo diria "quente". A moldagem livre funciona do mesmo modo, mas em vez de usar as palavras *frio, morno* e *quente* você clicará e recompensará cada comportamento que seu cão apresente que seja "morno" (perto do que você deseja), clicará e dará um grande prêmio quando for "quente" e não clicará quando for "frio". Não há pedidos, dicas ou mensagens para você dizer ao cão o que deseja ou como fazê-lo. A moldagem livre é apenas um jogo de espera de tentativa e erro.

Digamos que você deseje usar a moldagem livre para ensinar o cão a deitar em seu colchão novinho em folha. Talvez já esteja pensando que em vez disso poderia simplesmente atraí-lo para o colchão ou direcioná-lo para tocar no alvo e depois atraí-lo para uma *deitada* ou *sentada*. Contudo, para este exercício, em vez de usar as outras ferramentas que você já aprendeu, vamos usar a moldagem livre para ensinar o cão a deitar no colchão. O colchão está perto de você e, como ele o vê com o Clicker e os petiscos, o cão sabe que é hora de diversão, por isso se senta na sua frente sem que lhe peça. Você lhe diz "boa sentada", mas não clica ou o recompensa. Ele espera pacientemente, mas nada acontece. Você e o cão esperam.

Se ele não perceber que deve fazer algo além de apenas ficar parado, você poderá lhe atirar um petisco no colchão e depois clicar e lhe dar um grande prêmio assim que ele pisar no colchão. Então o deixe brincar com um brinquedo antes de retomar a lição ou terminá-la e passearem juntos, dependendo do foco e da ânsia do cão em continuar o jogo. (Os períodos de tempo para a moldagem livre são em média de 5 a 15 minutos, dependendo da experiência e do nível de curiosidade do cão. Sempre termine o jogo com um tom alegre com o sucesso dele na última tentativa, mesmo se for lhe dando um grande prêmio fácil em seu novo colchão.)

Em todo caso, se seu cão se mover apenas um pouco, clique e o recompense. Ele repete o movimento e ganha outro clique. Faz isso de novo, mas dessa vez não há clique — você espera que o cão se mova na direção do colchão ou ao menos olhe para ele. Seu cão boceja — um sinal de que está ficando entediado ou ansioso —, e você clica quando ele faz isso. Agora o cão está intrigado. Não sabe ao certo pelo que está recebendo o clique, então começa a apresentar comportamentos aleatórios. Esse é um momento-chave na moldagem livre. Quando o cão vira a cabeça na direção do colchão, recebe o clique (e a recompensa). Ele repete esse movimento, outro clique. Faz isso de novo, um terceiro clique. Faz uma quarta vez, mas não há clique. Ele vira a cabeça na direção do colchão de novo — dessa vez com mais força para se certificar de que você o está vendo se mexer e você o recompensa com um clique e um pequeno prêmio. Ele faz isso de novo com força, outro clique. E novamente, clique. Move-se com força de novo, mas dessa vez não há clique. Então se move com ainda mais força e ganha um pequeno prêmio.

Agora os movimentos do cão na direção do colchão se tornam mais seguros. Após outro minuto de tentativa e erro, ele toca no colchão pela primeira vez e recebe um grande prêmio (depois do clique, é claro). Então toca no colchão novamente com mais segurança e recebe outro grande prêmio. Ele fica no colchão — outro grande prêmio.

Continua no colchão, mas nada acontece. Experimenta alguns movimentos e empurra a cabeça na direção do colchão, um clique. Faz isso de novo, outro clique. Encosta o focinho no colchão e ganha um pequeno prêmio. Repete o toque com o focinho — um clique e um petisco (mas não um grande prêmio). Encosta o focinho de novo no colchão com mais força — clique e dê alguns petiscos.

Finalmente, o cão se deita no colchão e ganha um grande prêmio e muitos elogios e afagos. Então você lhe dá o comando para se sentar perto do colchão e, no exato momento em que ele faz isso, marca verbalmente (diga "muito bem", mas não clique) e espera. Ele também espera. Então se vira e deita em seu colchão e você lhe dá outro grande prêmio (e mais elogios e afagos). Você repete a sequência de fazê-lo se sentar perto do colchão e depois deitar nele. Agora pode dar nome ao comportamento ("em seu colchão" ou o que escolher) quando ele deitar. Em repetições subsequentes, prossiga com esse padrão de dizer o nome enquanto o cão começa a se deitar. Em cada repetição, faça-o se sentar em um ponto um pouco diferente — isso ajudará o cão a generalizar o comportamento enquanto você dá o comando verbal ("em seu colchão"). Quando seu cão se tornar fluente nesses passos, dê-lhe o comando verbal ("em seu colchão") antes de ele ir para o colchão e um grande prêmio quando for. Continue a reforçar o comando verbal e, quando o cão se tornar fluente, introduza alguns outros comandos que ele já conheça e mova o colchão ao redor do aposento.

Parabéns! Dependendo somente de seu cão apresentar um comportamento, você moldou livremente um novo comando. Além disso, ajudou-o a adquirir confiança na resolução criativa de problemas porque descobriu como receber mais cliques e petiscos.

Moldagem livre e a Caixa 101

UM DOS MEUS EXERCÍCIOS favoritos de moldagem livre para descobrir o comportamento natural de um cão é 101 Coisas para Fazer com uma Caixa. Prepare-se para este exercício cortando as abas de uma caixa grande para que fiquem com metade de seu comprimento anterior. Ponha a caixa no chão perto do cachorro, virando-a de lado cuidadosamente para não assustá-lo. Quando o cão olhar para ela, clique e lhe dê um petisco. Se o cão andar na direção da caixa, outro clique e petisco. Se olhar para a caixa de novo — ou exibir qualquer comportamento em relação à caixa (cheirar, encostar o focinho etc.), clique e dê um petisco. É muito simples.

101 COISAS PARA FAZER COM UMA CAIXA

Um modo de entender melhor seu cão é observando-o aprendendo sobre algo — digamos uma caixa de papelão — totalmente sozinho. Ele usa primeiro o focinho ou a pata para explorar a caixa? Quando você fizer a moldagem livre com a Caixa 101, clique a *qualquer* novo comportamento que o cão apresente voluntariamente, elogie-o e lhe dê muitos petiscos.

Se seu cão ainda não parecer estar entendendo, afaste-se e jogue um petisco dentro da caixa para sugerir como você quer moldar o comportamento dele. Se o cão pegar o petisco ou ao menos se mover na direção dele, clique, dê-lhe um grande prêmio e termine a sessão. Sempre termine o jogo da Caixa 101 com um tom alegre, fazendo uma última tentativa bem-sucedida. Depois coloque a caixa de lado por enquanto e lhe dê um brinquedo para brincar ou saia para dar uma caminhada com o cão.

Em algum momento numa dessas sessões, seu cão entenderá que tudo que fizer com aquela caixa boba o fará receber um clique e uma recompensa. Você provavelmente saberá o momento em que seu cão entendeu porque ele subitamente apresentará todo um conjunto de comportamentos: pôr a pata na caixa, pisar nela, cutucá-la com o focinho, cheirá-la, virar uma aba, mastigá-la, arrastá-la pelo chão, entrar nela, pôr as patas no topo. Quando isso acontecer, você clicará e dará petiscos ao cão o mais rápido que puder.

Quando o cão entender isso, comece a retirar recompensas por comportamentos que ele já mostrou. Em vez disso, só clique e o recompense por novos comportamentos que apresentar; isso indica que ele está testando a caixa. Se já a moveu um pouco, só clique e o recompense quando a mover um pouco mais. Se já pôs a pata dentro da caixa, espere para clicar quando tocar com a pata no fundo dela. Ao moldar novos comportamentos, sempre procure oportunidades de elevar o nível. O legal na Caixa 101 é que você não espera nenhum resultado em particular; em vez disso, simplesmente procura novos comportamentos. Como mudou o jogo e agora só está clicando e recompensando novos comportamentos, seu cão pode ficar um pouco frustrado,

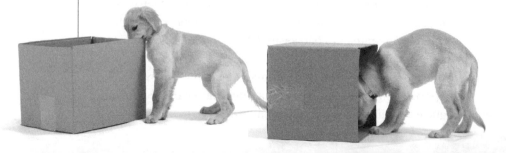

mas isso o incentivará a experimentar, ser criativo e resolver problemas. Frustração em doses baixas é benéfica, parte do processo de aprendizado pelo qual todos nós passamos. No início, alguns cães podem ficar tímidos ou ter medo da caixa. Nesse caso, não force a situação. Apenas jogue um petisco na caixa. Jogue outro e outro. Se forem petiscos que seu cão já valoriza, ele saberá que estão na caixa. Se o cão olhar para os petiscos, clique e o recompense e depois jogue mais um. Jogue um petisco perto da caixa. Deixe a caixa no chão enquanto passa para outro exercício, como atrair o cão ao redor de você e por entre suas pernas — talvez ele se esqueça do medo da caixa ao se aproximar dela. No final do exercício, se ele não tiver comido seu grande prêmio que se acumulou na caixa, pegue-o e o coloque de lado junto com a caixa. Tente de novo em outro momento e não se preocupe; alguns cães demoram muito tempo para se animar com essa estranha e generosa caixa.

Seu diário desses comportamentos livremente moldados — sim, você ainda deve mantê-lo — pode lhe fornecer insights dos comportamentos naturais do seu cão. Ele usa primeiro o focinho ou a pata para explorar a caixa? Na próxima vez em que você a traz ele repete tudo ou tenta algo novo? O que ele faz se você coloca a caixa no chão com a abertura para cima? Você provavelmente já se tornou tão curioso a respeito dos comportamentos naturais do seu cão quanto ele está em relação à caixa. Esses insights podem ajudá-lo a identificar outros truques, brinquedos e atividades que o cão poderia apreciar. Você pode até mesmo querer criar seus próprios truques originais baseado em alguns dos comportamentos únicos do seu cão com a Caixa 101.

Mais truques de cães

AGORA QUE VOCÊ E seu cão estão familiarizados com o treinamento com Clicker e toque no alvo, vamos usar esse sistema para aprender mais alguns truques básicos. Você pode descobrir que seu cão realmente gosta de treinar truques. Adoro quando meus alunos criam seus próprios truques, frequentemente observando o que seus cães fazem naturalmente e usando a moldagem livre. Estude seu diário de treinamento. Conscientize-se dos progressos do seu cão durante essas lições para poder concentrar seus esforços em truques em que ele tenderá mais a ser bem-sucedido. Escolha um truque para aprender de cada vez. Mantenha seu cão interessado e esteja sempre preparado para mudar para um jogo, uma atividade ou outro exercício de treinamento que o cão já saiba. Quando você e ele dominarem um truque, acrescente outro da lista. Os alunos em minhas aulas básicas geralmente conseguem ensinar a seus cães um novo truque em cerca de uma semana.

Sentar Bonito (Suplicar)

EMBORA SENTAR BONITO POSSA ser um bom exercício para fortalecer as costas e os músculos essenciais do cão, não use esse truque com animais com problemas de coluna ou quadril ou cães com costas longas (como dachshunds e basset hounds), porque isso pode forçar muito a coluna.

Para este truque, recomendo usar como alvo um petisco, embora uma vareta também possa ser eficaz. Comece com o cão *sentado* e comece a *moldar* o Sentar Bonito segurando uma isca uns 2,5cm acima da cabeça dele. Quando o cão erguer a cabeça para a isca, clique e lhe

---

SENTAR BONITO (SUPLICAR)

Quando seu cão for capaz de se sentar para obter recompensas da vida real, você pode querer lhe ensinar a sentar de um modo extra e especial para ganhar privilégios ou objetos extras e especiais. Sentar Bonito (também chamado de Suplicar) desafia as habilidades de se sentar do cão.

ERGA A ISCA
Comece com o cão sentado e depois erga a isca acima da cabeça dele. Quando o cão olhar para cima, clique e o recompense.

AJUDA NO EQUILÍBRIO
Quando você erguer a isca alto o suficiente para o cão começar a levantar uma pata ou cheirar o petisco, ajude-o a aprender a se equilibrar se agachando e lhe oferecendo seu antebraço.

AS DUAS PATAS PARA CIMA
Depois, quando seu cão se tornar mais confiante e equilibrado, erga um pouco mais a isca para que ele precise levantar as duas patas em seu antebraço. Para aperfeiçoar o truque, finalmente deixe de lhe oferecer seu antebraço.

permita comer o petisco. Depois segure a isca uns 2,5cm mais alto. Na próxima repetição, segure-a uns 3cm acima da cabeça do cão.

É claro que você pode *moldar* seu cão para esticar o pescoço cada vez mais para cima a fim de obter o petisco. Finalmente ele precisará levantar as duas patas para comê-lo. Fique bem atento às patas dianteiras do cão; quando ele levantar uma pata, isso valerá um grande prêmio. Quando ele levantar uma pata três vezes seguidas, comece a erguer um pouco mais a isca. Continue assim centímetro a centímetro e, quando o cão levantar as duas patas pela primeira vez, isso valerá um prêmio ainda maior. Agora tente fazê-lo levantar as duas patas consistentemente.

Quando o cão for capaz de fazer esse movimento, ofereça-lhe seu antebraço para ajudá-lo a se equilibrar. Torne isso o novo parâmetro para clicar e recompensar. Finalmente, tente atrair com a mão vazia. Quando o cão levantar as duas patas e as apoiar em seu antebraço, isso valerá um grande prêmio — clique e o recompense com sua outra mão. Continue a atrair com a mão vazia até o cão parecer ter entendido isso e se tornado fluente.

O próximo passo é dar nome ao truque. Os comandos verbais mais comuns para este truque são "suplique", "orações" ou "sente bonito". Ou você pode lhe dar um nome totalmente bobo como Esconde-Esconde e depois modificá-lo atraindo a cabeça do seu cão para baixo de modo que o focinho e os olhos dele fiquem cobertos e sob seu braço. Quando acrescentar pela primeira vez o comando verbal, diga-o ao mesmo tempo que faz seu sinal com a mão. Após algumas repetições, tente um ritmo rápido: na primeira e na segunda repetições, use tanto o comando verbal quanto o sinal com a mão. Se seu cão Sentar Bonito com apenas o comando verbal, isso valerá um grande prêmio. Não deixe de marcar (diga "boa súplica"), elogiar e recompensar cada repetição bem-sucedida. Faça repetições usando apenas comandos verbais e usando os visuais e verbais até seu cão parecer fluente no truque apenas com o comando visual (seu antebraço na frente dele) e com o comando verbal. O último passo é retirar aos poucos as recompensas usando as técnicas do caça-níqueis.

SENTAR BONITO
É assim que o truque aperfeiçoado deve ser.

Biscoito no Focinho

N ESTE TRUQUE, O CÃO equilibra um biscoito no focinho. Seguindo seu comando, deixa o petisco escorregar do focinho e o pega

O TRUQUE DO BISCOITO NO FOCINHO

Equilibre um biscoito no focinho do cão e o ensine a jogá-lo para cima e pegá-lo com a boca. O truque exige controle de impulsos e realmente agrada a audiência.

O EQUILÍBRIO
Antes de ensinar seu cão a jogar o biscoito, pratique equilibrá-lo no focinho dele. No início pode usar suas mãos para ajudar o cão a manter a cabeça imóvel.

A JOGADA
Quando você disser "pegue", seu cão pode jogar o focinho para cima ou escorregar o biscoito por ele. Alguns treinadores moldam a jogada pondo uma das mãos sob o focinho do cão.

A PEGADA
Melhore a capacidade do cão de pegar o biscoito não lhe permitindo comer nenhum que caia no chão.

antes que caia no cão. Alguns cães até mesmo jogam o biscoito para o ar e o pegam antes que caia. Um aviso: não realize este truque se seu cão tiver um problema de defesa de alimento, porque isso poderia ser flertar com o perigo. E se você tiver um cão de focinho achatado, como um pug ou buldogue, provavelmente será muito difícil para ele equilibrar um biscoito no focinho, portanto sugiro que pule este truque.

Comece dando ao seu cão o comando para *sentar-ficar*. Segure um petisco perto do focinho dele como aprendeu com o *biscoito sente-fique* no Programa de Treinamento Básico. Se o cão não se esquivar, clique e diga "pegue" enquanto leva o petisco para a boca do cão, indo na direção dele em vez de lhe permitir ir para a frente a fim de pegá-lo. Assim, você o recompensará por ficar parado.

Se seu cão tentar pegar o petisco antes de você lhe dizer "pegue", diga "fora". Se ele obedecer ao seu comando *fora*, após um momento diga "pegue" e lhe permita pegar o petisco da ponta dos seus dedos (depois de ter movido a mão com o petisco na direção dele). Se o cão não obedecer imediatamente ao *fora*, tire o petisco e pratique um comando diferente em que ele será bem-sucedido antes de tentar novamente o truque do Biscoito no Focinho.

Quando seu cão for capaz de continuar sentado imóvel enquanto você segura o petisco perto do focinho dele, fique com o petisco por um pouco mais de tempo antes de dizer "pegue". Pouco a pouco, aumente a quantidade de tempo antes de dizer "pegue". Quando o cão continuar sentado imóvel por dez segundos enquanto você segura o petisco perto do focinho dele, será a hora de acrescentar o próximo passo.

Equilibre o petisco no focinho do cão. Solte o petisco, mas não retire sua mão até estar pronto para dizer "pegue". Deixe o cão pegar o petisco. Na próxima repetição, afaste lentamente a mão 2,5cm do focinho do cão antes de dizer "pegue isso", depois 5cm, 8cm e assim por diante. Se o cão não conseguir pegar o petisco, não lhe permita comê-lo do chão — isso o faria se concentrar no chão, onde obteve o último petisco, em vez de em você e seus comandos. Como você verá, este truque não só ajuda a controlar os impulsos do cão como também agrada muito a audiência.

Recuar

O COMANDO *RECUAR* PODE SER útil quando seu cão se sentar perto demais da mesa de jantar ou você estiver em uma vaga de estacionamento estreita e precisar abrir a porta do carro para ele pular para o banco traseiro. *Recuar* também pode ser útil durante um exercício de caminhada: se o cão começar a andar à sua frente, diga "recue", e ele literalmente dará um passo até você enquanto continua a caminhar.

Comece com o cão na sua frente e dê um passo na direção dele. Se ele recuar, clique e o recompense. Dê outro passo e, se ele recuar de novo, clique e o recompense mais uma vez. Continue a recuar um passo de cada vez clicando e recompensando a cada passo. Quando você se aproximar de uma parede ou um obstáculo, atraia seu cão para a frente para recomeçar a sequência, recuando um ou dois passos de cada vez até ele se tornar fluente e confiante. Depois acrescente o comando verbal ("recue") e, ao mesmo tempo, o sinal com a mão: vire para baixo a palma de uma de suas mãos e mova gentilmente seu pulso na direção do cão. Pratique os recuos de um e dois passos usando simultaneamente o comando verbal e visual. Quando ele estiver fluente, acrescente um terceiro passo e depois um quarto. Continue a usar o *recuo* em vários corredores e espaços na casa até ele generalizar esse comportamento para outros lugares.

196 | AME SEU CÃO

Se seu cão não recuar facilmente, use esta técnica de "canaleta": comece o *recuo* em um corredor ou ao longo de uma parede ou cerca. Crie uma canaleta estreita usando uma fila de cadeiras paralela à parede. Se seu cão for pequeno e capaz de se esgueirar por debaixo das cadeiras, simplesmente jogue um lençol sobre elas. Torne a canaleta estreita o suficiente para o cão não conseguir se virar nela. A primeira coisa que você tem de fazer é dar um passo para dentro da canaleta e atrair o cão — marque verbalmente (diga "muito bem"), mas não clique ou o recompense. Então ande na direção do animal para que ele recue um passo para fora da canaleta e depois clique e o recompense. O motivo de você primeiro atrair o cão para a canaleta e depois o fazer recuar para fora dela, em vez de começar tentando fazê-lo recuar dentro da canaleta, é que isso tira proveito do desejo natural do cão de sair de uma área confinada em vez de forçá-lo a ir contra sua aversão natural a ser forçado a recuar confinado em uma canaleta. Repita algumas vezes para o cão se tornar fluente em recuar esse único passo.

Quando seu cão se tornar fluente nesse primeiro passo para dentro da canaleta, você poderá acrescentar o comando verbal (diga "recue") e ao mesmo tempo o sinal com a mão: vire para baixo a palma de uma das suas mãos e mova gentilmente seu pulso na direção do cão. Pratique esse recuo de um passo para fora da canaleta usando simultaneamente os comandos verbal e visual.

Quando o cão se tornar fluente nessa habilidade, dê dois passos para dentro da canaleta e pratique até ele se tornar fluente. Esses três passos podem parecer muito fáceis para alguns cães, mas de qualquer modo eu gostaria que você os desse. Este é um exercício que aumenta a confiança, e seu cão aprende que ficará seguro quando você o fizer recuar e que não o está colocando em uma situação perigosa que ele é incapaz de ver.

Esse método torna o recuo simples e gratificante para a maioria dos cães. Se ainda for muito difícil para seu cão, passe para um comando que ele já conheça e volte a este em outro dia (mesmo se você ficar tentado a impô-la a ele porque teve um pouco de trabalho para criar a canaleta). Para esses primeiros passos, é importante que seu cão desenvolva confiança em você.

Quando ele estiver fluente e parecer confiante nesses primeiros dois passos, você poderá acrescentar outro passo. Comece ficando três passos para dentro da canaleta, atraia-o para entrar e marque verbalmente quando ele chegar até você. Depois comece imediatamente a fazê-lo recuar, dando um passo para frente na sua direção e usando simultaneamente os comandos verbal e visual. Provavelmente seu cão precisará de várias sessões de treinamento para se sentir confortável recuando por todo o caminho para fora da canaleta sem se virar ou olhar para trás. Vá devagar. Se ele resistir, mude para outro exercício em que o cão já seja bem-sucedido, como uma série de Flexões de Cachorrinho bem ali e depois o atraia para você até ambos estarem fora da canaleta e prontos para outra atividade. Volte à canaleta em outra sessão de treinamento.

Mova a canaleta para vários lugares na casa para o cão generalizar o *recuo*. Finalmente a canaleta não será mais necessária, por isso remova uma peça de cada vez para ajudar o cão a se tornar fluente em cada modificação que você fizer, antes de remover a próxima peça. Continue a usar o *recuo* em vários corredores e espaços. O cão acabará generalizando esse comportamento para todos os lugares sem a canaleta.

Quando seu cão se tornar fluente no *recuo*, você poderá se divertir criando um passo de dança com ele: para trás e para frente, para trás e para a frente. Poderá até mesmo coreografar uma rotina de dança: fique de costas para seu cão enquanto ele o seguir e depois se vire e fique de frente para ele a fim de que recue. (Se quiser saber como dançar com seu cão, veja a introdução à dança livre canina no Apêndice 2.)

Saudação

PROVAVELMENTE VOCÊ JÁ VIU seu cão saudando outro como um convite para brincar. Você pode treiná-lo para saudar, o que é um truque divertido no final de uma apresentação, especialmente se feito logo após um Sentar Bonito ou Aceno. Comece a moldar a Saudação

Se os cães são bem socializados, brincar juntos é uma segunda natureza para eles.

seguindo um comando com o cão parado. Atraia-o para deitar levando um petisco do peito dele para o chão e clicando apenas quando as patas dianteiras começarem a se dobrar. (Clique quando as patas começarem a se dobrar para ajudar o cão a distinguir isso da posição totalmente deitada que você já lhe ensinou.)

Quando o cão aprender a distinguir a posição totalmente *deitada* da posição em que dobra as patas dianteiras, você poderá moldar a última de modo a que ele as dobre ainda mais enquanto a anca continua no ar. Você pode pôr seu braço sob a barriga do cão perto das patas traseiras para manter a anca erguida, ou usar a guia como uma tipoia sob a barriga do cão para manter as patas traseiras erguidas enquanto as da frente se abaixam. Dê-lhe um grande prêmio quando ele tocar no chão pela primeira vez. Usar a guia dessa maneira pode ser complicado; certifique-se de que você conhece bem seu cão e de que ele fica confortável com a guia sob a barriga.

Geralmente eu acho melhor introduzir um sinal com a mão modificado antes de retirar a tipoia ou ajuda com o braço. Um sinal distintivo é deslizar um braço arqueado na direção do chão e depois o erguer suavemente na direção do cão. Quando o cão saudar fluentemente ao seu sinal de braço em arco, você deverá retirar totalmente a tipoia ou ajuda com o braço sob sua barriga.

Quando o cão se tornar fluente em saudar sem ajuda, acrescente o comando verbal "saúde" no final de cada repetição bem-sucedida. Depois de umas cinco repetições bem-sucedidas dessa maneira, será hora de tentar apenas um comando verbal sem o sinal com a mão. Para começar, tente um ritmo rápido: primeiro dê o comando e imediatamente faça o sinal com a mão, faça isso de novo na próxima repetição e na terceira dê o comando enquanto começa o sinal com a mão e clica (e para de fazer o sinal com a mão) quando ele saudar. A partir desse ponto, combine tentativas com os comandos verbal e visual, apenas o verbal e apenas o visual.

Eis uma sugestão para aperfeiçoamento: para obter uma Saudação perfeita, deslize sua mão para mais perto do peito do cão antes de arquear para cima. Quando fizer isso, o ideal é que o cão esteja na posição de Saudação e levante apenas a cabeça para seguir seu sinal.

Dê uma volta

ALÉM DE SER UM truque divertido, "Dê uma Volta" ajuda a manter o cão posicionado em seu calcanhar para começar a caminhar e é útil no controle do comportamento geral.

Vamos ensinar "Dê uma Volta" usando uma isca. Comece com o cão sentado na sua frente. Largue a guia se estiver em casa em um ambiente tranquilo, sem distrações, ou prenda a guia ao cinto (dando ao cão espaço suficiente para circundá-lo sem puxar a guia). Você deve conseguir atraí-lo ao redor do seu lado direito com bastante facilidade, especialmente se estiver jogando Siga a Isca (veja a página 161). Clique e recompense quando o cão se mover alinhado com seu quadril direito; isso valerá o primeiro grande prêmio. Depois continue a moldar o movimento de modo que o cão circunde suas costas; isso valerá o segundo grande prêmio.

Quando o cão estiver às suas costas, mude o petisco da mão direita para a mão esquerda e continue a atraí-lo na direção de seu quadril esquerdo; isso valerá o terceiro grande prêmio. Continue a praticar esse círculo completo até o cão se tornar fluente em dar a volta e se sentar do seu lado esquerdo.

A seguir, segure algumas iscas em sua mão esquerda e atraia com sua mão direita (vazia). Quando o cão der a volta por trás de você, estenda sua mão esquerda para as costas a fim de atraí-lo para se sentar do seu lado esquerdo e ganhar

DÊ UMA VOLTA

Use esta habilidade para reposicionar seu cão para caminhar ao seu lado. O truque também ensina o cão a prestar atenção aos comandos de suas duas mãos.

1 COMECE A ATRAIR
Segure o petisco em sua mão direita e atraia o cão na direção do seu lado direito.

2
AO REDOR DO SEU QUADRIL
Quando o cão passar pelo seu quadril direito, isso valerá um petisco — e um grande prêmio.

3 MUDE O PETISCO
Atrás das suas costas, mude o petisco para a ponta dos dedos da sua mão esquerda. É melhor praticar a mudança sem o cão presente para que você não se atrapalhe durante o treinamento.

4 NA DIREÇÃO DO SEU CALCANHAR
Mova sua mão esquerda suavemente enquanto atrai o cão na direção do seu calcanhar esquerdo.

5 ATRAIA PARA UMA SENTADA
Você verá que uma sentada está prestes a acontecer. Esse é o final. Quando seu cão se tornar fluente, comece o truque sem o petisco em sua mão direita.

ORGANIZAÇÃO DE BRINQUEDOS

Este truque complexo combina habilidades de busca com o comando *fora e pegue*. Tente treinar seu cão a organizar seus brinquedos usando o encadeamento de trás para frente, e ensine a última parte do truque primeiro.

① PEGUE E LARGUE
Comece fazendo o cão pegar um brinquedo da caixa (diga "pegue") e depois largá-lo dentro dela (diga "fora").

② PRATIQUE A BUSCA
Coloque um brinquedo perto da caixa e depois faça o cão buscá-lo e largá-lo na caixa. Use as técnicas de busca/devolução ensinadas neste capítulo.

③ ACRESCENTE BRINQUEDOS E DISTÂNCIA
Quando o cão estiver fluente em pôr um brinquedo na caixa, acrescente um segundo brinquedo. Finalmente, acrescente mais brinquedos e distância.

um grande prêmio. Em repetições subsequentes, posicione a mão esquerda cada vez mais perto da posição final em seu quadril esquerdo. Finalmente você conseguirá segurar uma isca em seu quadril esquerdo enquanto sua mão direita vazia indica ao cão para dar toda a volta ao seu redor. Quando ele conseguir circundá-lo fluentemente, acrescente o comando verbal "dê uma volta". Recomendo que você continue a usar o sinal com a mão mesmo depois de ter dado nome ao comando.

Organização de brinquedos

DEPOIS QUE O CÃO dominar as habilidades de devolução que aprendeu mais cedo neste capítulo, você poderá lhe ensinar a organizar.

Ponha um brinquedo no chão e se ajoelhe a cerca de 1m de distância. Aponte para o brinquedo e diga "pegue". Quando o cão pegar, isso valerá um clique e uma recompensa.

A princípio o cão pode apenas olhar para o brinquedo. Nesse caso, quebre o comportamento para poder moldá-lo em um *pegue*. Comece clicando e recompensando quando ele apenas olhar para o brinquedo e depois espere para clicar quando ele se aproximar cada vez mais do brinquedo e finalmente o tocar para ganhar um grande prêmio. Depois o cão deverá pegar o brinquedo para ganhar outro grande prêmio.

Usando as técnicas para Buscar/Devolver, ensine seu cão a trazer o brinquedo para você; isso valerá outro grande prêmio. Recomendo que você se sente com a caixa de brinquedos vazia na sua frente. Se puser suas mãos sobre a caixa, poderá conseguir que ele largue o brinquedo dentro dela quando disser "fora". Isso valerá um grande prêmio.

Se largar brinquedo na caixa parecer difícil para seu cão, recomendo que ensine essa parte do truque separadamente e depois encadeie de trás para frente o resto do truque. Comece a parte da caixa do truque fazendo o cão tirar o brinquedo dela e clicando e o recompensando imediatamente quando ele fizer isso. Então faça o cão largar o brinquedo na caixa dizendo "fora", clique e ofereça outro petisco. Em repetições subsequentes, faça-o segurar o brinquedo por mais alguns segundos antes de clicar e recompensar e o faça largar o brinquedo na caixa de novo. O próximo passo é colocar a caixa com o brinquedo a um ou dois passos de distância do cão e depois lhe assinalar para pegar, segurar e largar o brinquedo. Quando ele parecer fluente nessa parte do truque, tente encadear de trás para frente o resto do truque: faça-o pegar e largar o brinquedo de novo. Você provavelmente precisará de paciência e quebras adicionais para manter seu cão motivado.

Quando o cão tiver dominado a habilidade de pegar e largar um brinquedo na caixa, acrescente um segundo brinquedo e depois um terceiro. Veja quantos objetos consegue fazê-lo pôr na caixa. Creio que você descobrirá que, quando estiver fluente em pôr três brinquedos na caixa, ele conseguirá facilmente colocar quatro ou cinco. Ao ensinar este truque, ponha os brinquedos e a caixa em locais um pouco diferentes a cada repetição para ajudar o cão a generalizar este comportamento.

O próximo passo é acrescentar um sinal visual, como dar tapinhas na caixa, e um comando verbal. Eu uso "organize" e aponto para um brinquedo enquanto estou perto da caixa. Finalmente, afaste-se cada vez mais da caixa enquanto dá o comando ao seu cão. O quanto você se afastará será determinado pela taxa de sucesso do cão. Se ele estiver aprendendo bem este comportamento, você poderá ficar a uma curta distância da caixa. Torne isso simples, breve e divertido!

Um rápido olhar para o início

NO FINAL DO MEU programa de treinamento de truques, gosto de pedir aos meus alunos para se revezarem falando brevemente sobre a primeira vez em que trouxeram seus cães para casa. Você consegue se lembrar de como seu cão era quando o viu pela primeira vez? Como você era? Ainda tem a lista de objetivos em sua geladeira? O quanto progrediu?

Agora que você aprendeu os princípios básicos e continuou a desafiar seu cão com novas habilidades e truques, é uma boa hora para revisitar os objetivos que estabeleceu no início para si mesmo e para seu cão.

O que você espera para o futuro? Que habilidades ou truques adicionais gostaria que seu cão aprendesse? Como você deve estar percebendo, as habilidades que seu cão está dominando não só são úteis em casa como também tornam possível para o cão ter uma variedade maior de experiências da vida real. Como é maravilhoso poder levar seu cão confiante e animado para espaços públicos!

À medida que você for prosseguindo, mantenha o treinamento do seu cão afiado, acrescentando novas habilidades, truques e oportunidades de socialização.

Problemas comportamentais

A PESAR DO NÚMERO de horas que você passa treinando, até mesmo o cão mais comportado pode, em algum momento de sua vida, desenvolver maus hábitos — de mastigar coisas ou sujar a casa a demonstrar agressividade. Os problemas comportamentais não são motivos para pânico ou, pior ainda, desistir de um cão. A verdade é que a maioria dos problemas não é culpa do cão, mas um resultado de erro humano. Apesar de nossas boas intenções, às vezes cometemos erros que fazem nossos cães se portarem mal. Por exemplo, muitos cães são abandonados em abrigos e organizações de resgate por serem destrutivos ou fazerem as necessidades fisiológicas em casa vezes demais. Mas esses dois comportamentos são evitáveis e frequentemente resultam de nossa desatenção às necessidades naturais do cão ou nossa incapacidade de estabelecer limites apropriados. Quando nos impacientamos com os erros do cão, podemos agravar o mau comportamento dele ao bani-lo para o porão ou a lavanderia, ou

> **E**spero que com prática paciente e treinamento cuidadoso você e seu cão tenham um relacionamento feliz e saudável com pouquíssimos problemas. Ainda assim, às vezes surgem problemas comportamentais, e este capítulo visa a ajudá-lo a lidar com eles. Primeiro, detalharei algumas das principais causas dos problemas comportamentais, inclusive gatilhos de saúde e ambientais. Depois, com ferramentas como redirecionamento, substituições e contracondicionamento, você conseguirá ajudar seu cão a superar quaisquer problemas de treinamento ou socialização que possa ter desenvolvido. Também descobrirá algumas informações mais detalhadas sobre o melhor tipo de coleira de treinamento para seu cão.

simplesmente parar de gastar o tempo necessário para treiná-lo, deixando-o por sua própria conta e tendo de se virar sozinho.

Quando um cão precisa de mais atenção, faz qualquer coisa para obtê-la, mesmo se for algo ruim. Os cães são animais sociais que querem pertencer a uma matilha e preferem ser repreendidos a ignorados, porque para um cão qualquer atenção (mesmo se negativa ou punitiva) é melhor do que nenhuma. Isso pode causar um ciclo destrutivo. Quanto mais o repreendermos, mais ele se engajará no comportamento que causa a repreensão. Promovemos esse ciclo destrutivo quando involuntariamente reforçamos o mau comportamento e encorajamos o cão a repeti-lo. Muitas vezes esse ciclo chega a um ponto de ruptura em que decidimos que é demais para nós lidar com o crescente problema e acabamos desistindo do cão... e de nós mesmos. Se você já fez isso, acredite em mim, não há nenhum motivo para se sentir envergonhado. Você cometerá erros. O segredo é aprender com eles.

> **Quando um cão precisa de mais atenção, faz qualquer coisa para obtê-la.**

A primeira coisa a entender é que um cão não sabe que está se comportando mal. Tudo que sabe é que está agindo como deve agir: como um cão. Mais tarde, discutiremos como usar ferramentas específicas para evitar e interromper certos comportamentos. Mas primeiro deixe-me delinear alguns erros comuns que todos nós cometemos com nossos cães, e poderiam e deveriam ser evitados.

Um dos erros de treinamento mais comuns é punir o cão *depois* que ele cometeu o delito — mesmo se for apenas minutos depois, isso torna as coisas piores. Digamos, por exemplo, que você chegou em casa e encontrou a almofada do sofá rasgada e o cão dormindo calmamente no colchão dele com o enchimento da almofada grudado nos bigodes. Enquanto você fica, imagino eu, compreensivelmente aborrecido, ele só fica animado ao vê-lo e nem se lembra de que rasgou a almofada. Portanto, se você o repreender gritando e lhe esfregando o focinho na evidência, é improvável que ele faça a conexão ou se lembre da reprimenda na próxima vez em que tiver o impulso de rasgar. Em vez disso, tenderá mais a aprender que sempre que você chegar em casa e o encontrar deitado calmamente no colchão ele será repreendido. Essa conduta simplesmente confunde nossos amados cães e, acredito, enfraquece nosso vínculo com eles. O melhor modo de parar com um comportamento indesejado é pegar o cão no ato e o direcionar para uma atividade diferente.

Os cães desejam consistência e não entendem como se comportar se subitamente mudamos as regras. Por exemplo, quando adquirimos um filhote, é comum deixarmos o pequeno monte de pelos subir e pular em cima de nós. Afinal, estamos tentando estabelecer um vínculo com ele e, francamente, adoramos a sensação de estar perto dele. Mas quando o cão finalmente cresce, e suas travessuras deixam de ser uma novidade, mudamos as regras: ele não pode mais pular, subir, pôr as patas em nós nem pedir daquele modo fofo. Se você muda as regras para seu cão, não é justo esperar que ele entenda imediatamente que as coisas mudaram ou por que está sendo punido quando continua a seguir as velhas regras. Da perspectiva do cão, seu comportamento parece arbitrário e mesquinho. Nós é que somos inconsistentes, e não o cão.

Também causamos ou reforçamos involuntariamente o mau comportamento do cão ensinando-lhe que o que dizemos não é importante. Como discutimos no Capítulo 5, os behavioristas chamam isso de irrelevância aprendida. Precisamos nos lembrar de prestar atenção aos nossos comandos verbais, dando-os consistentemente apenas uma vez e no mesmo tom de voz. O mesmo vale para os comandos visuais: faça o sinal com a mão apenas uma vez e exatamente com o mesmo gesto da última.

A irrelevância aprendida também pode ocorrer se elogiamos demais. Isso é como comer doces além da conta. O primeiro é delicioso e o saboreamos, mas o décimo pedaço... nem tanto. Acontece o mesmo com os elogios: se elogiamos constantemente ou recompensamos cada pequenina coisa que ele faz, cada caso de elogio começa a parecer menos valioso. Com o passar do tempo, nossas tentativas bem-intencionadas de fornecer reforço positivo podem começar a ter o efeito contrário ao desejado quando nosso cão aprende que não há nenhuma consequência especial para obedecer a um comando; tudo que ele fizer será recompensado. E o mesmo vale para a punição. Se repreendermos nosso cão com muita severidade ou frequência, ele aprenderá a ignorar isso ou ficar desanimado. Sempre se certifique de que aquilo que você lhe diz é importante e tem consequências.

Por que os comportamentos dos cães de repente mudam?

AS PESSOAS FREQUENTEMENTE ME telefonam com vozes preocupadas para me perguntar por que seus cães tipicamente obedientes e bem comportados de repente desenvolveram um mau hábito. Embora nunca haja uma resposta simples ou óbvia para essa pergunta, é bom primeiro procurar algumas causas comuns que podem fazer um cão perder o foco. Pense em si mesmo: uma súbita contração nas costas ou dor de cabeça crônica o distrai enquanto você está cozinhando e você queima o jantar. Ouvindo uma certa música no rádio do carro você se lembra de um baile de formatura muitos anos atrás e perde o foco... e a saída da rodovia. Alguns gatilhos nós adoramos, enquanto outros podem nos transformar em monstros. O mesmo acontece com os cães: alguns gatilhos podem subitamente transformar nossos doces cães em demônios. Precisamos descobrir quais são os gatilhos de nossos cães, prevê-los e substituir comportamentos indesejáveis pelos desejáveis.

Problemas de saúde

MEU CÃO-D'ÁGUA IRLANDÊS, AISLEY, foi o filhote perfeito. Aprendia rapidamente e era bem socializado. Mas quando tinha nove meses Aisley teve uma pequena convulsão, depois da qual passou a morder moscas imaginárias, a se levantar no meio da noite e girar e a se esconder atrás de uma cadeira se estava tentando fugir das moscas. Aisley também se tornou cada vez mais agressivo em relação a outros cães e começou a demonstrar medo de estranhos e de meus filhos. Aquilo foi súbito e assustador. Uma súbita mudança de comportamento sem nenhum motivo aparente pode significar que o cão tem um problema de saúde que não pode relatar para você. Sua dor no quadril poderia fazê-lo morder qualquer cão que se aproximasse de sua parte traseira. Se o cão estiver com dor de dente, poderá reagir agressivamente se você tentar tocar no rosto dele.

Por isso, meu primeiro conselho para qualquer um cujo cão subitamente apresente uma mudança comportamental é levá-lo a um veterinário para descobrir se há algum problema de saúde oculto. Além disso, telefone para o abrigo ou criador onde você adquiriu o cão e discuta o que está acontecendo.

Problemas ambientais

O AMBIENTE DE UM CÃO está sempre mudando. Talvez o amigo do seu filho o tivesse machucado acidentalmente quando você estava de costas para ele e agora, quando os amigos do seu filho vão dormir na sua casa, essa criança faz seu cão se esconder ou rosnar. Certas pessoas ou outros animais desencadeiam o comportamento agressivo ou receoso que parece ser sem motivo. Ou o motivo parece óbvio: desde que o gato do vizinho arrancou sangue do focinho do seu cão, ele late e se esconde atrás de você quando qualquer gato está por perto. O ronco monstruoso do aspirador de pó o faz latir no momento em que ele o vê tirando-o do armário. O aspirador de pó e outros estranhos objetos que se movem, como carrinhos de compras, skates e cadeiras de rodas, podem produzir no cão o impulso de fugir ou tentar derrubá-los e destruí-los.

Ferramentas para lidar com problemas comportamentais

DIZ O DITADO QUE quem só tem martelo pensa que tudo é prego. Uma caixa de ferramentas de um bom treinador é repleta de instrumentos para que tenha pelo menos uma solução viável pronta para ser usada. É preciso saber qual ferramenta usar em uma determinada situação e como usá-la, para você não ficar frustrado se modificar o mau comportamento do seu cão tomar tempo e testar sua paciência. Apenas seja consistente, firme e amoroso — e, acima de tudo, continue a usar as técnicas de reforço positivo —, e eu lhe garanto que você verá uma diferença.

Redirecionamento

A PRENDI QUE QUANDO O cão está tendo um mau comportamento sempre é mais eficaz reconcentrá-lo — uma técnica que chamamos de *redirecionamento* — do que puni-lo.

Boz, o border collie para o qual estou atualmente sendo uma mãe substituta e que estou treinando, ficava muito ansioso e excitado sempre que ouvia uma lata de refrigerante sendo aberta ou o som da minha impressora trabalhando. Ele começava a choramingar, rosnar e correr até encontrar algo para destruir, como minha agenda ou colcha.

Quando reconheci esse padrão, soube que o melhor modo de interrompê-lo era redirecionar Boz para outra coisa antes de abrir uma lata. Comecei a lhe atirar sua bola favorita e lhe dar o comando para pegá-la. Quando ele estava com a bola na boca, eu abria a lata e, antes de ele poder reagir, lhe dizia para me trazer a bola (usando o truque de Buscar que detalhei na página 185). Eu segurava a lata como se ela não fosse muito importante, pedia-lhe para se *sentar* e depois para

REDIRECIONAMENTO

Se você pegar seu cão prestes a fazer contrabando ou em uma área proibida (como em uma lata de lixo), redirecione a atenção dele para algo positivo, como um brinquedo especial. (Outro modo recomendado de reduzir esse tipo de comportamento indesejado é manter sua casa à prova de cães.)

REAJA RÁPIDO
Assim que você vir seu cão perambulando, pegue aquele objeto especial. Com o passar do tempo, você aprenderá a prever os movimentos do cão e a se preparar mais rápido.

REDIRECIONE A ATENÇÃO
Faça seu cão se concentrar no objeto altamente valorizado e se esquecer do comportamento indesejado.

REDIRECIONE A AÇÃO
Envolva totalmente o cão na atividade compensadora e o elogie.

largar a bola na minha mão. Então eu a atirava para que ele fosse buscar. Fiz isso repetidamente várias vezes por dia durante algum tempo, e agora e quando me vê com uma lata de refrigerante na mão, Boz me traz sua bola em 80% das vezes, sabendo que será elogiado e recompensado. Redirecionei os latidos e o comportamento nervoso de Boz com um comportamento muito mais compensador para ele: ter uma bola na boca para morder, buscar, trazer-me de volta e recomeçar o jogo. Ainda estou trabalhando nele...

O redirecionamento é uma técnica que ajuda a mudar muitos comportamentos indesejados, e o segredo é senso de oportunidade. Por exemplo, preciso me certificar de que a bola de Boz está à mão *antes* de pegar uma lata de refrigerante na geladeira. Se ela não estiver visível e à mão, e eu esperar o cão já estar latindo para encontrá-la, ele ficará muito distraído e ansioso e será muito mais difícil redirecioná-lo para pegá-la. Preciso programar o redirecionamento para ocorrer antes de ele começar a latir.

Substituição

OUTRA TÉCNICA ÚTIL É a *substituição*. Os cães adoram fazer trocas por algo de valor igual ou maior. Lembra-se da história do meu cão Merit? Ele roubou a carcaça de frango do balcão da cozinha (onde não deveria ter sido deixada) e me trouxe sabendo que provavelmente obteria uma ótima troca, e obteve: um Kong recheado e muitos elogios!

O segredo para fazer uma substituição é ter a alternativa à mão o tempo todo; você nunca sabe quando precisará dela. Sempre tenho um Kong recheado na geladeira ou no congelador. Se seu cão gosta muito de um brinquedo em particular, mantenha-o em um local onde possa pegá-lo rápido. Recomendo que você comece a praticar regularmente a substituição junto com as trocas *fora e pegue* do Programa de Treinamento Básico.

Contracondicionamento, dessensibilização e habituação

HOJE, QUANDO ME VÊ pegar uma lata de refrigerante, Boz está aprendendo a redirecionar seu próprio foco e pegar sua bola. Como o impulso de Boz é se comportar destrutivamente quando ouve a lata de refrigerante sendo aberta, estou *contracondicionando* suas reações. Contracondicionamento é o processo de ensinar o cão a fazer algo que vai contra seus impulsos naturais. Merit largou o frango em vez de ceder ao seu impulso de comê-lo porque eu o havia contracondicionado continuamente desde os oito meses de idade a saber o valor de uma substituição.

A *dessensibilização* é um componente-chave do contracondicionamento. Tanto é assim que os behavioristas frequentemente se referem a esses dois conceitos usando o acrônimo DSCC: dessensibilização e contracondicionamento.

No Programa de Treinamento Básico, você aprendeu a tornar seu cão insensível ao som da campainha ignorando totalmente o som quando seu parceiro a tocava. Provavelmente você precisou de muita paciência enquanto seu cão latia sem parar quando a campainha era tocada, mas finalmente ele se acostumou a esse som — você o tornou insensível a ele. Em outras palavras, ensinou-lhe que a campainha não significava nada e que reagir a ela não trazia nenhuma recompensa. Moldou o comportamento dessensibilizado ignorando você mesmo a campainha.

Às vezes, um cão precisa ser contracondicionado gradualmente para lidar com medos que podem parecer irracionais para nós. Certa vez eu tive em minha classe um border collie, Pip, que tinha medo do piso de linóleo escorregadio da sala. Para Pip, tocar no chão escorregadio era como andar no gelo, por isso ele não conseguia se concentrar e aprender. Pip tinha tanto medo que não me deixava tocá-lo. Sugeri aos seus donos que trouxessem um tapete para a aula. Todas as semanas nós desenrolávamos o tapete para Pip treinar em cima dele. Pip se sentiu confortável no tapete e começou a aprender. Entre as aulas, seus donos faziam o dever de casa com ele no tapete em ambientes diferentes. Então começaram a generalizar com Pip, saindo do tapete e indo para superfícies não escorregadias. De volta à sala de aula, reduzimos o tamanho do tapete de Pip a cada semana, mas sempre começando a treinar com ele exatamente no mesmo ponto no tapete. Lá pela Quarta Semana, conseguimos mover o tapete menor na direção de outra área da sala. No final da Quinta Semana, Pip estava treinando sem o tapete, totalmente concentrado em seus donos e na lição, não no ambiente. Também me permitiu tocar em seu corpo e sua coleira e lhe dar comida com a mão e o comando para se sentar. Pip se tornou insensível ao piso de linóleo porque trabalhamos em um ritmo que fez sentido para ele.

Também relacionado com dessensibilização há o conceito de *habituação*. Um exemplo de habituação é quando os vizinhos reformam suas casas. No início o barulho da obra nos distrai e achamos difícil nos concentrarmos, mas depois de algum tempo o barulho fica em segundo plano e não nos distraímos mais. Às vezes nos tornamos tão habituados com ele que tudo parece quieto demais quando o barulho para. Há uma piada que diz que um aristocrata de uma cidade grande e não conseguia dormir em sua silenciosa mansão no campo até dizer a seus criados para carregarem latas de lixo até seu quarto e baterem nelas até ele cair no sono. Nós podemos nos habituar às coisas mais estranhas, e nossos cães também podem.

Habituei meu schnauzer gigante, Saxon, ao aspirador de pó... muito devagar. No início, tirava-o da sala sempre que ligava o aspirador (minha casa é cheia de pelos de cães). Então comecei a deixar o aspirador bem à vista na sala de estar. Com o passar do tempo, Saxon passou a vê-lo como parte da decoração — apenas outro móvel. Quando ele se habituou e parou de reagir ao som e aos movimentos do aspirador, levei isso um passo adiante: quis ajudá-lo a realmente gostar do aspirador. Joguei petiscos ao redor do aspirador e lhe dei suas refeições e o treinei perto dele. Saxon fez uma associação tão positiva com aquela máquina que a seguia como se de algum modo ela fosse lhe dar recompensas, e eu tinha que tirá-lo do caminho para poder passar o aspirador no chão.

Resolvendo problemas comportamentais específicos

ÚTIL CLASSIFICAR OS PROBLEMAS comportamentais em duas categorias principais: *problemas de treinamento* e *problemas sociais*. Embora eles se sobreponham um pouco, você descobrirá que quando identificar a categoria será mais fácil escolher uma solução eficaz. Em geral, os problemas de treinamento são resolvidos usando-se ferramentas que reconcentram o cão ou reduzem comportamentos, como técnicas de dessensibilização e contracondicionamento (DSCC), enquanto os problemas sociais também exigem que ajudemos nosso cão a brincar bem com os outros.

Problemas de treinamento

ODOS OS PROBLEMAS NESTA parte surgem quando os princípios básicos de treinamento de um cão começaram a falhar. Isso acontece. Mesmo depois de você e seu cão completarem o Programa de Treinamento Básico e o cão parecer bem-treinado, é importante continuar o treinamento — fazendo exercícios de dever de casa ou aprendendo novos truques — ou poderão surgir problemas. A boa notícia é que a maioria desses problemas pode ser solucionada com a reafirmação do compromisso com os princípios básicos e o uso de ferramentas de DSCC para reduzir problemas comportamentais substituindo-os por comportamentos desejáveis.

SUJAR A CASA

S VEZES, UM CÃO totalmente treinado começa a fazer as necessidades fisiológicas dentro de casa. Antes de você tratar disso como um problema comportamental, consulte o veterinário para excluir um possível problema de saúde. Se seu cão sujar a casa, por favor, permaneça comprometido em resolver esse problema comportamental contornável com o espírito de aprendizado e diversão e não com ameaça de punição. Infelizmente, sujar a casa é um dos motivos mais comuns de os cães serem abandonados em abrigos. Isso não é necessário! Tudo que você precisa é paciência e compromisso. Ouvi meus clientes apresentarem uma longa lista de motivos pelos quais acreditam que seus cães regrediram em relação a fazer as necessidades fisiológicas no lugar certo: ansiedade, não obter atenção suficiente, novos animais de estimação, novos membros da família, estresse de um membro da família, doença ou partida, cheiro no tapete de urina de um cão ou gato anterior, um novo produto de limpeza, novo móvel, novo revestimento de móveis, rearrumação de móveis antigos ou apenas uma fase pela qual o cão está passando. Respeito todos os motivos. Vejo todos eles como pistas do que pode ter provocado a mudança no comportamento do cão. Seja qual for a causa, o primeiro passo (depois da ida ao veterinário) é retreinar o cão desde as primeiras instruções: mostrar-lhe o lugar para fazer as necessidades, seguir a mesma rota para chegar lá, reensinar os sinais e os comandos para isso e recomeçar os mesmos métodos de treinamento com reforço positivo para fazer as necessidades fisiológicas que você usou quando o cão entrou para a sua família. Leve-o para fazer as necessidades como se ele fosse novamente um filhote. Faça isso o máximo possível: quando você acordar, antes de ir trabalhar, após as refeições, assim que chegar em casa, antes e depois de qualquer excitação, antes de ir dormir. Volte a tornar sua casa à prova de cães, use cercas para exercícios e grades para bebês, feche as portas e se certifique de que todos na família estão envolvidos nesse plano de treinamento.

Recomeçar também significa restabelecer a rotina do cão. Isso inclui recomeçar o treinamento para ficar na caixa de transporte e o protocolo para dar comida com a mão. Releia as partes neste livro sobre treinamento para fazer as necessidades fisiológicas no lugar certo, treinamento para ficar na caixa de transporte e o protocolo para dar comida com a mão, e reinicie as tarefas relacionadas com essas lições. Ao recomeçar, pense em como era antes e faça uma lista de mudanças no ambiente para ajudá-lo a determinar o que pode estar fazendo seu cão regredir. Você pode descobrir mudanças ambientais. Nesse caso, precisará dessensibilizar e contracondicionar seu cão para se adaptar — no próprio ritmo dele. Talvez você precise examinar as recompensas que está dando e determinar se precisa mudá-las. Talvez precise mudar *como* você dá as recompensas fazendo-as parecer tão valiosas e excitantes como fazia quando seu cão era um filhote.

Parte do seu trabalho de detetive significa ser honesto em relação ao que eu acredito ser o fator mais importante: sua própria consistência e seu próprio comportamento. Talvez em algum ponto você tenha achado que seu cão estava totalmente treinado, e por isso parou cedo demais de elogiá-lo e recompensá-lo. Talvez inadvertidamente tenha

PROBLEMAS COMPORTAMENTAIS | 213

encorajado o cão a sujar a casa dando-lhe muita atenção negativa ou consolo por pena quando notou pela primeira vez um acidente. Se esse for o caso, tente permanecer calmo e impassível ao redirecionar o foco do cão, limpar a sujeira e lhe dar atenção positiva apropriada. Você pode precisar lhe proporcionar mais interação e supervisão consistente, mudar seu próprio horário, oferecer oportunidades mais positivas de socialização, frequentar aulas de treinamento em grupo ou trazer cuidadores para ajudá-lo.

MASTIGAR

JUNTO COM SUJAR A casa, mastigar é o segundo motivo mais comum para os donos desistirem de seus cães. Alguns toleram a mastigação e não fazem nada a esse respeito durante algum tempo. Talvez não saibam ao certo como lidar com isso ou achem que seus cães deixarão de ter esse comportamento sozinhos. Acabam ficando tão frustrados com a destruição que desistem deles. Dói-me ver isso acontecer porque, segundo minha experiência, a mastigação ocorre quando não damos atividade valiosa ou atenção suficiente ao nosso cão. Acabamos punindo-o por nosso erro.

Se seu cão é um "mastigador", sua primeira pergunta é: "Ele está entediado?" Frequentemente, o cão mastiga quando não tem mais nada para fazer. Seu cão está se exercitando o suficiente? Você continuou a dedicar tempo a manter seu treinamento. Em outras palavras, seu cão está obtendo interação positiva suficiente e desafios estimulantes?

Mastigar é muito mais tentador para o cão quando seu ambiente não é à prova de cães. Ajude seu cão a ser bem-sucedido isolando áreas que são muito tentadoras. Remova tudo que ele possa contrabandear, use spray amargo que não manche em áreas tentadoras e releia a parte deste livro sobre como tornar sua casa à prova de cães. Quando seu cão estiver fora da caixa de transporte, supervisione-o. Certifique-se de que está continuando a ajudá-lo a adorar sua caixa e de que ele não a vê como um lugar de exílio. A mastigação não desaparece sozinha; o problema exige sua participação ativa direcionando o foco do cão para experiências positivas e atraentes. Se você permitir que a mastigação (ou outros comportamentos indesejados) continue, fornecerá ao seu cão um ambiente não saudável em que a energia positiva diminuirá.

PUXAR A GUIA

OMELHOR MODO DE CORRIGIR a puxada de guia é ter uma política de tolerância zero. Quanto mais um cão puder puxar a

(continua na página 216)

COLEIRAS CORRETIVAS E EQUIPAMENTO APROPRIADO

Recomendo o uso cuidadoso de algumas coleiras de treinamento específicas somente para a caminhada com guia. Recomendo a coleira-cabresto Gentle Leader, a peitoral e a Martingale (também chamada de coleira para galgo). Por favor, tenha em mente que o uso inadequado de qualquer coleira de treinamento pode machucar o cão, por isso siga as instruções do fabricante e considere obter ajuda de um treinador experiente. Por motivo de segurança, tire a coleira de treinamento quando seu cão brincar com outro cão ou estiver no parque para cães.

Como discuti antes, sou contra o uso de enforcadores e coleiras com grampos, que acho desumanos e ineficazes. Na melhor das hipóteses, esses dispositivos punem o cão por fazer algo errado sem levá-lo na direção do comportamento certo. Na pior, podem machucar o cão e suprimir a agressão perigosa. Suprimir um comportamento pode criar um efeito de panela de pressão: o impulso agressivo ainda está no cão e quem sabe quando a pressão irromperá e o cão poderá se tornar perigoso? Se você já treinou seu cão desse modo, lembre-se de que nunca é tarde demais para mudar de lado, como eu fiz; as correntes dos enforcadores retirados dos meus cães agora decoram o interior de gaiolas prendendo os brinquedos de meus papagaios.

A coleira-cabresto Gentle Leader é uma ferramenta de treinamento eficaz para a caminhada correta com a guia. A guia é presa

COLEIRAS DE TREINAMENTO E EQUIPAMENTO RECOMENDADO

Se você usar uma coleira de treinamento ou outro equipamento para caminhar com seu cão, ele ainda vestirá seu "uniforme": uma coleira lisa com fivela que exibe suas placas de identificação.

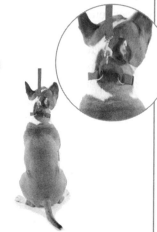

GENTLE LEADER
Como um cabresto, ajuda você a conduzir seu cão pelo queixo. Aprenda a usar esta coleira com segurança.

PEITORAL
Só use uma que se prenda à guia no peito do cão, para conduzi-lo mais eficazmente.

MARTINGALE
Também chamada de coleira para galgo, é especialmente eficaz para cães com cabeças estreitas (como os galgos) e pode ser usada pela maioria das raças.

PROBLEMAS COMPORTAMENTAIS 215

ao cabresto sob o queixo do cão, de modo que quando ele puxa volta-se automaticamente na sua direção. Seja cuidadoso ao usar uma coleira-cabresto; se o cão puxar com força demais poderá se virar rapidamente, torcer o pescoço e se machucar.

A maioria dos cães precisa se acostumar a usar a coleira-cabresto antes de aprender a andar com ela. Vá bem devagar; use muitos elogios e petiscos. Comece ensinando seu cão a gostar da coleira-cabresto dando-lhe petiscos enquanto encosta a coleira em sua cabeça. Pouco a pouco, atraia-o para pôr a cabeça no cabresto dando-lhe petiscos e grandes prêmios, e tire a coleira-cabresto no final de cada repetição. Antes de colocá-la pela primeira vez, afrouxe-a totalmente e dê petiscos ao cão enquanto ele se concentra em você. Experimente algumas Flexões de Cachorrinho para tirar a mente do cão da coleira. Em repetições subsequentes, você verá onde precisa ajustar a coleira; faça esses ajustes quando a coleira estiver fora da cabeça do cão. Quando você chegar ao ponto em que o cão o deixa prender a coleira-cabresto, no início a prenda por apenas um instante enquanto lhe dá um petisco. Em repetições subsequentes, aumente o tempo e pratique alguns comportamentos de treinamento que o cão já conheça. Antes de tentar uma caminhada, faça o cão usar a coleira-cabresto enquanto faz algumas de suas refeições (supervisionado, é claro). Continue a condicionar seu cão a aceitar esse dispositivo estranho muito devagar e por curtos períodos de tempo.

Quando chegar a hora de começar a caminhar, você pode, como uma precaução de segurança, usar uma segunda guia presa à coleira com fivela comum para que, se o cão puxar com muita força, possa deixar um pouco de folga na coleira que não está presa ao cabresto a fim de que ele não machuque o pescoço. O ideal é que quando o cão puxe sinta pressão em sua cabeça apenas suficiente para se virar em sua direção. Quando ele fizer isso, marque o comportamento, elogie-o e atraia ou o guie para caminhar com você na direção oposta.

Muitas pessoas confundem uma coleira-cabresto com uma focinheira e podem pensar que seu cão morde. Se lhe perguntarem por que ele está usando uma focinheira, sugiro que você dedique um momento a informá-las de um modo amigável que esse é um dispositivo para treinamento, e não uma focinheira, e demonstrar como funciona, o que acabará sendo uma experiência de socialização para seu cão. A maioria das pessoas apreciará receber essa informação e você ajudará a divulgar o treinamento com reforço positivo.

Esteja ciente de que os cães de focinho curto (tecnicamente chamados de braquicéfalos), como os buldogues, boxers, pugs e Boston terriers — podem se soltar das coleiras-cabrestos porque têm a cara achatada. Não é impossível usá-las nesses cães, mas você deve se precaver prendendo uma segunda guia à coleira com fivela para que seu cão não corra livre se ele se soltar.

Também recomendo o uso de certos equipamentos para o corpo que se conectam à guia no peito do cão (em vez de no alto da espinha dorsal), desde que você siga as instruções do fabricante. Como a coleira-cabresto, a peitoral que se prende à guia no peito fará o cão que puxa se virar na sua direção.

A Martingale, ou coleira para galgo, é uma coleira que não escorrega de cães com cabeças estreitas como galgos, wippets e Ibizan hounds e outros *sighthounds* (cães que caçam com a visão em vez de com o faro) esguios dos quais uma coleira com fivela comum se soltaria. A Martingale pende um pouco frouxa ao redor do pescoço do cão até ele puxar, ajustando-se sem estrangulá-lo. Usando uma Martingale, o cão também pode continuar a usar a coleira comum com placas de identificação.

Mesmo se você usar uma coleira de treinamento ou outro equipamento, continue a desenvolver a capacidade do cão de caminhar otimamente com a guia por meio de atenção, petiscos e reforço positivo. Seu objetivo é ter um cão bem-comportado que caminha bem com uma guia solta e está concentrado em você.

(continuação da página 213)

guia ao caminhar, mais se habituará a pensar que está no controle da caminhada, tornando cada vez mais difícil para você recuperar o controle do comportamento dele ao caminhar. Se seu cão começar a puxar, pare e faça o exercício "Parado" que aprendeu no Programa de Treinamento Básico (veja a página 84). Só volte a caminhar depois que tiver toda a atenção do cão e então o conduza em uma nova direção. E, se você estiver tendo problemas de ele puxar a guia, é melhor dar breves caminhadas várias vezes por dia do que umas poucas longas.

Reveja e incorpore os outros exercícios de caminhada com guia no Programa de Treinamento Básico, inclusive Siga a Isca e andar com a guia presa ao cinto. Também recomendo fazer alguns exercícios de concentração durante a caminhada, como uma súbita parada seguida de um rápido comando para fazer algo, como uma Flexão de Cachorrinho, no qual seu cão já esteja fluente. Se você notar que algumas áreas são muito tentadoras ou distraem demais o cão, evite-as até ele ter uma história de sucesso com a guia. Afinal de contas, os cães veem, cheiram e ouvem coisas que nós não percebemos, portanto esteja ciente disso ao caminhar com a guia. Em algumas caminhadas, tente uma abordagem de dar e receber: receba controle e mantenha seu cão perto do seu calcanhar durante certas partes da caminhada e depois o recompense com a guia mais frouxa que lhe permite cheirar e urinar para marcar território.

Você pode querer usar uma coleira de treinamento (veja o box na página 210), mas não a use como um substituto para o treinamento da caminhada correta com a guia. Se um cão puxar demais, poderá sofrer uma lesão no pescoço e na traqueia, portanto fique atento a tosse ou engasgos que podem exigir que você pare de andar imediatamente e obtenha ajuda profissional. Se alguém passeia com seu cão no meio do dia enquanto você está no trabalho, tenha em mente que muitos passeadores profissionais conduzem vários animais ao mesmo tempo, por isso a puxada da guia pode se agravar. Se você puder pagar um passeador particular, talvez deva considerar essa opção.

CAVAR

A MAIORIA DOS CÃES GOSTA de cavar; está nos seus genes. Os cães podem cheirar, ouvir e sentir criaturas no chão, por isso cavarão para encontrá-las. Cavar envolve todos os sentidos caninos: visão, audição, tato, olfato e paladar. Se você não quer que suas flores ou plantas sejam desenterradas, talvez tenha que cercá-las. Embora o jardim possa não ficar com a aparência que você desejava, seria melhor do que ficar cheio de plantas desenraizadas e buracos.

Para os cavadores persistentes, recomendo um acordo — que tal deixar seu cão cavar em certas áreas? Um dos meus modos favoritos de tornar a escavação divertida e aceitável é comprar ou construir uma caixa, enchê-la de areia e esconder algumas surpresas dentro dela enroladas em jornal. O cão passa a cavar para encontrar, pegar e rasgar os pacotes e comer o petisco ou brincar com o brinquedo. Para manter a caixa de areia em boas condições, cubra-a com uma capa impermeável quando não estiver em uso.

Quando você não quiser que seu cão cave, supervisione-o e redirecione seu comportamento para um jogo divertido antes de ele ficar muito entretido na escavação. Passe a conhecer seu comportamento quando estiver prestes a cavar (como bater com a pata de leve ou pular no chão depois de cheirar a área) e o direcione para uma atividade que vocês possam realizar juntos.

PULAR

NO CAPÍTULO 1, EU lhe falei sobre o pastor australiano Wallaby e seu desagradável hábito de pular que transformamos em um truque divertido. Acabamos com esse pular na hora errada só o recompensando por pular na hora certa (quando lhe pedíamos).

O problema de pular geralmente ocorre porque mudamos as regras para nosso cão. Sem querer, nós o encorajamos a pular lhe permitindo fazer isso quando é filhote. Não estabelecemos limites desde o primeiro dia e agora estamos tentando mudar as regras. Para ele, nossa mudança de regras parece arbitrária.

Então o que fazer se seu cão subitamente começar a pular ou, como é mais comum, você decidir que não quer mais que ele pule? Para ser eficaz, você também precisa mudar alguns dos seus próprios comportamentos. Uma solução para o problema de pular é ignorá-lo. Por exemplo, quando você entrar em casa, ajude seu cão a relaxar agindo calmamente. Quando ele pular, ignore-o enquanto faz suas coisas por alguns minutos. Quando ele se aquietar, elogie-o por seu comportamento calmo. Mostre-lhe que pular não lhe traz nada, enquanto ficar calmo o faz ganhar atenção e elogios.

Alternativamente, quando você entrar, tenha à mão um brinquedo especial para mastigar e peça a seu cão que se sente. Ele só ganhará o brinquedo quando se sentar. Embora ele deseje pular, provavelmente desejará ainda mais o brinquedo. Com o passar do tempo, você conseguirá redirecionar seu cão para se sentar sempre que entrar em casa. Eu mantenho brinquedos para mastigar e petiscos extras em meu carro preparando-me para entrar em casa.

Outra técnica de treinamento é pedir a um parceiro para segurar seu cão com uma guia de 1,80m. Aproxime-se para cumprimentar o cão. Se ele pular, vire-se repentinamente e se afaste 1,80m dele, conte dez segundos e faça seu parceiro lhe dar o comando para *sentar*. Repita o procedimento até seu cão se sentar parado. Quando ele for bem-sucedido, marque isso, dê-lhe um petisco de seu bolso e atenção, a menos que ele comece a pular de novo. Após alguns fracassos, os cães tendem a se sentar mais rapidamente; se eles o virem se virar repentinamente, podem até mesmo se sentar imediatamente. Se seu cão apenas ficar parado quieto em vez de se sentar, recompense esse comportamento. Quando começar a observá-lo fazendo a conexão entre obter sua atenção e não pular, reduza a quantidade de tempo que permanece de costas para ele. Finalmente você reduzirá o tempo para um segundo e depois disso os pulos cessarão por um breve período. Continue a praticar isso para manter sob controle os impulsos de pular de seu cão.

Se o cão pular e tentar obter sua atenção enquanto você está tentando conversar com alguém, você terá o que chamo de pulador oportunista. A pessoa com quem você está conversando pode transmitir mensagens confusas ao cão recompensando-o com afeto quando ele pular e depois o afastando. Para lidar com o pulador oportunista, pise na guia do cão enquanto continua a segurar a alça dando-lhe espaço suficiente apenas para sentar, ficar parado ou deitar. Se a pessoa estiver disposta a ajudar, peça-lhe que fique parada enquanto você se afasta alguns passos e depois dê ao seu cão o comando para se *sentar*. Então tente andar novamente na direção da pessoa. Se seu cão não pular, marque e elogie isso; se ele pular, faça seu amigo se virar enquanto você pisa na guia como acabei de descrever. Este exercício ajuda o cão a generalizar seu comportamento calmo.

MORDER TORNOZELOS

MUITOS CÃES – ESPECIALMENTE os pequenos, filhotes e cães pastores — adoram correr atrás de objetos que se movem, como tornozelos, barras de suas calças e chinelos acolchoados. Se seu cão morder seu tornozelo, pare de se mover e espere que ele o solte (ou pelo menos faça uma pausa) e depois o *redirecione* para se sentar. Agora que você tem a atenção do seu cão, marque isso com um elogio calmo e o redirecione novamente para outra atividade, como um jogo ou Kong recheado. Se você achar que isso parece recompensar seu cão por morder seu tornozelo, redirecione-o para uma breve série de exercícios, como Flexões de Cachorrinho e Siga a Isca. Marque o comportamento, elogie-o e recompense, seja qual for a atividade para o qual o redirecione, porque a mordida no tornozelo pode ser o modo de o cão dizer que precisa se sentir recompensado e notado. Certifique-se de que está dando uma atenção saudável ao seu cão.

Você também pode tentar evitar a mordida borrifando previamente seus tornozelos com spray de maçã amarga. Primeiro faça o teste para ver se não mancha. Saiba que o spray de maçã amarga não muda o comportamento de um cão da noite para o dia. Você pode precisar fazer isso por um mês inteiro, enquanto também pratica exercícios de redirecionamento.

LATIR

Q UANDO SEU CÃO LATE, em seus esforços para fazê-lo parar você pode involuntariamente recompensá-lo. Você o acaricia e lhe diz com uma voz terna e tranquilizadora que não há nada com que se preocupar? Ou grita para que ele pare imediatamente? De qualquer um desses modos, está lhe ensinando que quando late obtém sua atenção.

Em vez de tentar dizer ao seu cão o que você *não* quer que ele faça, é mais eficaz redirecioná-lo para o que *quer* que faça. Quando ele começar a latir, redirecione-o para seguir os comandos que já dominou, inclusive Flexões de Cachorrinho e exercícios de contato visual. Certifique-se de que está lhe dando esse tipo de atenção em outros momentos, para acidentalmente não o encorajar a latir para obtê-la.

> Latir pode ser um sinal de que o cão está ansioso ou com medo.

Muitos cães latem quando estão entediados, animados, com medo ou experimentam uma mudança no ambiente como o som de um carro lá fora ou de um cão latindo no quintal do vizinho. Essas distrações mobilizam o cão e parecem excitantes ou assustadoras o suficiente para fazê-lo reagir. Contudo, você pode reduzir os latidos desafiando e estimulando regularmente o cão com exercícios de treinamento contínuos. Como estou certa de que já percebeu, os cães tendem a latir menos durante o treinamento porque estão concentrados em você e na tarefa requisitada. Estão tão empenhados em descobrir como ganhar a recompensa que nem mesmo se lembram de latir.

Algumas raças são particularmente ruidosas, propensas a latir a cada pequenina coisa que experimentam. Se você tem um cão ruidoso que late para obter atenção, talvez deva arriscar ensiná-lo a latir e depois obedecer ao seu *shhh*. Esse conceito é parecido com o modo como ensinamos Wallaby, o pastor australiano pulador, a só pular quando lhe pedíamos. Digamos que seu cão muito ruidoso — a quem chamaremos de Plácido — esteja latindo agora. Vá até ele e lhe diga tranquilamente "shhh" enquanto encosta um petisco em seu focinho. Mantenha o petisco aí por dez segundos, continuando a dizer "shhh" com uma voz tranquilizadora. Então marque o comportamento ("bom shhh") e o deixe comer o petisco. Depois de uns dez segundos de silêncio, peça a Plácido para latir ("Plácido, lata" ou "Plácido, cante"). Se ele latir, marque isso ("boa latida") e encoste outro petisco em seu focinho dizendo "shhh" e o recompense como fez da primeira vez. Se Plácido não latir quando lhe pedir, você ainda pode encostar outro petisco em seu focinho, dizer "shhh" e recompensá-lo depois de dez segundos (se ele continuar quieto). Se Plácido começar a latir durante o comando *shhh*, retire o petisco e o redirecione para praticar algumas habilidades que ele já saiba fluentemente. Com o passar do tempo, você terá sucesso com o comando *shhh*, seguido de redirecionamento para o desempenho de uma habilidade. Finalmente, Plácido também aprenderá a só latir quando você lhe pedir porque esses são os únicos momentos em que seus solos são recompensados.

Latir também pode ser um sinal de que o cão está ansioso ou com medo, especialmente se ele latir com frequência — e também avançar — para outros cães, pessoas ou objetos inanimados. Nesse caso, tente mantê-lo calmo e seguro quando ele se deparar com coisas que provocam seus latidos. Por exemplo, se durante uma caminhada você vir um cão para o qual o seu sempre late se aproximando, tente *redirecionar* a atenção do seu pedindo-lhe uma *sentada* enquanto ele mantém contato visual com você, e o recompense e elogie por seu sucesso. Quando o outro cão passar, recompense e elogie o seu mais uma vez e siga rapidamente em frente. Se, contudo, seu cão já começou a latir para o outro cão antes de você poder lidar com o problema, sua tarefa será mais difícil. Nesse caso, tente atrair seu cão para um ponto neutro enquanto *redireciona* o foco dele para um petisco e depois para você e ao mesmo tempo lhe dá o comando para *sentar*. Faça o possível para manter o foco do seu cão em você enquanto o outro passa. É muito mais fácil redirecionar seu cão *antes* de ele começar a latir, por isso fique mais atento ao tempo de reação dele ao caminhar.

Durante essas caminhadas, você pode começar a se aproximar um pouco mais da distração que aciona o gatilho quando seu cão se tornar fluente no exercício em que senta e se concentra em você. Observe a linguagem corporal dele. Satisfaça-se com um único passo na direção do gatilho em cada repetição subsequente enquanto prepara seu cão para o sucesso de longo prazo, em vez de se arriscar a uma experiência de curto prazo dar errada. Finalmente, você será capaz de fazer seu cão se sentar também quando o gatilho parar, e talvez os dois possam se encontrar. Se, por outro lado, a experiência der errado e seu cão ficar louco (ou outros cães ficarem excitados ou começarem a latir e a avançar), atraia imediatamente seu cão para longe e tente pedir gentilmente ao dono do outro animal para seguir em frente. Anote mentalmente que você precisa recuar alguns passos no treinamento para que seu cão seja bem-sucedido e progrida mais devagar depois disso.

Recomendo muito um parceiro de treinamento para praticar abordagens de boa socialização, inclusive o exercício Cumprimente seu Vizinho e outras atividades de socialização no Capítulo 9.

FOBIAS DE BARULHOS

NÃO É INCOMUM UM cão se assustar com um barulho alto ou súbito — o despertador, a porta da garagem se abrindo, a televisão sendo ligada —, mas alguns cães ficam totalmente loucos de excitação ou medo quando ouvem esses barulhos. É possível lidar com esse tipo de problema com *dessensibilização*, frequentemente seguida de *contracondicionamento*. Comecei a dessensibilizar Boz primeiro redirecionando seu foco para a bola enquanto abria a lata de refrigerante. Subsequentemente, eu o contracondicionei para pegar sua bola quando me via segurando a lata fechada.

Para tornar o cão insensível a um ruído, comece lhe apresentando o som regularmente em volume baixo e a certa distância. Quando seu cão se tornar mais acostumado com o barulho e demonstrar menos ansiedade ao ouvi-lo, comece lentamente a aproximá-lo mais da fonte.

PROBLEMAS ALIMENTARES

Dar de comer demais aos cães não é um sinal do tamanho do nosso amor. Os cães acima do peso correm mais risco de desenvolver problemas ortopédicos e cardíacos, acidente vascular cerebral e câncer. Às vezes, nós os alimentamos demais porque sentimos que não estamos lhes dando atenção suficiente, mas a comida não é um bom substituto para isso. Se seu cão tiver problemas de peso, primeiro você deve consultar o veterinário ou nutricionista veterinário para que o ajude a determinar se a causa é um problema de saúde ou dieta.

Cuidar do ambiente em que o cão faz suas refeições diárias é essencial para mantê-lo saudável. Mantenha a comida fora do alcance de seus pulos e em uma altura à prova de surfe no balcão. Se você tem filhos, não os deixe dar comida da mesa de jantar para o cão ou ir embora e deixar seus pratos para trás, o que pode tentar o cão. Tenha consciência do estilo de vida diário do seu cão, inclusive da ingestão de calorias e dos exercícios. Se ele começar a ficar acima do peso durante o treinamento, tenha em mente que os petiscos são parte de sua porção diária, por isso conte as calorias extras neles. Muitos treinadores acreditam que se seu cão está gordo *você* não está fazendo exercícios suficientes.

Comer rápido demais pode causar problemas, mais gravemente torção gástrica (também conhecida como inchaço): torção do estômago que causa rapidamente inchaço severo. A torção gástrica frequentemente põe em risco a vida e deve ser tratada como uma emergência médica. Acredito em pender para o lado da cautela: desacelere o ritmo em que o cão come, evite exercícios vigorosos uma hora antes e após as refeições e ofereça refeições menores mais de uma vez por dia. Os vegetarianos continuam a debater as causas da torção gástrica. Alguns acreditam que um pouco de água deveria ser acrescentada à ração canina moída para aliviar os gases e desacelerar o inchaço, mas ainda não se chegou a nenhuma conclusão sobre isso. Além do risco de torção gástrica, se seu cão comer rápido demais você pode solidariamente lhe oferecer mais comida do que é saudável para ele.

Para desacelerar a ingestão de alimentos, ponha um grande obstáculo na tigela, como uma grande pedra ou bola de aço que não possa ser engolida. Lave o obstáculo do mesmo modo como lava a tigela do cão e se certifique de que não contém chumbo e não é coberta com selador ou tinta. Para meus cães e os que hospedo que comem rápido demais, um Kong mais uma vez vem a calhar: ponho um pouco da refeição dentro do Kong e depois o Kong na tigela junto com o resto da comida do cão. Além de ajudar o cão a comer mais devagar, o Kong recheado também o concentra no desafio de descobrir como tirar a comida de seu interior.

Talvez você deseje introduzir um comportamento de contracondicionamento — como oferecendo um brinquedo que o cão já valoriza — *imediatamente antes* de o barulho ser feito. Se o cão ficar ansioso, prossiga mais devagar, começando por fazer um intervalo neste exercício.

Uma coisa interessante que aprendi ao longo dos anos sobre a sensibilidade aos sons é que os cães com pelos sobre os olhos tendem a ser mais reativos a eles porque não podem ver o suficiente do que está acontecendo ao seu redor. Considere aparar esses pelos (se isso for apropriado para a raça do cão), para que o cão possa ver de onde estão vindo os sons. A visão clara também lhe permitirá se concentrar em você com mais contato visual e atenção.

Problemas de socialização

ACREDITO QUE UM FILHOTE bem socializado é um filhote que foi positivamente exposto a muitos cães, crianças, adultos e ambientes que pode reencontrar em sua vida. Desde que não exponhamos o cão a mais do que ele está pronto para lidar, nunca será demais socializá-lo. Segundo minha experiência, muitos donos não socializam seus cães o suficiente.

O ideal é que o aprendizado dos bons modos sociais comece antes de o filhote completar 4 meses de idade. Depois dos quatro meses os problemas de socialização começam a aumentar, entre eles a incapacidade de entender a linguagem corporal e o feedback comportamental de outros cães, como brincar de um modo muito rude e morder com muita força, ou medo de pessoas e outros cães que pode resultar em timidez ou intimidação. Os cães com problemas de socialização tendem a ter menos oportunidades de se socializar, e por isso seus modos pioram ainda mais. Se os problemas de socialização não forem corrigidos, o cão pode acabar reapresentando um sério risco à segurança. Meu Ibizan hound, Brieo, começou a vida muito bem socializado. Acompanhava-me às minhas aulas de treinamento de filhotes, em que tinha oportunidades aparentemente infinitas de brincadeiras supervisionadas. Contudo, perto de completar 2 anos, começou a ficar agressivo com alguns dos filhotes. Prestei muita atenção ao "período de adolescência" de Brieo e finalmente percebi que ele estava pronto para se socializar com cães mais maduros. Decidi tirá-lo da aula para filhotes e levá-lo para o próximo nível, e vi uma mudança imediata. Agora, com 7 anos, Brieo tem ótimos modos sociais. Ajuda-me a cuidar dos cães que hospedo, entretendo-os com excelentes habilidades para brincar e adora brincar com filhotes também.

Para um cão que desenvolveu sérios problemas de socialização, os métodos de reforço positivo oferecem a melhor garantia de reabilitação duradoura. No Capítulo 1 falei sobre os Vicktory Dogs, os 22 pit bulls que a Best Friends, em Utah, resgatou das lutas ilegais de cães promovidas pelo jogador de futebol profissional Michael Vick (veja a página 10). Embora outros especialistas tivessem determinado que os cães eram impossíveis de ser reabilitados e o ato mais humano seria submetê-los à eutanásia, o gerente do Dogtown, John Garcia, e a treinadora certificada, Anna Allums, assumiram a responsabilidade de reabilitar os cães. Garcia e Allums reabilitaram esses "cães no corredor da morte" usando apenas métodos de reforço positivo. Hoje alguns dos Vicktory Dogs estão totalmente reabilitados, obtiveram seus certificados Canine Good Citizen e vivem felizes em novos lares. (Veja no Apêndice 1 mais informações sobre o certificado Canine Good Citizen.)

Garcia e Allums tratam cada problema comportamental como um quebra-cabeça que precisa ser montado. "Nós vamos devagar e tratamos cada cão como um indivíduo, como um ser humano", diz Garcia. Uma cadela particularmente agressiva, Meryl, precisou aprender que as pessoas podiam se aproximar dela por amizade em vez de para fazê-la lutar. Allums diz que "em cinco minutos, descobrimos a maioria de seus gatilhos. Foi preciso um dia para criar em Meryl confiança básica". Ela acrescenta que se eles tivessem usado métodos aversivos de punição "Meryl poderia ter se revoltado e ficado pior".

O primeiro passo de Garcia e Allums para criar relacionamentos positivos foi tornar os Vicktory Dogs confortáveis o suficiente para que lhes dessem comida com a mão, e depois fizeram isso em locais diferentes para dessensibilizar a agressão motivada por comida. Os cães começaram a ver seus treinadores como "grandes fontes de alegria", diz Garcia. Os treinadores da Best Friends reforçaram as poucas coisas que os cães faziam direito, apresentaram-nos gradualmente a outros cães e pessoas para socializá-los e os levaram para novas situações (como andar de carro) apenas quando estavam prontos para isso. Garcia e Allums também deram aos cães muitos estímulos mentais com Kongs recheados e outros brinquedos interativos, treinamento de comandos e treinamento de alvo.

DEFESA DE ALIMENTO E RECURSOS

SE UM CÃO DEFENDE seu alimento ou brinquedo, isso pode ser um sinal de que talvez ele possa se tornar perigoso — e até mesmo maldoso — sem aviso. Pode acontecer, por exemplo, de um cão acostumado a defender seu alimento estar tranquilamente mastigando seu brinquedo favorito quando uma criança se aproxima para acariciá-lo. O cão pode se tornar subitamente protetor em relação ao brinquedo e avançar nela.

Quando treino um cão que pode ser um defensor de alimento, observo sua linguagem corporal perto da tigela de comida; se ele desce seu ombro e enfia a cabeça mais para dentro da tigela quando eu

PROBLEMAS COMPORTAMENTAIS | 225

passo, isso frequentemente é um sinal de que poderia ser (ou se tornar) um defensor. Nesse caso, jogo comida ao redor da tigela. Pouco a pouco me aproximo, observando se ele está se tornando menos sensível à minha presença.

Se você teme que seu cão esteja começando a defender o alimento dele, volte imediatamente ao protocolo para dar comida com a mão discutido no Capítulo 3. Lembre-se de dar comida com a mão em áreas diferentes da casa e de usar tigelas diferentes para o cão não se sentir "dono" do local de refeição ou da tigela — os locais, as tigelas e o alimento pertencem a você, que os divide com seu cão. Quando você sentir que é hora de parar de dar comida com a mão, volte a colocar porções de comida na tigela para que o cão possa ver claramente que está guardando o resto. Reveja o protocolo para dar comida com a mão a fim de preparar seu cão para aceitar comida de outras pessoas e ser alimentado na presença de outros cães e pessoas.

Se você está com medo de dar comida com a mão, talvez deva chamar um profissional para ajudá-lo. Uma técnica que eu gosto de usar com cães receosos ou agressivos demais para serem alimentados com a mão é fazer o cão me ver medindo sua porção total diária de comida e a colocando na tigela. Quero que ele entenda que sou a provedora de todas as coisas boas e controlo a tigela de comida. Depois eu o deixo me ver pondo um punhado de comida na tigela e a colocando no chão — o ideal é fazer isso com o cão sentado (se ele já se tornou fluente no comando para sentar). Depois de ele comer esse punhado, é muito provável que olhe para mim, e nesse ponto digo: "Bom. Você quer mais?" Então jogo alguns petiscos ou ração canina moída no chão, longe da tigela; quando ele vai buscar os petiscos eu pego a tigela, ponho mais comida nela e a coloco de novo no chão. Esse é um modo rápido e eficaz de dizer ao cão que sou responsável pela comida. Repito esse passo até me sentir confiante de que posso me aproximar mais da tigela quando ele está comendo. Nesse ponto, deixo cair um petisco (como um pedaço de queijo) enquanto ele come. Queremos que o cão entenda que quando estendemos a mão para a tigela estamos dando mais comida, e não a tirando, o que ajuda a reduzir a ansiedade e aumentar o nível de confiança do cão em nos ter por perto enquanto está comendo. Quando estou confiante em que o cão está calmo e aceita que controlo o alimento, ele está pronto para começar a ser alimentado com a mão.

Quanto a outros recursos que poderiam ser defendidos, como um Kong, nunca deixo um cão mastigá-los ininterruptamente por mais de cinco minutos. Aquele Kong me pertence, e eu o empresto para ele em troca de seu comportamento educado, começando com uma *sentada* para merecê-lo. Um sinal de que o cão pode ser um defensor de brinquedo é ele o levar para uma área remota da casa a fim de mastigá-lo.

Ao tirar um brinquedo mastigável de um cão, sempre faça uma troca por outro petisco ou brinquedo. Assim ele entenderá que você fornece vários recursos valiosos. Quando troco um brinquedo especial, como um Kong recheado, frequentemente o faço por um belo pedaço de hambúrguer. Pratique as trocas *fora e pegue* e do *biscoito* que já aprendeu e faça trocas frequentes para que o cão experimente obter algo de volta depois de deixar você levar outra coisa embora. Quanto mais experiente ele se tornar em trocas, mais confortável ficará mastigando brinquedos perto de você (e de outras pessoas, quando as incluir seguramente neste treinamento).

AGRESSÃO A PESSOAS

QUANDO VOCÊ TEM UM cão agressivo com pessoas, talvez deva procurar um treinador qualificado ou behaviorista para ajudá-lo a identificar os problemas do cão e tentar dessensibilizá-lo e redirecioná-lo.

Quando acho que um cão é agressivo, sempre chamo um veterinário para avaliar e diagnosticar qualquer possível problema de saúde ou lesão que possa estar fazendo o cão se comportar de um modo que a maioria das pessoas consideraria "agressivo". Essa palavra é muito usada para descrever o comportamento canino e, segundo minha experiência, mal usada. Nem todos os cães que rosnam, defendem, mordem tornozelos ou latem muito são agressivos. Sou muito cuidadosa em relação a usar essa palavra porque frequentemente, quando esse rótulo é posto no cão, pode selar o destino dele. Há poucos lugares dispostos a conseguir um novo lar para um cão que foi rotulado como agressivo.

Tipicamente, um cão é chamado de agressivo quando inicia um comportamento perigoso com as pessoas — muitas vezes resultante de falta de contato humano, socialização incompleta durante os primeiros quatro meses de vida ou efeitos prolongados de trauma passado. Em cada um desses casos, o cão não sabe em quem confiar e não é realmente agressivo, só age assim por medo.

O primeiro passo para lidar com a agressividade é identificar as causas do mau comportamento. Ao mesmo tempo, o cão precisa confiar em alguém. Nesse cenário, ajo com cautela e do modo mais positivo possível. Avalio muito cuidadosamente a linguagem corporal do cão e me certifico de que ele é capaz de ler a minha. Trabalho pacientemente em um ritmo confortável para esse cão em particular, sempre tentando aumentar seu vínculo comigo.

Neste exercício, você e seu parceiro de treinamento usarão comida para ajudar a dessensibilizar o cão. Certifique-se de que ele está com fome ao começar este trabalho. Se você conseguir pôr seguramente uma guia no cão, prenda uma longa — de 1,80m a 3,60m — à coleira dele e, em vez de você ou seu parceiro a segurarem imediatamente, deixe o cão arrastá-la pelo chão. Deixá-lo arrastar a guia agora o ajudará a se sentir menos aprisionado ou frustrado mais tarde quando você a segurar, prender ao passador do seu cinto ou pisar na alça para impedir que o cão vá a um lugar que você não quer. Preveja os movimentos do cão avaliando calmamente a linguagem corporal dele, que lhe dirá se está receoso ou desconfortável. Uma breve lista desses sinais corporais inclui pelo eriçado, ombros arqueados, cabeça abaixada, encolher-se de medo, esconder-se e evitar a companhia de pessoas ou outros cães.

Comece falando com seu cão em um ambiente calmo. Se ele se sentir confortável com você, mas demonstrar agressividade ou medo em relação ao seu parceiro, há um problema. Enquanto vocês conversam amigavelmente, jogue para o cão um pouco de ração canina moída na metade da distância que os separa e o deixe pegá-la. Continue a conversa calma com seu parceiro enquanto ele joga um pouco mais de ração; o cão só pegará a ração quando se sentir confortável e seguro. Não deve haver imposição nem um prazo para isso. Os petiscos ajudam o cão a entender que ninguém o machucará, e que as pessoas costumam ser boas. Jogue os petiscos cuidadosamente cada vez mais perto do seu parceiro.

Quando o cão se sentir mais confortável com seu parceiro, você finalmente poderá pedir que ele lhe dê comida com a mão e trabalhe com o cão em treinamentos, jogos e caminhadas. Com o tempo, esses tipos de apresentações a pessoas se tornarão mais confortáveis para seu cão, ajudando a aumentar sua confiança. É difícil estimar quanto tempo seu cão levará para alcançar cada nível de sucesso. Isso dependerá da gravidade do problema e do quanto você estiver empenhado em ajudá-lo. Talvez demore três meses de repetições constantes destes exercícios, ou até mesmo um ano.

Se seu cão demonstrar moderada agressividade causada por medo do veterinário ou tosador, faça-lhes breves visitas de dessensibilização apenas para entrar, dar um petisco ao cão e depois ir embora. Se eles tiverem um momento para cumprimentar o cão e lhe dar um petisco, isso ajudará.

AGRESSÃO A CÃES

ALGUNS CÃES PODEM SER encantadores e gentis com pessoas, mas tímidos ou agressivos com outros cães. Como quando você lida com comportamento agressivo ou receoso em relação a pessoas, talvez precise de um profissional qualificado para ajudá-lo a identificar e desenssibilizar os problemas do seu cão. Tente conhecer a história do seu cão com outros cães e consulte o veterinário para excluir a possibilidade de problemas de saúde.

Nesse caso, você precisará de parceiros caninos pacientes para ajudá-lo a dessensibilizar e socializar seu cão. Meu parceiro canino é o Brieo. Quando aceito um novo caso de problema comportamental ou concordo em ser mãe substituta para um cão rotulado como agressivo, primeiro avalio o cão (o que pode demorar uma ou duas semanas, dependendo do tempo para vínculo). Nove em dez vezes, descubro que o cão gostaria de brincar com Brieo, mas não sabe como. As tentativas de brincar do cão supostamente agressivo são brutas, bombásticas, insistentes e opressivas. O cão não entende ou reconhece a linguagem corporal de Brieo — o modo de Brieo transmitir seus limites.

> Reduza a agressão aprendendo primeiro os gatilhos do seu cão.

Para essa avaliação e o treinamento de dessensibilização, às vezes ponho um tipo de focinheira no cão que não o deixa abrir a boca o suficiente para morder com força, mas lhe permite beber, comer, arfar e brincar. Se você usar uma focinheira, entenda que isso exige supervisão atenta e uma quantidade extrema de conhecimento e cuidado. Por exemplo, nunca use uma focinheira para impedir que o cão mastigue mobília. Tampouco a use se outro cão puder tirar vantagem da situação. Felizmente, Brieo é naturalmente afável, bem-treinado e socializado e não tiraria vantagem disso.

Outro comportamento frequentemente rotulado como agressivo é montar. Embora montar seja indesejável e muito irritante, não é em si automaticamente "agressivo". É um comportamento canino natural que frequentemente ocorre durante experiências de brincadeira aceitáveis. Dito isso, quando seu cão tentar montar em outro, você deve redirecioná-lo. Às vezes, montar pode causar uma briga. Use o comando "fora" para fazer seu cão parar de montar. Dentro de um pequeno grupo de cães bem socializados, às vezes você e seu parceiro podem usar seus julgamentos para deixar o cão que está sendo montado se virar ou até mesmo morder de leve o outro. Para cães bem socializados, esse aviso seria suficiente para transmitir que aquele cão em particular passou dos limites. Observe a linguagem corporal do cão que monta; se ele se posiciona atrás do outro e rasteja para a frente, isso é um sinal de que está prestes a montar e a oportunidade perfeita para o comando "fora". Os dois donos deveriam redirecionar seus cães para longe um do outro e praticar alguns comandos antes de continuarem a brincadeira.

Um comportamento agressivo inaceitável é briga entre cães vizinhos, porque isso pode levar um cão normalmente sociável a se comportar agressivamente. Se eles não forem parados e controlados, poderão aprender que brigar pela cerca é aceitável, e isso se torna um mau hábito que talvez progrida para investidas mais agressivas, cavar por baixo da cerca e até mesmo subir nela, levando a uma séria briga de cães. Quanto mais você permitir brigas pela cerca, pior isso poderá ficar. Se possível, tente falar com seus vizinhos para ver se estão dispostos a encontrar um modo seguro de tentar socializar e dessensibilizar os cães um ao outro. Às vezes, os vizinhos cooperam e se certificam de que quando um cão está fora de casa o outro está dentro. Em outros casos a falta de cooperação pode resultar em uma briga humana pela cerca, por isso vale a pena conversar calmamente com o vizinho e tentar traçar com ele um plano que funcione para ambos.

Os parques para cães, embora sejam espaços públicos maravilhosos para socialização sem uso de guia, também podem se tornar laboratórios para agressão, medo e brincadeiras inadequadas. No Capítulo 12 eu lhe darei sugestões para tornar a experiência no parque a melhor possível. Dito isso, nem todos os cães se sentem bem no parque, e talvez o seu cão não consiga apreciar esse ambiente, especialmente quando amadurecer ou envelhecer e se tornar menos brincalhão com outros cães e mais rabugento.

ANSIEDADE DE SEPARAÇÃO E COMPORTAMENTO DE SEGUIR

COMO OS CÃES SÃO animais de matilha, tipicamente eles desejam fazer parte de um grupo. Por isso, para alguns deles, ficar sozinho pode levar à ansiedade e ao medo. Em minha opinião, algumas causas comuns da ansiedade de separação são treinamento incompleto para ficar na caixa de transporte, deixar seu cão segui-lo por toda a casa e nunca lhe ensinar que ficar sozinho às vezes é saudável. Se seu cão tiver ansiedade de separação, recomece imediatamente o protocolo de treinamento para ficar na caixa de transporte detalhado no Capítulo 3. O treinamento bem-sucedido para ficar na caixa quase sempre *habitua* o cão a ficar só, fazendo-o apreciar a segurança e o conforto de seu covil. Eis alguns lembretes sobre o treinamento para ficar na caixa de transporte:

▶ Aumente aos poucos o tempo de permanência do cão na caixa e o tempo em que o deixa sozinho quando está nela.

▶ Se o cão latir quando estiver na caixa, só retorne quando ele parar e não torne um grande acontecimento você sair ou voltar para casa.

▶ Se você trabalha em casa (como frequentemente faço), não deixe seu cão segui-lo por toda parte, para o banheiro e assim por diante. Use o protocolo de treinamento para ficar na caixa de transporte mesmo quando estiver em casa.

Em geral, se você está trabalhando com seu cão para superar a ansiedade de separação ou o comportamento de seguir, habitue-o aos poucos a ficar na caixa e o deixe lá por breves períodos enquanto você vai de um aposento para outro, e depois reapareça antes de ele ficar ansioso.

MEDO DE SITUAÇÕES NOVAS

S E SEU CÃO TEM um padrão de comportamento receoso em situações novas, continue a socializá-lo, mas devagar. Antes de colocá-lo em situações novas, reforce-lhe a sensação de bem-estar nos ambientes em que ele já parece confortável e não o force a enfrentar situações que o deixam desconfortável. Por exemplo, se seu cão tem medo de andar de carro, não o force a sair com você sempre que desejar a companhia dele. Em vez disso, apresente-o ao carro um passo de cada vez, como o apresentou à caixa de transporte. Antes de fazê-lo entrar no carro, alimente-o e o elogie, e depois se afaste com ele. Em outro momento, com a porta do carro já aberta, deixe o cão cheirar dentro e comer alguns petiscos, mas ainda não tente atraí-lo. Da próxima vez você poderá jogar alguns petiscos dentro do carro; talvez ele entre, mas se não entrar não o force.

A técnica de forçar um cão a fazer algo que ele não quer — que basicamente é lhe pedir para enfrentar todos os seus medos de uma só vez — é chamada de *inundação*. O pensamento por trás da inundação é uma crença em quanto mais cedo se demonstrar que um medo irracional é "sem sentido" e o cão não precisa se preocupar, mais cedo ele superará esse medo. Essa técnica é defendida por alguns treinadores, mas eu me oponho firmemente a ela. Em meu julgamento profissional, forçar um cão a enfrentar medos que você deseja eliminar antes de ele estar pronto para isso seria como me prender em um quarto cheio de cobras e me dizer que só preciso superar isso.

Eu tinha muito medo de cobras. Até hoje elas são algumas das coisas que menos desejo encontrar em um ambiente selvagem. Mas alguns anos atrás minha família adquiriu uma cobra de estimação. A ideia não foi minha. Meu filho, Blaise, havia acabado de voltar de uma visita a seu primo, que tinha uma. Blaise achou que uma cobra seria um animal de estimação perfeito para ele. Eu precisava me sentir confortável com essa ideia... em meu próprio tempo (preferivelmente anos). Comecei a ler sobre cobras e descobri que quanto mais aprendia sobre elas mais me tornava curiosa. Então assisti a vídeos sobre cobras, pesquisei na Internet, localizei criadores especializados e conversei com donos de cobras. Felizmente não moro muito longe do National Zoo, em Washington, D.C., que tem uma boa coleção de

UMA NOTA SOBRE POÇÕES MÁGICAS – ELAS NÃO EXISTEM

Sei que todos nós gostaríamos de soluções fáceis para os problemas comportamentais de nossos cães. Mas o fato é que elas não existem. A única solução real é atenção constante, compromisso e trabalho duro. Nos vinte anos em que tenho treinado, vi um aumento na prescrição de medicações que supostamente curam certos problemas comportamentais caninos, como ansiedade. Contudo, se o dono do cão também não mudar seu próprio comportamento, junto com o ambiente e a rotina do cão, a medicação não será eficaz.

Algumas pessoas usam coleiras de treinamento eletrônicas como se fossem ferramentas mágicas, mas sempre insisto em que pensem melhor. Essas coleiras aplicam um choque ajustável (que varia de leve a forte) via controle remoto. Quando efetivamente usadas, podem moldar o comportamento canino de um modo parecido com o do treinamento com Clicker. Contudo, essas coleiras devem ser usadas com grande cuidado. Já trabalhei com muitos cães que receberam choques repetidos e dolorosos de coleiras mal usadas.

Eu era totalmente contra cercas eletrônicas, que podem dar um leve choque em um cão se ele for além do perímetro da barreira; contudo, sei que pode não haver nenhuma outra alternativa razoável em um bairro que proíbe a construção de cercas reais. Se você precisar usar uma cerca eletrônica, por favor, só a use para um confinamento de curto prazo — talvez enquanto estiver cuidando do jardim ou limpando o quintal e quiser seu cão com você. E certamente é apropriado usá-la durante brincadeiras supervisionadas ou sessões de treinamento ao ar livre. Dito isso, não acho que seja certo deixar seu cão lá fora durante o dia enquanto você vai trabalhar ou resolver coisas, contido apenas pela cerca eletrônica. Caçar um esquilo ou veado poderá lhe parecer tão excitante que ele decidirá que isso vale mais do que o choque elétrico. Mas, depois que atravessar essa barreira, poderá não voltar por medo de receber outro choque.

cobras. Eu me plantava seguramente atrás da grossa placa de vidro no Reptile Discovery Center e ficava lá o máximo que podia, observando cobras de árvore e água, najas, pítons, jiboias e anacondas. Quando aquilo se tornava demais para mim — não demorava muito —, podia sair de lá rapidamente (e encontrar refúgio no Gorilla Grove).

O que eu estava fazendo — ou pelo menos tentando fazer — era enfrentar meus medos me dessensibilizando aos poucos. Quando chegou a hora de trazer para casa um filhote enrolado de píton, eu estava pronta e, na verdade, bastante confortável com a ideia. Até mesmo ajudava a alimentar nossa cobra e a colocava no terrário para transporte e levava ao veterinário para *check-ups* regulares.

Agora tenho certeza de que se alguém tivesse dito "Dawn, seu medo de cobras é irracional. Vou trancá-la em um quarto com dez serpentes não venenosas e quando você sair viva verá como estava sendo boba", eu teria morrido de um ataque cardíaco ou sido presa por assassinato.

Não podemos esperar nada diferente dos nossos cães. É muito melhor — e, se você me perguntar, muito mais amoroso — dessensibilizar os cães do que inundá-los e se arriscar a lhes causar estresse emocional ou, pior ainda, receio ou agressividade. Alguns exemplos de inundação incluem forçar um cão a ir ao parque para cães, arrastá-lo para uma piscina a fim de ensiná-lo a nadar, cercá-lo de crianças porque ele tem medo delas ou (como discutimos antes) forçá-lo a andar em um chão escorregadio do qual tem medo.

Se você está pensando em usar um profissional para ajudá-lo nos problemas comportamentais do cão, fique longe de qualquer um que queira usar técnicas de inundação. Sou totalmente contra elas.

ESCONDER-SE

S E SEU CÃO SE esconde em casa, isso pode significar que não está obtendo tempo ocioso suficiente longe de pessoas, especialmente crianças brincalhonas. Não deixe seus filhos iniciarem contato com o cão quando ele estiver se escondendo. Conscientize-se da possível dinâmica familiar ou de comportamentos, como um membro da família involuntariamente perturbar o cão enquanto você dá as costas por um momento, ou talvez socialização incompleta com um membro da família que fica muito tempo longe de casa. No último caso, reapresente devagar o cão a esse parente e use petiscos para ajudá-lo a fazer associações positivas. Além disso, certifique-se de que seu cão não tem problemas de saúde ou lesões; os cães frequentemente escondem seus pontos fracos, talvez por temerem ser machucados de novo ou expulsos da matilha.

Provavelmente você aprendeu por experiência própria que é difícil quebrar maus hábitos. Mesmo quando os quebramos, eles poderão voltar se desistirmos de nosso esforço contínuo. Os problemas comportamentais dos cães também podem ressurgir, e, quando isso acontece, devemos reafirmar nosso compromisso e tratar do problema, independentemente do tempo e esforço que exija.

A alternativa para corrigir os problemas comportamentais do cão é ignorá-los até que se tornam tão sérios e destrutivos que desistimos do cão. Corrigir problemas comportamentais usando reforço positivo nos concede a bênção de uma vida rica junto aos nossos amados melhores amigos. Quando valorizamos nossos cães como criaturas de Deus que vivem e respiram, veem, ouvem e sentem prazer e dor de modos parecidos com os nossos, passamos a respeitar mais outros seres humanos e nós mesmos. Como é glorioso ser inspirado por uma criatura que compartilha tão pouco de nossa linguagem, mas tanto de nosso coração!

CAPÍTULO 12

Seu cão no mundo

O TREINAMENTO DO CÃO nunca termina; só se torna mais fácil. A socialização sempre precisa de ajustes. E você ainda precisa encarar as experiências diárias como oportunidades de treinamento. Se ficar de olhos abertos, verá que "momentos para ensinar" surgem todos os dias.

Parques para cães

N OSSOS CÃES PRECISAM SE socializar com e sem a guia. Até mesmo os cães que gostam do conforto de saber que você está no controle podem ficar frustrados com as limitações que a guia impõe. É como uma criança em uma loja de brinquedos. A criança quer tocar nos brinquedos.

Q uando você e seu cão tiverem treinado bastante, estarão prontos para sair de casa sabendo que podem contar um com o outro para ser a companhia perfeita. Prepare-se para visitas ao parque para cães e longas viagens de carro com a família consultando este capítulo – mas não antes de estudar a segurança na água, também detalhada aqui. Você encontrará orientações para escolher o veterinário certo, creches para cães, passeadores, cuidadores, tosadores e outros profissionais. Finalmente, se ainda achar que você e seu cão poderiam se beneficiar com ajuda extra, dou alguns conselhos sobre encontrar um profissional que treinará seu cão com o método de reforço positivo.

Se os pais a refrearem demais ela poderá se comportar mal. Seu cão pode reagir de modo parecido. Tempo supervisionado sem guia é importante para o cão não ficar frustrado e uma ótima técnica para ajudar a animá-lo.

Para muitos cães, uma visita ao parque sem guia pode ser o grande momento do dia. Infelizmente, essa visita pode estar repleta de desafios. A ocorrência frequente de mordidas, brigas e cocô em nossos sapatos deu a alguns parques má reputação.

A etiqueta no parque é essencial. Tradução? Use boas maneiras e bom senso. Eis algumas sugestões:

▶ Remova todos os equipamentos, as coleiras especiais ou roupas, exceto a coleira lisa com as placas de identificação. Seu cão poderia se atrapalhar com seu acessório da moda ou o de outro cão. Obedeça às leis sobre a guia; mantenha seu cão na guia até entrar na área de brincadeiras e mantenha a guia com você.

▶ Os parques para cães não são para crianças pequenas. Acidentes podem acontecer rápido, especialmente quando cães exuberantes estão brincando de caçar uns aos outros e lutar.

▶ Recolha as fezes. Um parque cheio de fezes é um risco para a saúde, e não limpar a sujeira do seu cão é falta de educação. Carregue pelo menos um saco o tempo todo ou use as ferramentas para recolhimento de lixo do parque.

▶ Contribua para manter o parque para cães limpo e seguro; considere fazer doações de ferramentas de limpeza, brinquedos e até mesmo estruturas para brincar e reparo de cercas. Muitos parques têm atividades de limpeza voluntárias e apresentações de etiqueta, com um número crescente deles patrocinado por pet shops locais e fabricantes de produtos para animais. Eu apoio essa boa tendência.

▶ Certifique-se de que seu cão tem uma boa capacidade de *voltar*. Pratique chamá-lo de volta sempre que for ao parque para cães. (Lembre-se da técnica consultando o guia rápido para chamar de volta no Programa de Treinamento Básico). Seu cão precisa aprender que seu comando *venha aqui* geralmente não indica o fim da brincadeira, e que com frequência ele poderá voltar imediatamente a brincar com seus amigos. Quando vejo donos correndo atrás de seus cães na hora de ir

---

Não tente deixar o cão brincar sem a guia se a área não for cercada.

Brincar com outros cães é uma parte importante da socialização.

embora do parque, sei que inadvertidamente lhes ensinaram que *venha aqui* sempre significa o fim da brincadeira.

▶ Use *chamadas de volta* como transições para outros comandos de treinamento em que seu cão já seja fluente. Isso fortalecerá a capacidade do cão de seguir consistentemente suas instruções, mesmo em meio a distrações. A princípio torne esses momentos de treinamento extremamente breves; seu cão precisa e deseja brincar livremente sem muitas instruções.

▶ Nunca deixe o cão sozinho ou sem supervisão em um parque para cães. Mesmo enquanto você estiver conversando com outros donos de animais, saiba exatamente o que seu cão está fazendo.

▶ Não o deixe correr para outro cão que está entrando na área de brincadeiras. Isso pode intimidar o cão que está prestes a se juntar ao grupo para brincar.

▶ Saiba quando seu cão já se cansou e saia do parque de um modo alegre. Como as crianças, os cães podem se tornar nervosos quando estão cansados ou superaquecidos.

▶ Seja prudente em relação às habilidades de socialização do seu cão. Um parque não é apropriado para cães agressivos não socializados ou com uma história de brigas, mordidas ou latidos incontroláveis. Se seu cão tiver qualquer um desses problemas, resolva-os antes de sua primeira ida ao parque para cães e não use o parque como um modo de corrigir os defeitos comportamentais do seu cão.

▶ Seu cão pode não se dar bem com todos os outros cães, assim como nós não nos damos bem com todos os seres humanos. Tente prever o comportamento agressivo ou a linguagem corporal desconfortável do seu cão ou de outros cães e afaste o seu de situações potencialmente perigosas antes que uma briga comece.

▶ Se uma briga começar, assuma a responsabilidade por controlar seu cão e tirá-lo da briga imediatamente. Faça o possível para manter uma voz calma para não aumentar o caos. Muitas brigas se transformam em uma confusão generalizada sem nenhum motivo aparente. Quanto mais você praticar *chamadas de volta* bem-sucedidas, maior a probabilidade de seu cão voltar para você quando uma briga começar.

- As brigas podem começar como um resultado de defesa de brinquedos ou alimento. Por isso, é melhor não mostrar seus petiscos. Sou muito cuidadosa e discreta, dando rapidamente um petisco ao meu cão como recompensa por bom comportamento, como ele atender à minha *chamada de volta*. Se você levar um brinquedo, considere-o um donativo para o parque, mas não o leve se não tiver certeza de que seu cão está disposto a emprestá-lo a outros cães.

- Desculpe-se rapidamente se seu cão cometer um erro, mesmo se você se sentir constrangido, defensivo, tiver uma explicação ou quiser culpar outro cão ou ser humano. Os erros são inevitáveis; aprenda com eles. Mas não espere que os outros se desculpem com você, mesmo se você se desculpar com eles quando está claro que a situação não foi culpa sua.

- Evite disciplinar outro cão. É melhor afastar o seu se um cão for agressivo demais com ele. Se você precisar pedir a outro dono que controle melhor o cão dele, seja educado e gentil. Por exemplo, se precisar pedir isso a uma pessoa cujo cão aterroriza o seu quando você tenta entrar no parque, tente dizer algo gentil sobre o cão adorável dela.

Viagens de carro

QUANDO MEUS TRÊS FILHOS eram pequenos, todos os verões minha família ia de carro da Virgínia para Palm Beach, Flórida, para visitar minha mãe, e ficávamos um mês lá. Íamos para a praia todos os dias, visitávamos parques e passávamos horas em safáris. Eu adorava expor meus filhos à vida na Flórida, onde fui criada. A caminhonete ficava cheia conosco, seres humanos, três cães — o border collie Jock, o flat-coated retriever Merit e o schnauzer gigante Saxon — e os dois papagaios, Maude e Jules. Éramos um circo itinerante.

Na metade do caminho, geralmente ficávamos no mesmo hotel, o South of the Border, porque aceitava animais treinados. Alugávamos a suíte para lua de mel para que a turma pudesse usar a banheira Jacuzzi. As crianças colocavam petiscos debaixo da água, e os cães mergulhavam para pegá-los. Se saíamos para jantar ou ir para a piscina, os animais ficavam no quarto. Eu ligava a TV e o ar-condicionado para abafar o barulho do corredor que poderia agitá-los. Felizmente,

CHAMADA DE VOLTA COM APITO

O apito é especialmente útil em um parque para cães ou lugar ermo em que seu cão está sem a guia. Mas certifique-se de que ele está fluente no comando verbal para *chamar de volta* ("Venha aqui") antes de tentar chamá-lo apitando. Se você conseguir assobiar, produza um som alto e consistente, caso contrário recomendo usar um apito inquebrável de metal que possa ser ouvido a longas distâncias caso seu cão fuja, se perca e entre em pânico. Meu coautor, Larry, frequentemente chama o golden retriever dele, Higgins, com um apito de metal que mantém em seu chaveiro há mais de sete anos. Recomendo que os iniciantes usem um apito que possam ouvir em vez de um ultrassônico ao qual demorarão um pouco a se acostumar. (Se você quiser usar um apito ultrassônico, siga as instruções do fabricante para soprá-lo corretamente. Aprenda como testar e sintonizar seu ajuste e não sopre com força demais para não exagerar os sons.)

Comece ensinando a *chamada de volta com apito* apitando enquanto fica em pé perto do seu cão e lhe dá petiscos como se fosse uma vendedora automática, para ele associar o som à recompensa. Depois chame-o a alguns passos de distância, combinando o apito com a isca, o comando visual, e o verbal "venha aqui" — usando todos os comandos e não deixando nada ao acaso. Pouco a pouco, aumente a distância e retire alguns dos comandos.

Quando você estiver chamando de volta com o apito a uma distância de cerca de 9m, o próximo passo será usá-lo durante brincadeiras supervisionadas. O outro cão também poderá vir até você, mas já será bom se ele encorajar seu cão a *voltar*. No início, use o apito em uma hora de pouco movimento. Aumente o sucesso recompensando seu cão por voltar quando chamado e depois o soltando para brincar de novo, para que ele associe a *chamada de volta com apito* com uma recompensa positiva, em vez de com o fim da brincadeira.

Quando seu cão adquirir uma ótima capacidade de voltar ao ouvir o apito, generalize isso para todos os tipos de ambientes com distrações. Cabe a você decidir se ele já está pronto para uma tentativa em um lugar ermo. Treine seu cão para voltar ao ouvir o apito de distâncias curtas brincando de Ir e Vir (veja a página 160) com seu parceiro de caminhada e aumente gradualmente a distância entre vocês dois. Leve ótimos petiscos para ajudar a motivar seu cão a *voltar*.

---

os cães e as aves ficavam bastante bem, mesmo quando eu os treinava saindo do quarto e voltando com recompensas e elogios por ficarem *sossegados*. Aumentei os períodos fora do quarto até finalmente conseguir sair para jantar sem ter que interromper a refeição para ver como os animais estavam. Os cães davam uma última caminhada antes de a noite se encerrar e uma primeira caminhada na manhã seguinte antes de entrarmos de novo na caminhonete.

Na caminhonete, durante aqueles raros momentos em que tudo estava em silêncio, eu olhava pelo espelho retrovisor e via crianças dormindo ainda presas ao cinto de segurança e curvadas sobre cães adormecidos em seus colos. Aquelas longas viagens eram pontuadas de paradas para descanso em que todos os animais saíam, esticávamos as pernas, arejávamos as gaiolas e fazíamos rápidos lanches à sombra.

Na Flórida, passávamos a maior parte do nosso tempo na praia. Todos os meus cães adoravam nadar, mas Jock não suportava sentir a areia sob as patas e sempre voltava para o carro. Não demorou muito para eu perceber que não podia fazê-lo gostar da praia como queria, e tive que deixá-lo para trás com minha mãe.

Estou lhe contando minha história na esperança de que você consiga aproveitar algumas sugestões para tornar as viagens de carro com seu cão viáveis e prazerosas. Antes de você se arriscar a fazer uma viagem de carro, certifique-se de que o cão pode lidar com longos percursos. Comece acostumando-o com o carro em passeios curtos pela cidade, para shoppings, a casa de um amigo ou o parque para cães. Passe uma tarde de domingo levando seu cão (e sua família) para uma área de piquenique ou uma bela trilha para caminhar na natureza.

Se seu cão tender a enjoar no carro, certifique-se de que superou isso antes de tentar fazer uma longa viagem de carro com a família. (Comece levando o cão em passeios curtos com o estômago vazio.) Há medicações que os veterinários podem lhe prescrever. Teste a reação do animal à medicação antes de partir em sua aventura familiar.

Informe-se sobre se são permitidos cães no lugar para onde você vai. Localize lugares para se hospedar e comer onde eles sejam permitidos. Os hotéis tendem mais a aceitar cães treinados para ficar na caixa de transporte. Alguns cafés servem refeições em espaços ao ar livre onde são permitidos cães bem treinados. Informe-se com antecedência sobre onde há serviços veterinários de emergência. Se o tempo estiver quente, lembre-se de que seu cão usa um casaco de pele e se certifique de que ele terá bastante sombra e oportunidades de se refrescar e descansar. Se você planeja acampar, a noite pode ser uma aventura. Se o tempo estiver frio, proteja seu cão da hipotermia levando um cobertor ou saco de dormir extra para ele. O cão também pode usar um suéter na hora de dormir. Recomendo que você prenda a guia ao seu cinto enquanto dorme para que ele não saia no meio da noite em busca de um som ou cheiro. Também pode prender a guia no chão perto de você ou até mesmo amarrá-la ao seu corpo, desde que não sufoque nenhum de vocês ou torne impossível que fiquem confortáveis.

Considere comprar um cinto especial para manter seu cão seguro em viagens longas.

Quando levo meus cães em excursões, quase sempre os mantenho na guia. Moro em um país onde as pessoas caçam veados, e Brieo, meu Ibizan hound, se parece com um veado e corre e pula como eles, por isso sou extremamente cautelosa em relação a deixá-lo sem a guia. Quanto mais seu cão for condicionado a aceitar a guia, mais fácil será tirá-la e chamá-lo de volta.

Embora todos os cães sejam diferentes, descobri que a partir dos 5 anos a maioria geralmente está pronta para começar a ficar sem a guia em situações controladas, desde que você já tenha lançado uma ótima base de treinamento de habilidades que inclua um sistema confiável para *chamar de volta*. Não quero acabar com o sonho de ninguém de ter um cão que possa ficar sem a guia durante a maior parte do tempo, mas infelizmente até mesmo os cães mais bem treinados podem cometer erros ou estar no lugar errado e na hora errada. Jock, meu border collie, se comportava muito bem sem a guia sempre que saíamos. Em 2002, fomos a uma festa do Super Bowl no campo e Jock estava radiante buscando varetas para os convidados. Quando eu o chamava, ele se virava imediatamente e vinha o mais rápido que podia. Infelizmente, ele foi atropelado por um carro e morreu instantaneamente quando um motorista saiu da estrada em alta velocidade e o atingiu. Jock estava com 9 anos e meio e dentro do meu campo de visão, mas o carro veio rápido demais. Ele não teve nenhuma chance e o motorista que o atropelou fugiu. Por isso, aconselho você a não deixar seu cão sem a guia por longos períodos e a saber onde ele está o tempo todo.

Checklist de viagem

NADA É MAIS IMPORTANTE para uma viagem feliz do que um bom saco de suprimentos caninos. A seguir, há uma lista básica de itens necessários; com o passar do tempo, você aprenderá a personalizar a lista de acordo com as necessidades particulares do seu cão. Por exemplo, se ele tende a enfiar o focinho onde não deve, provavelmente você terá que levar um Benadryl extra — embora primeiro deva verificar a dosagem com o veterinário. Certa vez Jock enfiou o focinho em um monte de terra cheio de formigas-de-fogo, quando estávamos fazendo uma parada de descanso na Flórida. Ele não ficou nem um pouco feliz. Eu tinha um kit de emergência para as crianças e os cães na caminhonete e pude limpar e desinfetar o focinho de Jock, e depois lhe dar um comprimido de Benadryl para reduzir a possibilidade de uma reação alérgica. Mais um exemplo: às vezes a mudança na água de beber pode deixar um cão doente ou influir no apetite dele, por isso talvez você precise misturar água trazida de casa com a água nova.

CHECKLIST DE VIAGEM

- ❑ Placa de identificação do cão com número de telefone e endereço de destino
- ❑ Carteira ou placa de vacinação antirrábica
- ❑ Número de telefones locais: de emergência veterinária, controle de envenenamento e socorro em caso de mordida de cobra
- ❑ Guia
- ❑ Sacos para recolhimento de fezes
- ❑ Lanterna com pilhas extras
- ❑ Comida para cachorro
- ❑ Petiscos de treinamento
- ❑ Água potável trazida de casa
- ❑ Tigelas de comida e água
- ❑ Tigela leve para excursões
- ❑ Cobertores/cama do cão
- ❑ Cerca para exercícios ou caixa de transporte
- ❑ Kit de primeiro socorros: incluindo pinças, removedor de carrapatos, kit para mordidas de cobras, pomada antibiótica, água oxigenada, gaze esterilizada e esparadrapo.
- ❑ Manta térmica Mylar contra hipotermia
- ❑ Remédios, se necessário (lembre-se de que alguns remédios precisam de refrigeração; neste caso, você deverá providenciar isso)
- ❑ Prevenção contra pulgas e carrapatos (inclusive comprimidos contra dirofilária, o parasita do coração, em alguns locais)
- ❑ Repelente de mosquitos (no pelo, não esfregado na pele) e velas de citronela
- ❑ Remédio para ouvido e limpadores de olhos
- ❑ Kit de arrumação: escova, pente tipo ancinho, secador (se necessário), xampu e condicionador
- ❑ Toalhas para o cão
- ❑ Brinquedos: Kong, bolas e brinquedos seguros que não possam ser engolidos

Segurança na água

EMBORA ALGUMAS RAÇAS ADOREM nadar, muitos cães não sabem como e precisam ser ensinados. Durante quase vinte anos eu tive uma casa com piscina e também naveguei com meus cães ao largo da costa da Flórida e no Caribe. Por isso, tive de ensinar meus cães *e* meus filhos a nadar. Algumas raças ficam em desvantagem na água, como as com corpos longos ou caras achatadas, inclusive dachshund, basset hound, pug e Boston terrier. Os buldogues têm pernas muito curtas comparadas com seus copos largos e cabeças pesadas, o que torna perigoso para a maioria deles nadar.

Outras raças — como cão-d'água português, poodle, labrador e muitos retrievers e spaniels d'água — foram originalmente criadas para trabalhar na água e geralmente entram nela rapidamente. Contudo, nunca presuma que seu cão ficará bem na água, não importa qual seja a raça. Infelizmente, conheço um proprietário que atirou seu filhote de cão-d'água no rio Potomac achando que isso o "ensinaria" a nadar por instinto, mas o cão não conseguiu e se afogou.

Para muitos cães, nadar em uma piscina com uma única saída pode ser uma experiência mais assustadora do que nadar em uma praia mansa ou um lago com uma margem visível. Em todos esses casos, você deve começar fazendo seu cão usar um colete salva-vidas; há alguns de ótimas marcas feitos especificamente para cães. Se você estiver ensinando seu cão a nadar em uma piscina ou fora de um barco, deve investir em uma rampa para cães.

Em uma piscina, comece ensinando seu cão a nadar atraindo-o para a água com um petisco, ou pegando-o no colo e levando para a água com você. No início, mantenha-o muito próximo enquanto determina o quanto ele está à vontade, e fique bem perto dos degraus, da escada ou rampa. Faça o cão se familiarizar com essa saída ajudando-o a subir os degraus ou a escada. Ter outro cão treinado

Ao usar o colete salva-vidas, siga as instruções do fabricante. Acostume seu cão a usá-lo, faça ajustes e pratique nadar em água rasa antes de sair em um barco.

"mostrando" como nadar pode lhe dar confiança e encorajamento. Se seu cão resistir, não o force, porque isso pode aumentar o medo. No início mantenha a mão sob sua barriga, na direção das patas traseiras. Isso o ajudará a se equilibrar.

Em lagos, rios e praias, fique atento a correntes fortes que poderiam arrastar seu cão ou fazê-lo entrar em pânico. Também fique atento à temperatura da água, porque água fria demais pode causar hipotermia. Se a margem ou praia estiver quente, lembre-se de que seu cão usa um casaco de pele e pode ter insolação mais rápido do que você, por isso o mantenha na sombra e fresco e tenha à mão muita água para beber. A maioria dos cães engole água quando nada, por isso use seu bom senso em relação a deixá-lo nadar em água estagnada ou oceânica. Depois que o cão nadar, lave-o e seque, prestando muita atenção aos ouvidos e olhos, que podem facilmente se infeccionar.

Se seu cão se sente confiante na água, ensine-o a só entrar com sua permissão. Use técnicas de treinamento de limites como as que aprendeu no programa básico e *sente-fique*, que serve como o pedido de permissão do cão para nadar. Ter uma ótima capacidade de *voltar* quando chamado pode salvar a vida do cão, portanto pratique isso dentro e perto da água. Se seu cão estiver disposto, pratique jogos de buscar nadando modificando as técnicas para buscar que expliquei nos Capítulos 9 e 10.

Sempre supervisione seu cão perto da água. Esteja pronto para guiá-lo para um local seguro e possivelmente salvá-lo se ele se encontrar em dificuldade. Para maior segurança, você deve aprender as técnicas básicas para salvar vidas. Considere fazer um curso de primeiros socorros e ressuscitação pulmonar de cães ou pelo menos assistir a um DVD ou vídeo na internet sobre isso.

A respiração boca a boca em um cão é feita boca a focinho, enquanto a boca é fechada para o ar não fugir. Compressão no peito, manobras de Heimlich e tapas nas costas são feitos de modos parecidos com os nos humanos. Peça ao veterinário informações sobre essas técnicas para salvar vidas.

Idas ao veterinário e saúde canina

LEVAR O CÃO AO veterinário é essencial... mas nem sempre um momento feliz para o cão. Tente levar o seu para um check-up se estiver planejando férias em família ou for deixá-lo para trás com um cuidador durante um longo período de tempo. Ajude-o a se acostumar com as idas ao veterinário com visitas rápidas e periódicas ao consultório apenas para dizer "oi" (em vez de por motivo de saúde), para que o cão fique menos ansioso quando precisar de uma consulta ou um check-up.

Manter a saúde canina também pode influir no treinamento. Visão, olfato, problemas ortopédicos, saúde geral e nível de energia mudam com o tempo. Por exemplo, um cão mais velho com artrite ou displasia de quadril pode não querer pular para dentro do carro e ter dificulda-de em se sentar. Problemas de bexiga podem fazê-lo urinar pela casa. Observe o comportamento do seu cão; se mudar, leve-o ao veterinário para fazer um check-up.

As necessidades nutricionais do cão também mudam à medida que ele envelhece. Como já mencionei, se seu cão está engordando, isso geralmente significa que *você* não está fazendo exercícios sufi-cientes. Contudo, não parta para uma caminhada para a qual seu cão pode não estar pronto — a primeira coisa a fazer é ir ao veterinário para um "check-up geral do cão idoso" antes de concluir se isso é um problema de falta de exercícios, comportamental ou de saúde. A cren-ça comum de que raças mestiças e vira-latas são automaticamente mais saudáveis do que cães de raça pura é mesmo só um mito.

Os cuidados odontológicos são importantes porque doenças da boca, dos dentes ou da gengiva podem infectar a corrente sanguínea e fazer rapidamente os rins pararem de funcionar, o que, às vezes, é fatal. Use o manuseio e os exercícios de gentileza para inspecionar a boca, os dentes e a gengiva do cão. Escove regularmente os dentes dele e de vez em quando lhe dê petiscos que ajudam a limpá-los.

Cuidados com a aparência

COMO AS CRIANÇAS, OS cães precisam de banhos regula-res, escovação frequente e corte de unhas. Alguns também precisam de cuidados especiais, como tosa, especialmente quando está fazendo calor. Para preparar o cão para sua primeira ex-periência no tosador, faça-o se sentir confortável sendo manuseado. Depois passe uma escova macia ou um pente tipo ancinho de leve por todo o corpo dele enquanto o elogia e lhe dá petiscos. Eu dou ao meu cão uma refeição inteira com a mão quando cuido da aparên-cia dele pela primeira vez. Também finjo lhe cortar as unhas antes de realmente cortá-las, para que se acostume com o cortador e seu som. Talvez o cão nunca aprenda a gostar que lhe cortem as unhas, mas isso é necessário e, com a prática, acabará pelo menos o tolerando.

Se você mesmo cuidar da aparência do seu cão, mantenha o pelo dele fora dos olhos. Quando treino um cão, de qualquer modo prefiro aparar os pelos sobre os olhos, mesmo se o padrão da raça exige uma cara peluda. Se você realmente for contra aparar os pelos sobre os olhos, pelo menos use clipes de cabelo ou faça um rabo de cavalo, se o cão o tolerar. O cão deve poder ver claramente enquanto treina.

Antes de você dar o primeiro banho em seu cão (ou até mesmo ligar a água), dê-lhe uma refeição na área do banho. No dia seguinte, dê-lhe muitos petiscos com a mão, use toda a sua paciência e vista roupas velhas! Enquanto o cão estiver na banheira ou no chuveiro, dê-lhe alguns petiscos com a mão antes de começar a lavá-lo. Se você usar uma banheira, pegue uma toalha de rosto, ponha um petisco dentro, dê um nó e deixe o cão chapinhar a água com o brinquedo feito em casa. Eu visto meu traje de banho e entro na banheira com meu flat-coated retriever para ajudá-lo a gostar de estar lá. Se o tempo estiver quente, encha uma piscina infantil de água e deixe as crianças e o cão chapinharem nela juntos — sob sua cuidadosa supervisão. Meus filhos sempre davam petiscos aos cães quando brincavam na piscina infantil com eles.

Se você decidir contratar um cabeleireiro profissional, ele poderá incentivá-lo a levar seu cão para uma rápida visita apenas para ganhar petiscos e elogios antes da primeira sessão de embelezamento. Para encontrar um bom tosador, comece perguntando a donos de cães bem arrumados qual é o deles. Encontre um que você possa pagar, tenha afinidade com seu cão, siga instruções e esteja disposto a ver fotos de cortes que você aprecia. Alguns lhe permitem ficar durante a sessão para o cão se sentir mais confortável. Todos os tosadores com quem trabalhei me permitiram deixar meus filhotes para breves sessões de embelezamento de duas a três horas antes de deixá-los para o processo com duração de um dia inteiro.

Contratando cuidadores

DE TODOS OS ANIMAIS de estimação, os cães são os que mais precisam de atenção quando seus donos estão longe. Portanto, talvez você precise contratar alguém para cuidar do seu cão enquanto estiver em uma viagem de negócios ou férias, ou se você trabalha durante muitas horas por dia. (Veja o checklist do cuidador na página 250).

Passeadores e cuidadores de cães

OS PASSEADORES VÃO À sua casa, exercitam seu cão e o trazem de volta com segurança. Alguns também lhe dão remédios e refeições na hora certa, além de oferecer serviços de banho e embelezamento, e ajuda no treinamento.

Decida se você precisa de um passeador profissional com certificação, vínculo com uma organização e seguro, ou pode contar com um vizinho ou amigo confiável. Também há muitos diretórios on-line de cuidadores de cães, e membros de equipes de veterinários fornecem serviços de cuidadores de cães como um negócio paralelo.

Se você está pensando em contratar um cuidador ou passeador profissional, faça uma entrevista por telefone e cheque referências, idealmente de pelo menos três candidatos, para poder compará-los. Discuta as condições do negócio: custo, quanto tempo ele ficará com seu cão e o que fará, os serviços incluídos e os opcionais, lista de referências, certificação, vínculo e seguro. Tenha em mente que serviços adicionais, como dar comida com a mão, podem ter um custo extra. O candidato caminha com mais de um cão ao mesmo tempo? Se caminhar, pergunte com quantos e de que tamanho são. Pessoalmente, não gosto que meu cão seja conduzido por uma pessoa que caminha com cães pequenos e grandes ao mesmo tempo. Embora os passeadores, em sua maioria, não sejam treinadores, e você não deve alimentar muitas expectativas de que seu cão será treinado enquanto estiver sob seus cuidados, pergunte se a pessoa usa reforço positivo. Também pergunte qual é sua experiência, se ela pertence a organizações profissionais, que cursos de aperfeiçoamento ou treinamento está fazendo e qual é seu treinamento em primeiros socorros.

Se um candidato a cuidador parecer aceitável, as referências forem positivas e o bom desempenho profissional for confirmado, você deverá entrevistá-lo em sua casa. Apresente-o ao seu cão. O cuidador interage com ele profissional, positiva e competentemente? Quando você apresenta comandos e protocolos, o candidato os experimenta eficazmente? Um bom candidato também andará com seu cão e você durante a entrevista, o que o ajudará a ver como ele trabalha e como seu cão reage a ele.

Quando você fizer a escolha, realize uma breve sessão de instruções, de preferência em sua casa. Se o cuidador for dormir nela, descubra quantas horas realmente ficará lá, quantas horas seu cão ficará sozinho e sem supervisão ou companhia, e discuta as rotinas da manhã e da noite. Seja claro em relação às regras da casa, inclusive sobre móveis, arranjos para dormir, brinquedos caninos, protocolos para ir e vir, segurança, coisas à prova de cães (por exemplo, o cuidador pode deixar uma carteira ou comida em cima do balcão?). Se seu cão toma medicação diária, mostre ao cuidador (ou passeador) como ministrar a dose e se certifique de que ele entendeu. Decida que treinamento diário, atividades e jogos serão feitos para manter as habilidades do cão. Faça-o praticar dar comida com a mão. Não se preocupe em parecer detalhista ou superprotetor — um bom cuidador apreciará sua atenção aos detalhes.

Depois que você voltar de sua viagem, avalie a experiência com o cuidador. Alguns cuidadores têm formulários de avaliação próprios e deixam anotações para você como parte de seus serviços. Seu cão pode se comportar de um modo diferente com o cuidador do que se comporta com você; descubra quais são essas diferenças. Discuta quaisquer áreas problemáticas.

Creche para cães

AS PERGUNTAS QUE VOCÊ faria a um cuidador também deveriam ser feitas em uma creche para cães, inclusive sobre custos, opções de serviços e programas, equipe, experiência, práticas comerciais e seguro. Visite as instalações; algumas se situam em bairros comerciais e outras são dirigidas por pessoas que trabalham em casa. As instalações parecem limpas e cheirosas, organizadas de maneira profissional e com uma temperatura agradável? Que tipos de oportunidades de atenção, treinamento e socialização são oferecidos? A creche tem espaço suficiente e áreas individuais para os cães ficarem sozinhos quando precisam disso? Há espaços separados para filhotes, cães menores e cães mais velhos? Há quanto tempo os donos estão no negócio? Eles estão dispostos a lhe dar nomes de clientes satisfeitos com seus serviços? Se os cães urinam ou defecam na área comum, ela é limpa imediatamente? Algumas creches oferecem serviços dentro das instalações e ao ar livre, além de caminhadas. Se houver uma área ao ar livre, certifique-se de que a cerca é segura e há locais cobertos e sombreados. Algumas creches fornecem serviços de buscar e levar e até mesmo câmeras com imagens em tempo real para você ver seu cão durante o dia. Lembre-se de preparar o checklist do cuidador (veja a página 250) para a creche; algumas também fornecem seus próprios formulários de admissão padronizados.

Hospedagem

SE VOCÊ PLANEJA VIAJAR sem seu cão, pode precisar de um serviço de hospedagem. Muitas creches, assim como alguns veterinários, oferecem opções de pernoite. Algumas pessoas (como eu!) hospedam cães em suas casas, fornecendo-lhes uma atmosfera familiar.

Entreviste os donos dessas instalações como faria com um passeador, cuidador ou dono de creche e prepare o checklist do cuidador. Além disso, discuta e avalie as políticas de hospedagem. Por exemplo, embora muitos locais forneçam alimentação (isso simplifica a logística deles), recomendo que você providencie a alimentação regular do seu cão. Em meu negócio de hospedagem, forneço colchão, roupas de cama e brinquedos para reduzir perdas e danos e minimizar o comportamento de defesa. Peça para conhecer os canis ou as caixas de transporte. Todo o local cheira bem e parece limpo? Os cães parecem felizes, bem-cuidados e saudáveis? Se for uma casa, ela parece ser à prova de cães e os balcões estão livres de tentações, evitando o surfe sobre eles? Pergunte com que frequência os cães recebem atenção direta e saem para fazer as necessidades e brincar.

Programas de hospedagem e treinamento

ALGUNS TREINADORES QUE HOSPEDAM cães também oferecem programas de treinamento. Ofereço programas de treinamento há vinte anos e me orgulho do trabalho que faço, por isso lhe direi como o faço, para ajudá-lo a avaliar os fornecedores de hospedagem e treinamento. Comecei o programa para ajudar a manter filhotes fora de canis onde receberiam treinamento inadequado e não seriam bem socializados. Em meu programa, alguns cães ficam na minha casa de duas semanas a seis meses como se fossem meus, e trabalhamos em um programa de treinamento personalizado. Tenho caixas de transporte e cercas para exercícios por toda a minha casa; alguns cães ficam com suas guias presas ao meu cinto ou nas caixas de transporte enquanto avalio seu comportamento, suas habilidades sociais e o treinamento. Não deixo os cães lá fora. Os cães dos meus clientes só se encontram com outros cães quando estou pronta para apresentá-los, e apresento um cão de cada vez, geralmente começando por Brieo, meu Ibizan hound. Também ofereço um programa em que os cães fazem viagens curtas de ida e volta entre mim e seus donos, para que eu faça o treinamento e o dono faça o dever de casa. Se os cães estiverem suficientemente socializados e prontos para andar de carro, levo-os para minhas aulas de treinamento em grupo.

Não importa o quanto um programa de hospedagem e treinamento seja bom, o dono deve continuar o treinamento, ou o aprendizado do cão não será mantido. Por isso, só aceito cães de pessoas que sei que o continuarão. Um treinador que promete que a intervenção dele treinará ou corrigirá permanentemente seu cão não está sendo realista ou correto. Oferecer qualquer forma de garantia para um cliente é considerado antiético e, nesse caso, você deveria procurar outro treinador.

Checklist do cuidador

D**EPOIS DE VOCÊ ESCOLHER** cuidadosamente as pessoas a quem confiará seu querido e animado melhor amigo, terá que lhes fornecer informações básicas sobre os hábitos e as necessidades do seu cão, assim como suas informações de contato. Eis um checklist básico para você adaptar às suas necessidades específicas.

❏ Contato do veterinário

❏ Contato do veterinário/hospital veterinário de emergência

❏ Carteira de vacinação e outras informações sobre saúde

❏ Instruções sobre remédios

❏ Horário e informações de seu contato

❏ Contato alternativo (amigo, vizinho, parente)

❏ Localização de suprimentos: remédios, kit de primeiros socorros, comida, petiscos, guia, sacos para fezes, brinquedos, brinquedos e petiscos para treinamento, produtos para cuidados com a aparência e banho

❏ Refeições (quando alimentar, ingredientes, instruções para lavar as tigelas)

❏ Instruções sobre petiscos (quando dar, quantidade diária permitida, quando usar Kongs recheados)

❏ Instruções sobre a guia (equipamentos; apertar a coleira um ponto para caminhar, afrouxar depois da caminhada)

❏ Instruções para caminhada (de que lado seu cão caminha, comandos que ele conhece durante caminhadas, rotas a seguir, cuidados com possíveis pontos problemáticos)

❏ Instruções de socialização (se o cão pode fazer visitas e, nesse caso, o protocolo)

❏ Problemas comportamentais, peculiaridades, hábitos

❏ Instruções sobre caixa de transporte ou cama

❏ Lista de comandos que seu cão conhece, sinais verbais e com a mão

❏ Lista de truques, enfatizando sinais verbais e com a mão

❏ Breve lista de atividades e jogos de treinamento favoritos

❏ Dicas de treinamento e/ou truques que seu cão está aprendendo

❏ Brinquedos para uso regular e brinquedos especiais para treinamento

❏ Protocolo e local para escovação

❏ Protocolo para banho e cuidados com a aparência

Escolhendo o treinador do seu cão

SE, APÓS COMPLETARMOS NOSSO trabalho juntos — ou seu cão apresentar problemas comportamentais que parecerem além do seu controle —, você decidir contratar um treinador profissional, eu o parabenizo por seu compromisso com seu cão. Além de instrução e feedback de qualidade, as lições do treinamento fornecerão outra experiência de socialização valiosa para seu cão. Ao escolher um treinador, peça recomendações ao veterinário ou a donos de cães bem-comportados.

Naturalmente, recomendo muito que você escolha um treinador que use reforço positivo em vez de punição aversiva. Infelizmente, alguns treinadores dizem que usam reforço positivo, mas não usam. Procure com cuidado e cheque referências. No fim das contas, acho melhor você assistir a uma aula antes de fazer a matrícula em qualquer programa de treinamento. Um bom treinador explicará as lições de modo a torná-las fáceis de entender e interagirá bem com pessoas e os cães. Depois da aula, fale com os donos de cães e peça a opinião deles.

Não tema entrevistar o treinador (de fato, um bom treinador apreciará isso). Pergunte sobre sua experiência. Pergunte se usa um método de reforço positivo e como segue esses princípios. Pergunte sobre enforcadores e protocolos de treinamento. Pergunte se o treinador é flexível em relação a usar sinais com a mão não ortodoxos, o que acredito que é uma boa indicação de que ele poderá ajudar você a se adaptar ao ritmo de aprendizado e às preferências do seu cão. Em resumo, faça perguntas até ter certeza de que encontrou o treinador certo para você e as necessidades particulares do seu cão.

Na sexta-feira, 9 de outubro de 2009, Bo Obama comemorou seu primeiro aniversário com convidados especiais que incluíram os cães-d'água dos Kennedy: Splash, Sunny e Cappy, que era da mesma ninhada de Bo e também comemorava seu primeiro aniversário. A única foto oficial que a Casa Branca divulgou para comemorar esse dia mostrava Cappy, com as patas sobre a mesa, devorando o bolo de aniversário canino de seu irmão. (Como mais tarde observou a primeira-dama em uma entrevista, Bo não pareceu se importar.)

A sexta-feira, 9 de outubro de 2009, também foi notável por outro motivo. Foi o dia em que o presidente Obama recebeu a notícia de que havia ganhado o Prêmio Nobel da Paz de 2009. Naquele dia, no Rose Garden da Casa Branca, ele comentou em sua coletiva para a imprensa que mais cedo naquela manhã Malia lhe dissera: "Pai, você ganhou o Prêmio Nobel da Paz, e é o aniversário de Bo." E, prosseguiu ele, Sasha acrescentou: "Além disso, estamos perto de um feriado prolongado de três dias se aproximando."

O presidente Obama ficou claramente surpreso com o anúncio do comitê. Ele refletiu sobre os comentários de suas filhas: "É bom ter filhos para manter as coisas em perspectiva." Mais tarde, ouvi tudo sobre isso nos noticiários e pensei: "Sim, Sr. Presidente, é bom ter filhos... e cães para manter as coisas em perspectiva."

APÊNDICES

Apêndice 1
Curso preparatório para obtenção do certificado Canine Good Citizen (CGC)

O CERTIFICADO CANINE GOOD CITIZEN (CGC), oferecido pelo American Kennel Club (AKC), é o padrão ouro quando se trata da avaliação das habilidades de socialização caninas. Os testes são aplicados por avaliadores oficiais do AKC, muitos dos quais oferecem cursos preparatórios. Há muitos benefícios em se ter um cão com o certificado CGC, inclusive admissão em treinamento de cães de terapia e ser bem-vindo em um número crescente de locais de trabalho e casas para aluguel.

O teste do CGC é difícil. Em cada um dos dez itens do teste, seu cão precisa corresponder ao quarto estágio de treinamento: ser sempre capaz de agir fluentemente em muitas situações generalizadas (reveja os quatro estágios do aprendizado na página 73). Você pode elogiar e incentivar seu cão durante todo o teste, mas não usar petiscos ou brinquedos para atrair, encorajar ou recompensar. Um cão é automaticamente eliminado se "rosna, se irrita, morde, ataca ou tenta atacar uma pessoa ou outro cão e faz as necessidades fisiológicas" durante o teste.

Este apêndice se destina a preparar seu cão para atingir o nível de obediência do CGC, mesmo se você nunca planejar fazer o teste. Acredito que é útil avaliar a capacidade de obediência do seu cão depois de completar o Programa de Treinamento Básico e revê-las a cada ano. Mas lembre-se: se vocês falharem, você ainda é um bom dono de cão; só precisa continuar o treinamento e talvez esperar seu cão amadurecer mais.

Primeiro item do teste: Aceitar um estranho amigável

O CÃO PASSARÁ NESTE TESTE se, quando em público, você conseguir cumprimentar pessoas sem que ele cause perturbação, intrometa-se ou fique com medo. Seu cão fica sentado quieto ao seu lado e permanece assim enquanto alguém cumprimenta você? Ele consegue aceitar não ser o centro das atenções enquanto você fala com outra pessoa? Parece confortável na presença de estranhos, e não tímido, receoso, ansioso ou agressivo?

Pratique fazendo seu parceiro de treinamento segurar um petisco enquanto se aproxima de você e seu cão. Enrole metade da guia em sua mão e mantenha essa mão grudada em seu quadril. Prepare-se para ficar parado como fez quando ensinou ao seu cão o *biscoito sente-fique*. Se ele demonstrar excitação e for para frente, seu parceiro deve imediatamente recuar um passo e ficar imóvel. Quando seu cão se reconcentrar em você, marque isso (com um clique ou o comando verbal "muito bem") e o *chame de volta* usando tanto o comando verbal quanto o sinal com a mão, fazendo-o se *sentar*. Agora peça ao seu parceiro para voltar a se aproximar de você. Se seu cão for para a frente de novo, repita o processo. Quando seu parceiro se aproximar o suficiente para dar um petisco, talvez o cão se levante de novo. Nesse caso, faça seu parceiro recuar imediatamente um passo com o petisco e dar em silêncio o sinal com a mão para o cão se *sentar*. Trabalhe antecipadamente com seu parceiro para a escolha do tempo certo e lhe ensinar o sinal com a mão. Quando o cão ganhar o primeiro petisco de seu parceiro, marque e elogie esse momento... e o recompense com um grande prêmio.

Para ajudar seu cão a se tornar fluente nesse comportamento, aumente aos poucos a quantidade de tempo antes de você marcar e recompensar a *sentada* tranquila. Depois tenha uma conversa amigável com seu parceiro enquanto o cão continua sentado. Durante essas conversas, elogie seu cão de dez em dez segundos e aumente o intervalo entre os elogios alguns segundos de cada vez.

Como o objetivo é o cão seguir automaticamente esse comando, pratique com parceiros diferentes e em situações diferentes. Depois de cerca de um minuto de conversa, recomecem a caminhar juntos e parem de novo. Experimente isso em casa quando um amigo chegar à porta da frente. Leve seu cão para a casa de um amigo. Pouco a pouco, retire as recompensas de petiscos. Quando o cão conseguir aceitar consistentemente a abordagem da maioria das pessoas amigáveis e se sentar calmamente enquanto você e seu amigo conversam sem ser recompensado com petiscos, estará pronto para passar neste teste.

Segundo item do teste:
Sentar-se educadamente para ser acariciado

ESTE TESTE EXIGE QUE o cão se sente calmamente e sem medo enquanto um estranho amigável o acaricia. Um cão que se senta enquanto é acariciado é confiante e geralmente se sai bem em interações sociais com pessoas. Mas alguns cães temem ser acariciados, e isso se revela como agressão ou timidez, lados diferentes do que os behavioristas chamam de reação de luta, fuga ou paralisação, causada por impulsos produzidos por medo. Seu cão pode não ter nenhum problema em passar nesta parte do teste porque experimenta o mundo como um lugar gentil e amoroso. Contudo, muitos cães tiveram experiências difíceis cedo na vida ou nascem com medo até mesmo da aproximação da pessoa mais amigável. Se seu cão tem um sério problema de medo, reveja os problemas comportamentais no Capítulo 11 e considere levá-lo a um especialista em comportamento.

Se seu cão não tem sérios problemas de medo, ele está pronto para aprender esta habilidade. Talvez ele seja exuberante ou chegado a mordiscar, e por isso tenha muita dificuldade em ficar sentado quieto enquanto alguém o toca. O protocolo para ensinar seu cão a se sentar educadamente enquanto é acariciado é parecido com o protocolo para o primeiro item do teste: faça seu parceiro se aproximar dele, desde que o cão esteja calmo. No momento em que o cão começar a sair da sua posição *sentada* ou a usar a boca ou pata, seu parceiro precisará recuar.

Comece pedindo a pessoas que você conhece para praticar dar comida com a mão e os exercícios de gentileza do Capítulo 3. Comece acostumando seu cão a ser acariciado por pessoas que ele já conhece: parceiros e parentes em quem confia. Pense em criar para cada uma dessas pessoas um protocolo para dar comida com a mão.

Dê ao seu cão muitos petiscos e elogios tranquilizadores enquanto ele estiver sendo acariciado. Pouco a pouco, em um período de semanas, retire os petiscos (mas continue a elogiar). Sempre esteja presente e calmo durante essas sessões. Pode ser útil você direcionar o toque de outra pessoa para que seu cão saiba que você está lá tornando tudo seguro e agradável para ele.

É claro que no mundo real segurança significa usar de bom senso e cautela ao permitir que outras pessoas, especialmente crianças, acariciem seu cão. As crianças podem facilmente se entusiasmar demais e acariciar o cão inadequadamente. Muitas crianças correm direto para o cão querendo acariciá-lo ou brincar. Certifique-se de que o adulto responsável por essa criança aprova que ela toque no cão, e conheça-o bem o suficiente para ter certeza de que ele ficará bem ao ser tocado pela criança. Presumindo que você esteja à vontade com a situação, instrua a criança e o adulto a acariciar seu cão calmo do lado, e não na cabeça, o que pode assustá-lo.

Terceiro item do teste: Aparência e cuidados

SEU CÃO SE SENTA ou fica parado calmo quando está sendo cuidado? Um especialista, como um veterinário, pode fazer um exame completo nele? O que acontece quando alguém toca nas patas, nas orelhas, no focinho e na coleira do cão, e lhe examina a boca? Ele parece saudável (bem-cuidado, com as orelhas e o pelo limpos, alerta e com o peso adequado)?

O primeiro passo para outra pessoa escovar e examinar seu cão é você conseguir fazer isso com ele. Os exercícios de manuseio e gentileza do Capítulo 3 o ajudarão a se preparar para este teste. Faça com que vários parceiros o escovem gentilmente enquanto você lhe oferece petiscos e muitos elogios calmos e incentivo. Eles devem examinar todo o cão: as orelhas, os olhos, o focinho, os dentes, a coleira, as patas, os ombros, os quadris, o rabo, as costas e a região da barriga. Faça o cão se deitar, sentar e ficar parado para os vários exames e note as posições em que é mais difícil para ele tolerar ser tocado.

Quarto item do teste: Caminhar com a guia frouxa

SEU CÃO CAMINHA COM a guia frouxa enquanto faz cada uma das lições do Programa de Treinamento Básico? Ele presta atenção em você enquanto caminha, acompanhando-o quando você se vira, para ou anda mais rápido?

Neste teste, você não será julgado por uma caminhada perfeita, como o seria em uma competição. Mas seu cão deverá acompanhá-lo enquanto você segue um caminho com balizas ou realiza uma série de viradas (para a direita, esquerda, curvas em U), para e recomeça a andar.

Quinto item do teste: Caminhar em meio a uma multidão

SEU CÃO PERMANECE CONCENTRADO em você quando passam por outras pessoas, ou fica agitado e puxa a guia para checá-las? Consegue caminhar em meio a uma multidão sem demonstrar sinais de luta, fuga, paralisação, medo ou ansiedade?

Comece caminhando em locais familiares e com pessoas que seu cão conheça. No início, faça essas pessoas se espalharem e ficarem paradas enquanto você caminha em meio à "multidão". Depois lhes peça para se juntarem um pouco e depois andarem um pouco. Gradualmente, você aumentará a tolerância do seu cão a distrações. Se petiscos ajudarem o cão a se manter concentrado em você, use-os enquanto treina e mais tarde os retire. Use sua voz para ajudar a manter o cão concentrado em você.

Se você realmente quiser se aperfeiçoar neste treinamento, avance dando voltas por entre a multidão, mantendo o cão concentrado em você, de modo que durante o teste caminhar em linha reta em meio à multidão parecerá simples.

Sexto item do teste: Sentar, deitar e ficar a 6m

QUANDO VOCÊ SAI DO lado do seu cão, ele tem controle de impulsos suficiente para continuar sentado e parado onde o deixa? Quando você está a 6m do cão, ele o ouve e segue alguns comandos básicos?

Durante o teste, o avaliador prenderá uma guia de 6m à coleira do cão. Torne seu cão confortável com o manuseio da coleira e pratique fazendo um parceiro prender uma guia estranha ou correia longa na coleira do cão. Se você praticar isso em um parque, certifique-se duplamente de que essa correia longa está bem presa.

O Programa de Treinamento Básico tratou detalhadamente dessa habilidade. Contudo, talvez você não tenha aumentado a distância para 6m. Pratique Flexões de Cachorrinho a distâncias maiores e, se seu cão lhe responder a mais de 6m, esse item provavelmente parecerá fácil no dia do teste.

Aumente o controle de impulsos do cão pondo-o *sentado* ou *deitado* e depois se afaste dele. Se preciso, pare após apenas um passo antes de se virar e elogiar o cão. Volte para ele e o elogie e recompense de novo. Na próxima rodada, acrescente outro passo antes de se virar, e continue a acrescentar passos. Veja se consegue aumentar a distância para mais de 6m enquanto vai retirando os petiscos.

Quando você voltar para seu cão, ele deverá permanecer no lugar. Pratique esta parte do item do teste parando se ele tentar se mover. Durante o teste, você pode lembrar quantas vezes for preciso a seu cão para ficar, ao caminhar na direção dele. Ainda assim, sugiro que aumente a distância e a duração ao praticar, de modo que um único comando funcione. Fazer Flexões de Cachorrinho, elogiar e parar frequentemente manterão o cão concentrado no que você lhe pede.

Sétimo item do teste:
Chamar de volta (vir quando chamado)

QUANDO VOCÊ *CHAMA DE volta* a uma distância de 3m, seu cão vem imediatamente, mesmo diante de leves distrações? Durante o teste, o avaliador fornecerá leves distrações, como acariciar seu cão quando você o chamar de volta. Pratique distrações, como acariciar e brincadeiras supervisionadas com um parceiro canino, para que seu cão entenda que vir quando chamado deve ser sua principal prioridade em qualquer momento. Durante o treinamento, recompense o cão por *voltar* com algo que ele valorize muito (e possivelmente uma atividade valiosa como soltá-lo para mais brincadeiras supervisionadas) para incentivar o cão a sempre vir quando chamado. Reveja a parte sobre chamar de volta no guia rápido do Programa de Treinamento Básico.

Oitavo item do teste:
Reação a outro cão

QUANDO VOCÊ CUMPRIMENTA ALGUÉM que também está caminhando com um cão, o seu se mantém concentrado em você? Ele não consegue controlar o impulso de correr direto para o outro cão ou fica ao seu lado enquanto você conversa brevemente com a outra pessoa? Encolhe-se de medo ou é agressivo com o outro cão, ou capaz de mostrar um leve e apropriado interesse?

No teste, você e seu cão se aproximarão de outro cão e outra pessoa e pararão quando você estiver perto o suficiente para lhe dar a mão e conversar um pouco com ela antes de seguir em frente. Durante essa conversa, o cão precisa ficar ao seu lado e demonstrar apenas um leve interesse pelo outro cão, e permanecer concentrado em seus comandos para parar, ficar e andar de novo.

Para treinar isso, você e seu parceiro de treinamento devem levar seus respectivos cães na direção um do outro. O nível de socialização entre seus cães ajudará vocês a determinar o quanto podem se aproximar. O objetivo é se aproximar o suficiente para vocês darem um aperto de mão, mas isso provavelmente exigirá muitas tentativas. Se possível, treine essa habilidade com muitos cães (porque o seu

260 | APÊNDICE 1

provavelmente terá um desempenho melhor com alguns cães do que com outros) até seu cão aperfeiçoar a habilidade e ter mais confiança e controle de impulsos.

Nono item do teste: Reação a distrações

COMO SEU CÃO REAGE diante de uma distração assustadora? Entra em pânico e foge, torna-se agressivo ou ataca, ou apenas fica surpreso por um momento e depois expressa adequadamente leve curiosidade? Como ele reage não só a barulhos súbitos ou altos, como também a distrações visuais?

Para obter o CGC, um cão deverá se comportar bem diante de todos os tipos de distrações que ocorram a uma distância de 1,5m dele. O avaliador julgará a reação do seu cão a barulhos súbitos e altos, como uma porta batendo ou uma cadeira dobrável de metal caindo no chão. Esperará que seu cão reaja a essas perturbações com nada mais do que curiosidade natural.

Quanto mais o cão for exposto a distrações, melhor, desde que você não o torne mais receoso. Sempre se mantenha alegre quando o barulho acontecer (veja "As Folias" na página 69) e esteja preparado para passar imediatamente para outra coisa, se isso não der certo. É útil dessensibilizar o cão a barulhos estranhos e distrações visuais em sessões de treinamento curtas e depois passar para outro exercício ou jogo antes de voltar a outro breve exercício de distração. Se o cão se tornar receoso, passe para outra coisa ou volte à sua última tentativa bem-sucedida. Avançar rápido demais pode causar pânico desnecessário no cão ou levá-lo a fazer as necessidades fisiológicas no chão (o que, infelizmente, significa ser automaticamente reprovado no teste do CGC) e torná-lo receoso em relação a coisas que antes não temia. Espere o tempo que for preciso para seu cão se ajustar; o bem-estar de longo prazo é mais importante do que obter o certificado de CGC antes de o cão estar pronto.

Introduza distrações barulhentas a certa distância e se certifique de que seu cão pode ver a ação que está ocorrendo. No início, deixe cair coisas de apenas alguns centímetros de altura do chão a uma distância maior. Com o passar do tempo, aumente a altura até o nível do ombro e reduza a distância.

Para dessensibilizar seu cão a uma distração visual (como um carrinho de bebê, um irrigador portátil de grama ou até mesmo uma planta que balance ao vento), comece com o objeto no chão e deixe o cão cheirá-lo. Para aumentar a confiança e o nível de conforto do cão, trabalhe com ele parado perto do objeto, mas não lhe apresente o objeto. Em vez disso, brinque com ele perto do objeto ou reveja um pouco do treinamento que ele já conhece. Se o cão demonstrar espontaneamente curiosidade, elogie-o e recompense. De modo muito parecido com como você o apresentou à caixa de transporte, ou às 101 Coisas para Fazer com uma Caixa (página 189), é útil pôr petiscos ao redor e até mesmo sobre o objeto e ser muito paciente enquanto seu cão age no ritmo dele. Seja sempre otimista e alegre ao introduzir esses objetos, mas não force seu cão a ir mais rápido do que está pronto, porque isso seria inundar, algo a que me oponho e que discuti no Capítulo 11. Em vez de inundar, dessensibilize seu cão ao objeto em um ritmo que o deixe confortável.

O próximo passo com os objetos visuais é experimentar introduzir um pouco de movimento. Abaixe-se até o nível do cão e toque no objeto enquanto demonstra alegria (e move confiantemente aquele carrinho de bebê ou toca no irrigador ou planta que balança). Pouco a pouco, mova o objeto para mais perto.

Décimo item do teste: Separação supervisionada

O QUE ACONTECE QUANDO VOCÊ deixa seu cão com alguém por alguns minutos? Ele continua a ter bons modos ou se torna receoso ou agitado? Um cão bem socializado é confiante e se sente confortável o suficiente para ficar longe de você sem latir ou chorar.

Treine seu cão nessa valiosa habilidade social tanto quanto o treinou para *sentar-ficar*, cada vez por períodos de tempo maiores, inclusive quando você saía do aposento. Comece esta lição com um parceiro de treinamento que o cão já conheça e aprecie. Deixe seu parceiro brincar, manusear, escovar ou treinar o cão enquanto você se afasta um pouco. Fique voltando para elogiá-lo e lhe dar petiscos e depois se afaste um pouco mais ou fique fora do aposento por um período ligeiramente maior.

Eleve o nível de confiança do cão de modo que ele se sinta à vontade se você sair por um momento, e depois por mais tempo, aumentando o conforto dele para além de três minutos. Quando voltar, elogie e recompense o cão, mas não seja efusivo demais. Muitos cães se saem melhor nesta habilidade quando você os recompensa e também elogia ao sair, mas quando você sair do aposento não faça isso parecer muito importante. Apenas saia e volte calmamente.

Apêndice 2
Treinamento especializado

QUANDO EU TINHA MEUS 20 anos, fui mordida — de fato, com bastante força — pelo mosquito da exposição canina. Nunca me esquecerei da primeira exposição a que fui, em uma arena em Fairfax, Virgínia. Fiquei maravilhada. Adorei estar perto de pessoas com tanto conhecimento sobre raças diferentes e ver o quanto elas e os cães eram talentosos. Perguntei-me de onde aquelas pessoas vieram. O que as tornou tão dedicadas? Tão bem informadas? E como seus cães foram tão bem treinados? Comecei a entender que para um cão ser um campeão era preciso mais do que apenas bons genes.

Depois que tive filhos, levava-os a exposições caninas nos fins de semana e finalmente meus três filhos, Ebonie (nossa cão-d'água fêmea) e eu começamos a ser uma presença comum em exposições caninas perto de Washington, D.C. Nem sempre era fácil viajar com aquela turma. Lembro-me de que assim que chegamos a uma exposição uma das minhas filhas começou a dizer que tinha de ir ao banheiro. Nossa única opção era um banheiro químico. Então estacionei e peguei o carrinho de bebê, e, como não tinha ninguém para ficar de olho nos meus filhos ou em Ebony, nós cinco nos esprememos no pequeno banheiro de plástico. Lá dentro, o mais eficiente e higienicamente possível, consegui que Courtlandt e Blaise, meus dois filhos mais velhos, fizessem suas necessidades sem caírem dentro do buraco enquanto eu trocava a fralda de Paige — ao mesmo tempo segurando a guia de Ebony. Quando abri a porta, nos deparamos com uma multidão aplaudindo. "Cão-d'água em um banheiro químico!" gritou alguém. Sim, éramos uma parte pitoresca do cenário local.

Em outra ocasião, levei meus filhos para ver uma de nossas cadelas favoritas, Nina, competir em uma exposição de conformação. Nina era uma bela briard que eu frequentemente treinava e hospedava. Pertencia à falecida Helga Meyer Bullock, cantora de ópera e mãe da atriz Sandra Bullock. Meus filhos conheciam bem Nina. Eles lhe davam comida com a mão, adoravam escovar seu magnífico pelo e brincavam muito com ela. Certa vez, quando Helga foi à nossa casa, encontrou sua cadela de pelo longo com os pregadores de cabelo coloridos das minhas filhas. Todos nós rimos enquanto Nina desfilava pela casa com sua atitude de "olhe para mim", exibindo seu penteado único. De qualquer modo, na exposição canina meus filhos ficaram tão animados quando Nina finalmente entrou no ringue que não conseguiram evitar gritar de alegria. Nina se distraiu e olhou na direção dos gritos familiares, interrompeu seu desfile e perdeu aquela competição. Oops.

Embora você talvez nunca queira expor seu cão nesse nível, há muitas ótimas atividades e experiências extraordinárias esperando por você e seu melhor amigo. Todas elas exigem treinamento especializado. Este apêndice lhe dará ideias de atividades e experiências de treinamento especializadas disponíveis.

Cães de terapia

NA DÉCADA DE 1960, o psicólogo infantil Boris Levinson cunhou o termo "terapia com animal de estimação" depois de acidentalmente descobrir que seus pacientes progrediam significativamente ao interagir com o cão dele, Jingles. Atualmente os cães de terapia e seus donos são voluntários em hospitais, centros de reabilitação, programas de alfabetização, asilos, alívio de desastres e ambientes traumáticos e terapêuticos.

Apesar de acreditar há muito tempo no valor do uso de cães para ajudar na cura de pessoas, só entendi realmente até que ponto isso era verdade quando eu mesma obtive o serviço de terapia de cães. Em abril de 2006, fui hospitalizada depois de um grave acidente de carro. Ao dirigir pelas tranquilas e pitorescas estradas do norte da Virgínia, dei uma guinada para me desviar de um bando de veados. Minha caminhonete capotou, saiu da estrada e caiu em uma vala. Pelo menos foi isso que me disseram; não me lembro bem. Lembro-me de que fiquei recuperando e perdendo a consciência enquanto meu schnauzer gigante, Saxon, se deitava sobre meu peito depois de sair de seu cercado de segurança, que se abrira. Ele esfregava o focinho em meu pescoço e rosnava ferozmente para qualquer um que tentasse se aproximar de mim. Por sorte apareceu uma vizinha, e me lembro de ela falar muito gentilmente com Saxon, garantindo-lhe que ele era um bom cão e a polícia, a ambulância,

O simples ato de tocar em um cão pode aquietar a alma.

os bombeiros e o helicóptero da MedEvac estavam ali para me ajudar. Saxon confiou nela, deixou que o afastasse e parou de me proteger a fim de que eu pudesse receber ajuda. Bendita seja essa mulher, que até hoje acredito que era meu anjo da guarda.

Uma equipe de médicos altamente treinados conseguiu salvar minha vida. Mas seis semanas depois eu fui transferida para outro hospital quando minha clavícula quebrada rompeu uma artéria, causando um coágulo sanguíneo potencialmente fatal. Após uma cirurgia de emergência de 12 horas, comecei minha verdadeira recuperação.

Meu tempo no hospital foi incrivelmente difícil — não só fisicamente, como também psicologicamente. Deitada na cama de hospital, tendo que passar a toda hora por uma série aparentemente interminável de procedimentos de emergência e avaliações (e lutando contra uma dor terrível), fiquei com muito medo de morrer. A cada dia que não conseguia melhorar eu me convencia mais de que estava mais perto do fim (estava tão apavorada que não deixava que a porta do meu quarto fosse fechada.) Ao poucos, perdia minha vontade de viver.

E então aquilo aconteceu. Foi um momento inocente, um pequeno gesto que mudou minha vida. Uma pessoa entrou em meu quarto segurando um pequeno terrier e o pôs sobre minha barriga. Eu mal podia me mover, mas consegui acariciar o cão com um dos meus braços. Simplesmente pondo o braço ao redor do cão durante aquela breve visita deixei de pensar em meu sofrimento e medo e me senti novamente em contato com a vida.

Agora estou tão comprometida com o treinamento de cães de terapia que o tornei parte do meu negócio. Trabalho com o dono do cão para me certificar de que o candidato será extremamente socializado e capaz de permanecer calmo independentemente do ambiente. Exponho o cão a várias possíveis distrações: visuais, sons, movimentos e cheiros. Levo-o para perto de muitas pessoas e outros cães. Além disso, faço o possível para me certificar de que os donos estão preparados para enfrentar os desafios emocionais dos ambientes terapêuticos ao lidarem com seus cães.

Atualmente estou treinando Ripley, um jovem pastor-alemão, para se tornar um cão de terapia no Walter Reed Army Medical Center. Ripley pertence a William Waybourn, cujo Hank (também pastor-alemão) já faz trabalho de terapia no Walter Reed. William me procurou porque acredita, como eu, que o único modo eficaz de treinar um cão de terapia feliz e saudável é com reforço positivo.

Apesar de toda a atenção que os cães de terapia recebem quando estão trabalhando, isso nem sempre é fácil para o cão ou o dono. Como os cães devem tomar banho dentro de um período de 24 horas antes da visita, William acorda às 4h da manhã para dar banho nele de modo que esteja limpo e totalmente seco quando chegar ao hospital. No fim de uma longa sessão terapêutica de atenção ininterrupta e com o estresse de se deparar com tantas pessoas, equipamentos barulhentos, corredores cheios e cheiros incomuns, William acha que Hank precisa dormir durante o resto do dia.

Mas para William isso parece um pequeno preço a pagar, porque ele vê sua experiência como uma oportunidade extraordinária de servir. "A qualidade das pessoas que conheço nas circunstâncias mais difíceis é extraordinária. Ninguém quer ficar no hospital; todos querem ir para casa", diz ele. A terapia de cães "lhes dá uma oportunidade de tirar o foco das dificuldades que estão enfrentando". Concordo plenamente.

Se você acredita que pode, junto com seu cão, participar de uma equipe de terapia, informe-se sobre trabalho voluntário em uma organização de terapia de cães local.

Treinamento de obediência

RALI DE OBEDIÊNCIA

RALI DE OBEDIÊNCIA (TAMBÉM conhecido como Rally ou Rally-O) é um esporte em que seu cão segue um percurso com obstáculos realizando uma série de tarefas de obediência específicas. O percurso tipicamente consiste em dez a vinte sinais que instruem a equipe sobre o que fazer. Esses eventos são divertidos e gratificantes para muitos cães e seus donos, e um ótimo modo de seu cão se socializar com outros cães bem treinados.

Os dois órgãos mais populares que sancionam esses ralis nos Estados Unidos são o American Kennel Club e a Association of Pet Dog Trainers (APDT). Ambos têm três níveis de competição. O AKC classifica os seus em Principiante, Avançado e Excelência; os níveis da APDT são Um, Dois e Três. Tanto o AKC quanto a APDT oferecem uma série de prêmios e títulos que os cães podem conquistar em competições de rali, e encorajam a participação de filhotes.

Para obter um certificado no rali do AKC no nível Principiante, seu cão precisa ser capaz de fazer tudo coberto em nosso Programa de Treinamento Básico, como *sentar-ficar*, *deitar-ficar* e *chamada de volta*, e se concentrar em você. Também deve ser capaz de andar ao seu lado no percurso designado, fazer voltas, mudanças de velocidade, começar e parar abruptamente, recuar, avançar dando voltas e em espiral na frente de juízes. Você pode lhe fazer sinais com a mão, incentivá-lo verbalmente, dar um tapinha em sua perna e bater palmas durante todo o percurso, mas não pode atraí-lo com comida ou petiscos. O Nível Um da APDT cobre habilidades parecidas com o Principiante do AKC; a principal diferença é que no Nível Um da APDT você pode manter o cão na guia.

Para obter certificados mais avançados no rali, seu cão tem de executar viradas complexas e padrões de caminhada, inclusive pivôs abruptos e curvas em diagonal, virar-se na direção oposta a você, seguir comandos ao se mover (e longe de você) e saltar sem hesitação. Para o cão obter o certificado no nível de Excelência, em cada estação você só pode fazer um sinal com a mão e incentivá-lo verbalmente.

PROVAS DE OBEDIÊNCIA DO AKC

SE VOCÊ E SEU cão estão prontos para enfrentar desafios ainda maiores no treinamento de obediência, eu o convido a considerar o mundo extraordinário das provas de obediência. O quão longe você pode ir nas provas de obediência do AKC? Até o National Obedience Invitation*, em que os cães concorrem ao National Obedience Championship (NOC)**. Mas, para ser convidado a competir, primeiro seu cão deve conquistar todos os três níveis dos Competitive Obedience Trials***. Principiante, Aberto e Utilidade. O teste de Principiante é parecido com o teste do CGC: as únicas tarefas adicionais são *chamadas de volta* perfeitas a qualquer momento e *caminhada* sem guia. O nível Aberto inclui *caminhada* sem guia com muitas voltas e mudanças de velocidade, saltos e obstáculos, e *deitadas* no meio de uma *chamada de volta*. O nível de Utilidade tem sido jocosamente apelidado por muitos donos de cães de "Fracasso", porque as tarefas que os cães têm de realizar são extremamente desafiadoras, e esse certificado é muito difícil de obter. Por exemplo, os cães que o possuem são capazes de encontrar em uma pilha de objetos algo específico com o cheiro da mão do condutor, seguir comandos direcionais para buscar uma determinada luva ou se afastar do condutor e depois saltar obstáculos na *chamada de volta*. Se o cão conseguir realizar essas tarefas, provavelmente ganhará pontos suficientes para obter um convite para competir no NOC.

---

* *N. do T.:* Convite para o Campeonato Nacional de Obediência.

** *N. do T.:* Campeonato Nacional de Obediência.

*** *N. do T.:* Provas de Obediência em Competições.

DANÇA LIVRE CANINA

OUTRO MODO DE PRATICAR o treinamento de obediência é a dança livre canina, em que você faz uma coreografia para uma rotina de dança com seu cão. Isso mesmo: na dança livre canina você é o coreógrafo, e o cão é seu parceiro de dança. Para este treinamento, seu cão basicamente precisa realizar uma série de truques que, quando reunidos, parecem uma graciosa rotina de dança. (Você pode descobrir que é mais fácil ensinar alguns passos de dança usando treinamento com Clicker junto com indicadores de alvo, e depois substituir essas ferramentas de treinamento por sinais com a mão e comandos verbais.)

Como as competições de dança humanas, a rotina de dança livre canina é estabelecida com música. Frequentemente, os participantes começam com uma rotina de trinta segundos e aumentam esse tempo para noventa segundos. Parceiros mais avançados dançam músicas inteiras. Ultimamente alguns participantes, inclusive cães, têm usado roupas. Além de "danças de casais", alguns clubes e programas de treinamento de dança livre canina coreografaram danças em grupo que se tornaram as marcas registradas da equipe.

Qualquer comando ou comportamento que um cão siga confiavelmente pode ser adaptado a uma rotina de dança livre canina, inclusive todas as habilidades que você aprendeu no Programa de Treinamento Básico. A dança livre canina é um modo divertido de praticar habilidades, ensinar habilidades novas, inventar movimentos e criar uma nova rotina. Ajuda os cães e seus donos a desenvolver comunicação, resposta, comandos e habilidades superiores.

Há várias associações, websites e grupos locais que realizam eventos. Também há alguns livros úteis, DVDs e vídeos na Web que o ajudarão a começar. Se você estiver procurando inspiração especial sobre dança livre canina, recomendo altamente que se informe sobre Carolyn Scott e seu golden retriever, Rookie, considerados o Ginger Rogers e Fred Astaire da dança livre canina. Rookie e Carolyn tinham um vínculo extraordinário; quando assistir a um vídeo deles, você notará imediatamente o quanto estão concentrados um no outro. Juntos, eles apresentaram a dança livre canina para inúmeras pessoas em todo o mundo. Além de se apresentar na televisão e em competições, eles dançavam em clínicas de repouso, escolas e igrejas. Rookie dançou até bem depois de seus anos de adolescência, o que espero que inspire todos nós a nos lembrarmos de que cães idosos podem realmente aprender novos truques. Infelizmente, Rookie passou para o outro lado da "Ponte do Arco-Íris" em 2008. Gosto de imaginar que o céu ficou ainda mais alegre com Rookie dançando com os anjos.

Esportes caninos de alta energia

MUITOS CÃES PRECISAM DE atividades que gastem muita energia. Para eles, esportes caninos de alta energia são ótimas opções.

PERCURSO DE AGILIDADE

OPERCURSO DE AGILIDADE COM obstáculos é uma competição animada para se assistir. Cada equipe — que consiste em seu cão e você, ou um condutor — corre em um percurso com obstáculos que inclui vários saltos, balizas, pontes e túneis. As equipes correm contra o relógio e perdem pontos por erros, como deixar passar um obstáculo e ter de voltar a ele, derrubar uma barra transversal, hesitar antes de atravessar um túnel ou subir correndo uma alta estrutura em A, ou pular para fora cedo demais após correr por uma ponte suspensa ou gangorra. Às vezes, os erros podem ser humanos, como não conseguir acompanhar o cão ou usar posição corporal imprecisa que pode levar o cão para o lado errado. O treinamento de agilidade exige muita prática e é um ótimo exercício para você e seu cão cheio de energia.

A agilidade se tornou tão popular que agora há patrocinadores comerciais e prêmios em dinheiro para algumas das competições de alto perfil, que incluem um convite especial para competir no AKC Nationals. Há organizações atléticas de agilidade, como a United States Dog Agility Association, que oferece encontros regionais, nacionais e internacionais. Nos últimos anos, o AKC levou um grupo de 12 duplas para os Agility World Championships da Fédération Cynologique Internationale (FCI) na Europa. A FCI é basicamente o International Kennel Club ou a World Canine Organization.

Assim como seus correspondentes humanos, os atletas caninos precisam treinar muito para se sair bem.

FLYBALL*

OUTRA ÓTIMA OPÇÃO PARA cães com muita energia é o flyball. Nesses eventos, uma equipe de quatro cães se reveza correndo. O primeiro cão corre em um percurso de 15,5m com quatro obstáculos; bate em uma caixa mecânica, que libera uma bola de tênis, que ele pega com a boca e depois volta saltando os obstáculos. Quando o cão cruza a linha de largada/chegada depois de uma corrida bem-sucedida, o próximo cão é solto. Duas equipes de quatro cães se enfrentam em uma corrida lado a lado, e a primeira equipe a terminar é a vencedora. Os cães e os condutores treinam e competem com a mesma alta precisão que os velocistas humanos usam em suas corridas de revezamento.

Em 2009, mais de 250 equipes da North American Flyball Association (NAFA) completaram toda a corrida em menos de vinte segundos (sim, foi um total de quatro cães completando-a em menos de vinte segundos!), conforme foi cronometrado pelos sistemas eletrônicos. O website da NAFA (flyball.org) mostra uma vertiginosa série de estatísticas, inclusive uma análise das raças caninas mais rápidas. Não admira que os border collies e Jack/Parson Russell terriers liderem a lista. Como o flyball se tornou um esporte canino muito rápido e preciso, o livro de regras da NAFA demora mais para ser lido do que o tempo em que a maioria das equipes completaria uma corrida. Visite o website da NAFA para ver listas atualizadas de competições e clubes, que incluem nomes como Spring Loaded, Instant Replay e Rocket Relay. Nos eventos da NAFA você tenderá a encontrar treinamento de flyball em sua área, ou saber como a NAFA pode ajudá-lo a fundar um clube se não houver nenhum perto.

ARREMESSO DE DISCO PARA CÃES

NÃO MUITO DEPOIS DE o fabricante de brinquedos Wham-O lançar os discos Frisbee na América, em 1958, as pessoas perceberam que muitos cães também adoravam pegá-los. Quando se tornaram mais habilidosas e criativas ao lançarem os discos, incluíram seus cães nessa nova brincadeira. Hoje o mundo de arremesso de discos para cães

Até mesmo cães pequenos podem pegar muitos discos no ar!

---

* *N. do T.*: Corrida de revezamento com bolas.

envolve várias competições, inclusive arremessos de longa distância em que os campeões correm mais de 45m para pegá-los no ar. Os aficionados desse esporte também têm rotinas livres caninas coreografadas que apresentam os pulos atléticos do cão e arremessos rápidos de vários discos. Há clubes, competições e aulas de arremesso de disco para cães em toda a América, assim como exposições e apresentações especiais. Cães com muita energia e capacidade para saltar têm um ótimo desempenho nesse esporte.

Treinamento especializado de habilidades

MUITAS RAÇAS FORAM ORIGINALMENTE criadas para realizar tarefas: rastrear, caçar, buscar, resgatar, trabalhar na água e pastorear. Hoje as habilidades e os instintos desses cães estão muito ativos, e frequentemente os cães precisam lhes dar vazão sem rasgar o sofá ou cavar o jardim. Participei da maioria dos programas de treinamento nesta parte com vários cães meus. Juntos, atravessamos florestas e campos, passamos horas na água e trabalhamos cercados por um rebanho de ovelhas.

RASTREAR

OOLFATO DOS CÃES VAI muito além do nosso sentido humano. É por isso que eles conseguem encontrar pessoas presas em escombros, farejar contrabando e perigos, fornecer detalhes forenses em cenas de crimes, detectar câncer, prever ataques epiléticos e abrir a mochila do seu filho para comer aquele biscoito esquecido há uma semana.

Para obter o título de Champion Tracker (CT)*, um cão deve passar em dois testes muito difíceis. Primeiro ele deve obter um Tracking Dog Excellent (TDX)** seguindo por mais de 900m um cheiro "velho" deixado no mínimo três horas antes de o cão começar, e isso inclui pelo menos cinco mudanças de direção e rastros cruzados humanos. Também deve obter o Variable Surface Tracking (VST)*** rastreando em uma situação do mundo real, que pode incluir chuva ou neve e um rastro "velho" em várias superfícies cheias de vegetação naturalmente

---

* *N. do T.*: Rastreador Campeão.

** *N. do T.*: Excelente Cão Rastreador.

*** *N. do T.*: Rastreamento em Superfície Variável.

perfumada, riachos, areia e concreto liso. Quando um cão obtém o TDX, VS ou CT, todos comemoram; isso é como estar em um campo de golfe quando alguém acerta a bola no buraco com uma única tacada.

O melhor modo de aprender sobre rastrear é ir a um evento de rastreamento; geralmente eles precisam de voluntários em um sábado para ajudar a preparar os percursos, e os testes costumam ser feitos no domingo. O website do AKC é um bom lugar para você pesquisar sobre eventos de rastreamento e treinamento em sua área.

HABILIDADES DE CAÇA:
PERCURSO COM ISCA ARTIFICIAL, CÃES DE CAÇA E CÃES QUE CAÇAM SOB A TERRA

O S EVENTOS DE CAÇADA incluem percurso com isca artificial, testes para cães de caça e devolução de animal caçado e cães que caçam sob a terra. O *percurso com isca* envolve caçar uma isca em um campo e viradas abruptas para simular a fuga de um animal. O percurso com isca artificial tradicionalmente era limitado a *sighthounds* (cães que caçam com a visão em vez de com o faro), mas recentemente se expandiu para incluir todos os tipos de cães. Tipicamente, um campo de dois ou mais acres é preparado com uma isca artificial puxada mecanicamente. Uma isca, como um saco plástico de loja, é amarrada a uma linha de pesca/corrico ligada a um labirinto de roldanas. Alguns cães correm ao mesmo tempo para pegar a isca. O esporte não é recomendado para cães com menos de 1 ano de idade porque sobrecarrega as articulações. O AKC e a American Sighthound Field Association (asfa.org) sancionam muitos eventos de caçada com isca artificial. Outros grupos desenvolveram suas próprias versões desse esporte, inclusive percursos com iscas artificiais e obstáculos que combinam alguns dos tipos de saltos também encontrados nas competições de agilidade.

Os testes para *cães de caça* foram desenvolvidos para ajudar os caçadores a avaliar as habilidades de seus animais. O AKC sanciona eventos de caçada e devolução, com competições separadas para pointers, retrievers, spaniels e sabujos — todos com funções especiais diferentes na caçada. Outras organizações populares que sancionam eventos de caçada e testes incluem o United Kennel Club e a North American Hunting Retriever Association. Os testes de caçada incluem aquartelamento (correr na frente para localizar a caça e depois ficar correndo para a frente e para trás entre a caça e o caçador, obedecendo ao comando do caçador), perseguir a presa e sentar para espantar (sentar silenciosamente esperando um comando para espantar pássaros para que sejam abatidos no ar). Em tentativas de devolução, o cão deve encontrar e devolver o pássaro abatido, frequentemente ajudado apenas pelo som geral de um tiro e uma vaga sensação de onde o pássaro caiu. Os retrievers são julgados pela capacidade de encontrar o pássaro rápido, pegá-lo cuidadosamente de modo que fique equilibrado na boca, voltar diretamente para o caçador e lhe dar o pássaro para que o caçador e o juiz examinem se não foi dilacerado por uma "boca dura". Os cães de caça habilidosos obtêm certificados, começando por Junior Hunter (JH)*, Senior Hunter (SH)** e Master Hunter (MH)***, e depois muitos são convidados a competir nos National Amateur Field Championships (NAFC).

Os testes de *cães que caçam sob a terra* fornecem uma estrutura para terriers, dachshunds e schnauzers miniatura mostrarem seus instintos de caça e desenvolver as habilidades para as quais foram criados muito tempo atrás: tirar de dentro da terra animais que de outro modo vexariam fazendeiros e caçadores. Esses tipos de cães entram corajosamente em túneis na terra e seguem um cheiro até uma toca. Os construtores de percursos para eles criam e cavam uma rede de túneis para que os cães encontrem suas presas. Alguns treinadores gostam de usar um tubo largo de PVC para atrair e treinar seus cães para entrarem no túnel, e depois acrescentam mais partes ao tubo, inclusive conexões com três e quatro saídas. Alguns labirintos são estruturas permanentes usadas por clubes para treinamento e torneios. Acho que os construtores de túneis se divertem tanto criando grandes labirintos quanto os cães que caçam sob a terra se divertem andando por eles. O AKC e a American Working Terrier Association (AWTA) criaram testes não competitivos para apresentar terriers a presas e avaliar habilidades até o nível de Mestre.

CÃES-D'ÁGUA E MERGULHO DO CAIS

COMO DISCUTIMOS, TODOS OS cães precisam ser ensinados a nadar, mesmo se forem de raças d'água. Alguns cães ficariam felizes brincando na água o dia inteiro. Para eles, há trabalho na água e mergulho do cais. Em programas de caninos bem administrados, a

---

* *N. do T.*: Caçador Júnior.

** *N. do T.*: Caçador Sênior.

*** *N. do T.*: Caçador Mestre.

segurança sempre é verificada antes de um cão pôr a pata na água. Muitos programas exigem (e frequentemente fornecem) salva-vidas. Não admira que o Water Dog Club of America tenha um programa para cães-d'água.

Trabalho na água inclui exercícios de resgate, como rebocar uma pessoa em uma boia salva-vidas, trabalho em barco, várias habilidades de busca e entrega que incluem buscar debaixo da água e até mesmo trabalho de farejar água. As competições de natação exigem que os cães nadem ao redor de um conjunto de boias flutuantes. Programas de treinamento incluem acampamentos de verão para você e seu cão.

No *mergulho do cais*, os cães correm ou ficam parados e mergulham no final do cais. Vencem os cães que pularem mais longe. Se você tem um cão-d'água, provavelmente imagina que a principal técnica de treinamento é atrair o cão atirando um brinquedo em um belo arco para que ele pule do cais a uma distância maior, em vez de perto. O uso de brinquedos como isca é permitido durante a competição. Os cães competem em categorias baseadas em tamanho, experiência e idade. Por motivo de segurança, cubra o cais com um tapete antiderrapante e se certifique de que a profundidade é de pelo menos 1,5m e a água está livre de galhos e detritos.

Contudo, não é estranho que muitos desses mesmos cães considerem a hora do banho uma forma de tortura? (Tome nota para si mesmo: peça ao AKC para sancionar um evento de banho.)

PASTOREIO

QUANDO ASSISTI A COMPETIÇÕES em que um border collie pastoreava umas vinte ovelhas em um campo, decidi tentar treinar cães de pastoreio. Embora tivesse me divertido trabalhando com isso duas vezes por semana durante cerca de três meses, fracassei totalmente, não por culpa do meu border collie, Jock, mas porque eu não tinha o que os pastores de ovelhas chamam de "consciência do rebanho". Ficar no meio de um rebanho era opressivo para mim, especialmente quando não conseguia ver Jock. Se você está pensando em tentar treinar um cão para pastoreio, a primeira pergunta que deve fazer é quanta consciência do rebanho *você* tem. Antes de apresentar seu cão às ovelhas, tente pastoreá-las você mesmo, sem seu cão. Veja como é trabalhar com ovelhas, "interpretar" e prever os movimentos delas, para saber como ensinar seu cão — presumindo-se que *ele* tenha consciência do rebanho. A lista mais completa e atual de testes futuros de pastoreio pode ser encontrada no website da United

States Border Collie Handler's Association (USBCH) (usbcha.com); o AKC também está sancionando um programa de pastoreio. Nesses testes, você verá cães extraordinários e conhecerá proprietários e treinadores.

Princípios básicos das exposições de conformação do AKC

O FATO É QUE POUCOS cães *conseguem* a estrutura física e aparência "padrão da raça" do AKC para ser bem-sucedidos no ringue. O foco original dessas exposições de conformação do AKC era premiar os melhores cães para aperfeiçoar a linhagem. Além de ter uma genética superior, um campeão é treinado para *marchar* adequadamente (mover-se de um certo modo considerado correto para a raça) e se posicionar corretamente (ficar parado e posar do modo certo para essa raça enquanto é inspecionado).

Só porque um cão é filho de campeões isso não significa que ele também pode se apresentar em exposições. Os campeões têm uma estrutura física particular e um temperamento que se manifesta e brilha no ringue com aquele *je ne sais quoi* e carisma que diz "olhe para mim". Cães treinados com reforço positivo podem ter uma vantagem competitiva em exposições caninas porque frequentemente manifestam uma confiança e uma personalidade distintiva que podem fazer toda a diferença entre os raros competidores campeões. Os cães de exposições devem adorar viajar, por isso você tem de gostar de dedicar seus fins de semana a essas exposições e os dias de semana para se preparar para elas — e se recuperar delas. Para que o cão se saia bem em exposições, isso deve se tornar um estilo de vida agradável para o ser humano e o animal.

Se você está pensando em se tornar o "guardião" de um cão de exposição, comece indo a algumas exposições como espectador. Converse com os aficionados — fãs, criadores, donos, expositores, condutores, cabeleireiros e vendedores — nos momentos apropriados, quando parecer que eles não estão ocupados preparando os cães. A maioria das exposições tem tempo reservado para esse tipo de interação; afinal de contas, esses também são eventos sociais. Algumas exposições são de *apresentação*, o que significa que há horas programadas em que os frequentadores são convidados a ver os cães de perto e falar com seus donos e condutores. Em uma exposição desse tipo, os cães e as pessoas devem ser capazes de manter seu equilíbrio e ser sociáveis por muitas horas. Quando você estiver em uma exposição, se for parecido comigo, ficará tentado a acariciar aqueles belos animais, mas não toque neles sem permissão. Compre o programa da exposição para se inteirar da agenda e ajudá-lo a anotar os nomes de pessoas e cães que conheceu, a fim de poder acompanhá-los em exposições futuras. Use sapatos comfortáveis, porque você ficará em pé e andará muito nessas exposições. Se você for dar o grande passo de apresentar seu cão, comece em *exposições julgadas por um criador da raça*, que são para prática e experiência, e, em geral, mais informais.

Hoje a maioria dos campeões é mostrada por condutores profissionais remunerados que frequentemente se especializam em apresentar uma certa raça. Menos comum é um condutor como Norm Randall, chamado de "versátil" porque pode apresentar várias raças sucessivamente. Antes de se aposentar, Norm apresentou 67 raças diferentes, inclusive minha Boston terrier, Jasmine. Apresentar um pequeno Boston terrier é muito diferente de apresentar um schnauzer gigante, o que é diferente de apresentar um flat-coated retriever e um Ibizan hound. Como os condutores profissionais frequentemente ganham prêmios em dinheiro se "seus" cães vencem, tendem a ser muito seletivos em relação aos cães (e humanos) que aceitam como clientes. Embora geralmente possuam seus próprios cães, a maioria dos melhores profissionais ganha a vida apresentando os cães de seus clientes. A verdade é que a maioria dos condutores também tem empregos fixos e precisa conciliar os horários de trabalho com seus preparativos e suas viagens para exposições. Eles dedicam seus fins de semana a exposições caninas porque adoram cães e estar no ringue, e ficam felizes em ajudar uns aos outros.

Algumas exposições caninas reconhecidas pelo AKC são restritas a raças específicas. Chamadas de *exposições especializadas*, frequentemente apresentam competições separadas para condutores amadores e profissionais e classificam os cães por sexo, idade e experiência anterior em exposições. Há mais de 170 raças reconhecidas pelo AKC, alfabeticamente de affenpinscher a Yorkshire terrier, cada qual com seu próprio clube sancionado pelo AKC.

Cada clube de raça mantém um padrão de raça consistente por meio de exposições caninas e eventos, promove práticas de criação responsáveis e saudáveis e fornece programas e materiais educativos — assim como oportunidades de encontrar pessoas que apreciam aquela raça.

Outras exposições, chamadas de *exposições de grupo*, concentram-se em um de sete grupos de cães: esportivos, sabujos, terriers de trabalho, cães de pequeno porte, não esportivos e de pastoreio. Os cães esportivos incluem o cão mais popular da América, o labrador retriever. O grupo dos sabujos inclui o beagle, que foi um dos cães mais populares dos Estados Unidos durante a maior parte dos anos 1950 e se tornou conhecido em todo o mundo como Snoopy, o cão da história em quadrinhos *Peanuts*. O grupo de trabalho inclui o cão-d'água português, que passou a ser mais conhecido desde que a família Obama levou Bo para casa. O grupo dos terriers inclui o cairn terrier, imortalizado como o personagem Totó no filme *O mágico de Oz*. O grupo de pequeno porte inclui o chihuahua, que infelizmente nos últimos tempos se tornou um dos cães mais comuns em abrigos nos Estados Unidos. O grupo dos não esportivos é um grupo diverso que inclui dálmatas, que infelizmente também aumentam a população dos abrigos sempre que o filme *A guerra dos dálmatas* é exibido. Além disso, no grupo não esportivo está incluído meu amado Boston terrier, que foi originalmente um cruzamento entre o buldogue e agora o extinto terrier inglês branco e é considerada a primeira raça genuinamente americana, tendo sido reconhecida pelo AKC em 1891. O grupo de pastoreio inclui o collie escocês, que se tornou popular na América quando eu era criança e assistia a *Lassie* na TV.

A EXPOSIÇÃO CANINA MAIS FAMOSA DA AMÉRICA: WESTMINSTER

S E VOCÊ JÁ ASSISTIU a uma exposição canina na televisão, provavelmente viu uma de todas as raças, como a do Westminster Kennel Club de Nova York. Realizada pela primeira vez em 1877, sete anos antes de o American Kennel Club ser fundado, Westminster é a competição canina da América de mais longa duração. Dentre os 2.500 cães convidados que ganharam prêmios em outras competições importantes, os juízes da Westminster escolhem um cão vencedor do grande prêmio que é consagrado Best in Show*. Os vencedores conquistam um lugar na história, mas não há prêmio em dinheiro. Os cães da Westminster realmente aumentam de valor como reprodutores, e alguns raros campeões obtêm oportunidades de endosso comercial de curto prazo. A maioria dos competidores participa em busca de distinção e por amor à raça.

O caminho para as finais do Best in Show da Westminster apresenta dois torneios preliminares durante os dois dias de competição:

---

* *N. do T.*: Melhor da Exposição.

Best of Breed (Melhor da Raça) e Best of Group (Melhor do Grupo). No Best of Breed, um juiz escolhe um cão dentre um grupo de elite da mesma raça. O mesmo juiz também escolhe um Best of Opposite Sex (Melhor do Sexo Oposto) dessa raça e um dos cinco recebedores do Award of Merit (Prêmio de Mérito), mas só o vencedor do Best of Breed vai para a próxima rodada, Group Judging (Julgamento do Grupo). Minha primeira cadela de exposição, Jasmine, uma Boston Terrier, certa vez se qualificou para Westminster com seu condutor, Normal Randall, cujo próprio Boston terrier já havia sido o vencedor do Best of Breed da Westminster.

Na rodada de Julgamento do Grupo da Westminster, cada um dos mais de dez vencedores do Best of Breed é julgado dentro de um dos sete grupos para determinar os sete vencedores do Best of Group. Em cada grupo, o juiz premia quatro cães, mas apenas o que fica em primeiro lugar vai para as finais, onde um cão é julgado o Best in Show.

Desde 1934, a exposição do Westminster também apresenta uma competição de Junior Showmanship (Apresentação Júnior) que julga as habilidades de jovens condutores, e não a conformação dos cães. Mais de cem condutores, de 10 a 18 anos, que conquistaram dez ou mais primeiros lugares na Junior Showmanship no ano anterior, são convidados a competir. Oito finalistas competem pelo título de Best Junior Handler (Melhor Condutor Júnior). A habilidade e o equilíbrio desses jovens são inspiradores.

Agradecimentos

AME SEU CÃO foi conduzido e aperfeiçoado por uma equipe leal, à qual Larry e eu somos gratos. Como ocorre com o treinamento de cães, todas as imperfeições neste livro foram causadas por nossas próprias deficiências, e não por aqueles que "foram ao chão" conosco como terriers tenazes.

Ao presidente Obama, à primeira-dama e a Malia e Sasha: obrigada por me confiarem Bo e treinarem tanto com ele. A transformação de Bo Obama em um cão tão maravilhoso é mérito da nossa primeira-família. Vocês estão mostrando ao mundo que o treinamento de cães com reforço positivo faz diferença para as famílias.

Ao senador Kennedy e a Vicki, agradeço por seu relacionamento afetuoso comigo e os mais de 12 anos em que trabalhei com vocês, sua equipe, Splash, Sunny, Cappy e o irmão dele, que agora o mundo conhece como Bo.

Pessoas altamente qualificadas coordenam a vida de muitas figuras públicas. Pelo privilégio de poder trabalhar com esses cães maravilhosos, agradecemos especialmente a Dana Lewis, Catherine McCormick-Lelyveld e à equipe da primeira-dama, e a todos que trabalharam com os Kennedy, especialmente Delmy Contreras.

Agradeço a Art e Martha Stern, da Amigo Kennels, por seu relacionamento comigo como criadores éticos e amorosos desde aqueles anos maravilhosos com minha própria cão-d'água português, Ebony.

Nossa profunda gratidão ao Dr. Ian Dunbar, por inspirar gerações de treinadores de cães e incentivar este livro. Agradecemos a Karen Pryor, à Dra. Pamela Reid e aos membros da equipe da Best Friends Animal Society — Ann Allums, John Garcia, John Polis e Barbara Williamson —, que contribuíram com sua amorosa compreensão do comportamento canino e do vínculo entre homem e animal. Qualquer reconhecimento que este livro obtenha, partilhamos com muitos ótimos treinadores de cães e educadores humanos; que este livro avance na crescente plataforma para o treinamento com reforço positivo.

Sou grata a todos os meus alunos, clientes (de duas e quatro pernas) e internos por me concederem a dádiva de uma carreira que é uma aventura divertida e comovente há mais de vinte anos. Obrigada ao meu anjo do website de treinamento de cães Kelli Lee e um agradecimento especial ao meu coinstrutor Ludwig Smith, que frequentemente me substituiu enquanto eu estava escrevendo este livro.

A produção de qualquer livro é uma história única. A jornada de *Ame seu cão* começou com meu coautor, Larry Kay, que (se algum dia tirasse uma licença de sua carreira de escritor) seria um ótimo treinador de cães e defensor e divulgador dos cães como transformadores da vida de crianças e famílias. Obrigada, Larry, por ir além do chamado do dever para que este livro fizesse uma diferença.

Um agradecimento especial à nossa agente, Kristine Dahl, e à equipe da ICM, particularmente Colin Graham e Laura Neely. Obrigada, Ellis Levine, por nos apresentar a Kristine. Como um saltitante *sighthound*, Kristine viu como formular a proposta e encontrar o editor ideal.

E a esse editor ideal, Peter Workman: Larry e eu nos sentimos abençoados por entrar para a "família" Workman. Todos nesse grupo de elite assumem papéis além do que são pagos para fazer. Agradeço especialmente a todos que deram forma a este livro, particularmente à editora-chefe Susan Bolotin e à diretora de arte Lisa Hollander. A fotógrafa magistral Anne Kerman e sua equipe tornaram o estúdio da Workman um estrondoso (mas nem sempre bem-comportado!)

sucesso. Agradecimentos especiais à hábil editora Aimee Molloy, que treinou nossas palavras para fazerem truques e guiou dois autores no percurso de agilidade editorial em alta velocidade. Embora nos sintamos falhos por não agradecer pessoalmente a todos na Workman Publishing, por favor aceitem nossos agradecimentos por valorizar constantemente nossos *inputs* de autores e tornar este projeto uma verdadeira parceria de ganho mútuo.

Minha gratidão pessoal à minha família estendida e meus amigos pela força e confiança com que me amaram. Obrigada a vocês, William Waybourn e Ripley, que acrescentaram experiência a minha terapia de cães abrindo as portas para servir a nossos guerreiros feridos no Walter Reed Army Medical Center. Meus cães me ensinaram mais do que ensinei a eles, inclusive perseverança, amor incondicional, e que não precisamos enforcar nossos melhores amigos com uma corrente para que façam o que queremos.

Acima de tudo, agradeço a Courtlandt, Blaise e Paige: meu amor e respeito por vocês é a essência da minha vida. Embora eu tenha me tornado uma treinadora de cães para ter uma carreira e ao mesmo tempo ser mãe, a maior dádiva que recebi foi ser mãe de vocês.

Agradecimentos pessoais de Larry Kay

NA PRIMEIRA VEZ EM que vi Dawn em sua sala de aula percebi a treinadora talentosa que ela é e o quanto gosta de promover um belo vínculo entre as pessoas e os cães. Dawn prova que o treinamento de cães eficaz é realmente treinamento humano. Obrigado, Dawn, por tornar nossa colaboração uma grande aventura. Testar seu sistema em Higgins, meu golden retriever prova que realmente podemos ensinar truques novos a cães velhos quando o vínculo é amoroso e animado.

Um agradecimento especial a todos da Animal Wow, especialmente às talentosas Sharon Brown e Lauren Wygant, por ajudarem crianças a descobrir a si mesmas enquanto descobrem seus animais de estimação. Sou grato a Andrew DePrisco, Katy French e todos os meus colegas na BowTie e na revista *Dog Fancy*.

Fui abençoado com colegas brilhantes, verdadeiros amigos, e uma família que é minha base. Minha tribo de escribas me deu ótimos conselhos e apoio, especialmente o filósofo e defensor dos animais Dr. Gary Steiner, e os autores Jan Burke, Steven Goldman e o Dr. Darryl Tippens. Agradeço a Jennifer Wexler, Jonn Howell e aos homens do Mankind Project's Valley Oaks iGroup por seu bom humor e por verem a verdade em mim mesmo quando eu estava cego por minha própria sombra. Também agradeço aos meus vizinhos de Hesly Oaks por deixarem Higgins e eu praticarmos o sistema de Dawn com vocês e seus cães. A toda a minha amorosa família em Los Angeles, Chicago, no noroeste e em Buenos Aires. Vocês inspiram o melhor em mim e lhes sou grato pelo carinho que me dedicaram durante toda a minha vida.

Robert Benchley (avô do cliente de Dawn, o escritor/ator Nat Benchley) é amplamente citado como tendo dito: "Um cão ensina muito a um garoto: fidelidade, perseverança e a se virar três vezes antes de deitar." Obrigado, Higgins, por ensinar a este garoto muitas lições de vida essenciais; algum dia dominarei essa técnica para deitar.

Créditos de fotos

AGE fotostock: Ton Koene 232 inferior; Associated Press: ix, 232 superior; Canine Companions for Independence: 259; Fotolia: 28 inferior, centro; Getty Images: Gerard Brown, 264, James Forte 239 inferior, GK Hart/Vikki Hart 19, 51, 265, Jonathan Kantor 37, Tracy Morgan 236, Steve Shott 42, LWA/Dann Tardif 239 superior.

Agradecimentos especiais à Dawn Animal Agency e seus modelos caninos maravilhosos: Pat, golden retriever; Sally, cão-d'água português; Murphy, Chesapeake Bay retriever; Luna, raça mestiça; Sam, Staffordshire terrier americano; e Wilma, Boston terrier.

Sobre os autores

Antes de se tornar a treinadora do cão da família Obama, Dawn Sylvia-Stasiewickz treinou todos os cães-d'água portugueses do senador Ted Kennedy. Também foi treinadora profissional em Washington, D.C./norte da Virgínia por mais de vinte anos, coordenou as aulas de treinamento populares Merit Puppy e treinou e hospedou animais para a elite de Washington. A abordagem do seu treinamento é maternal e seu trabalho se baseia em teorias de reforço positivo.

Larry Kay, um escritor sediado em Los Angeles, criou o premiado DVD sobre cuidar de cães *Animal Wow* para crianças e é editor colaborador da revista *Dog Fancy*. Seus créditos de escrita incluem documentários da PBS, filmes educativos para o New York City Board of Education e software de entretenimento educativo infantil para Disney, The Muppets e *Freddi Fish*, da Atari/Humongous Entertainment. Larry se inspirou em seu golden retriever de 13 anos, Higgins, que agora se destaca deitado ao sol pensando nos dias em que caçava esquilos.